Елена Колядина

ЦВЕТОЧНЫЙ КРЕСТ

роман-небылица

АСТ
АСТРЕЛЬ
МОСКВА

УДК 821.161.1-31
ББК 84(2Рос=Рус)6-44
К60

Художник — *Андрей Рыбаков*

Колядина, Е.В.

К60   Цветочный крест : роман-небылица / Елена Колядина. – М. : АСТ : Астрель, 2011. – 380, [4] с.

ISBN 978-5-17-071532-9 (ООО «Издательство АСТ»)
ISBN 978-5-271-32630-1 (ООО «Издательство Астрель»)

Роман Елены Колядиной «Цветочный крест», удостоенный пре-
мии «РУССКИЙ БУКЕР», стал сенсацией литературного года и вызвал шквал полярных откликов. Одни увидели в нем только эротику и
«богохульство», другие — «настоящую прозу»: живую, провокативную,
яркую. Это роман о любви как плотской, так и духовной, о грехе и святости, о красоте земной и небесной.

История молодой женщины, сожженной в Тотьме в 1672 году «за
ведьмовство», — исторический факт, он то и лег в основу романа, все остальное «небылица-небывальщина», лихо закрученная вокруг главных
персонажей романа: девицы Феодосии, она же впоследствии блаженная, «дурка», молодого священника отца Логгина и скомороха Истомы...

УДК 821.161.1-31
ББК 84(2Рос=Рус)6-44

Подписано в печать с готовых диапозитивов заказчика 20.01.11.
Формат 84×108¹/₃₂. Бумага офсетная. Печать высокая с ФПФ.
Усл. печ. л. 20. Тираж 5 000 экз. Заказ 58.

Общероссийский классификатор продукции
ОК-005-93, том 2; 953000 — книги, брошюры

Санитарно-эпидемиологическое заключение
№ 77.99.60.953.Д.012280.10.09 от 20.10.2009 г.

ISBN 978-5-17-071532-9 (ООО «Издательство АСТ»)
ISBN 978-5-271-32630-1 (ООО «Издательство Астрель»)
ISBN 978-985-16-9271-8 (ООО «Харвест»)

Оглавление

Глава первая

КУДЕСЫ ОТЦА ЛОГГИНА

— В афедрон не давала ли?..

Задав сей неожиданно вырвавшийся вопрос, отец Логгин смешался. И зачем он спросил про афедрон?! Но слово это так нравилось двадцатиоднолетнему отцу Логгину, так отличало его от темной паствы, знать не знающей, что для подперделки, подбзделки, срачницы, жопы и охода есть грамотное, благолепное и благообразное наречие — афедрон. В том мудрость Божья, что для каждого, даже самого греховного члена мужеского и женского, скотского и птицкого, сотворил Господь, изыскав время, божеское название в противовес дьявольскому. Срака — от лукавого. От Бога — афедрон! Отец Логгин непременно и как можно скорее хотел употребить древлеписаный «афедрон», лепотой звучания напоминавший ему название греческой горы Афон. Он старательно зубрил загодя составленные выражения: «В афедрон не блудил ли?», «В афедрон был ли до греха?» — рассчитывая провести первую в своей жизни исповедь в соответствии с последними достижениями теологической мысли. Отец Логгин лишь вчера, седьмого декемврия 7182 года (некоторые духовные особы, к сожалению, ориентируются на ошибочную и гнусную западную дату — 1674 год), прибыл в Тотьму для службы в церкви

Крестовоздвиженья с рекомендательной епистолией к настоятелю отцу Нифонту и зело уповал на первый выход к пастве. И вот тебе — афедрон!

Он тут же вспомнил, как, идучи к службе, встретил бабу с пустыми ведрами. «Далось же тебе, дуре, прости мя, многогрешного, Господи, переться с порожними почерпалами улицей! — расстроился отец Логгин, шагнув в сугроб. — Разве нет для таких сущеглупых баб проулков либо иных тайных троп? Ты б еще в церковь святую, прости, Господи, мне сие всуе упоминание, с почерпалами своими притащилася! Ох, не к добру... Не забыть, кстати, вопросити паству, не веруют ли во встречу, в пустые ведра, в гады, в зверя, в птичий гомон, бо се есть языческие кудесные мерзости? А кто верует, тому, грешнику богомерзкому, епитимью назначить в сорок дней сухояста».

Ах, баба проклятущая! С вечера отец Логгин лег с женой своею Олегией в разные постели, дабы уберечься от грешного соития накануне первой службы. Помолился истово, дабы во сне не жертвовать дьяволу — если вздумает тот искушать — семя без потребы грешным истицанием на порты. Утром омыл межножный срам. Телом бысть чист отец Логгин, и на душе бысть ликование от предстоящей многотрудной работы на тотемской ниве, и пели в ней звонко едемские птицы, и цвели медвяные цветы!.. Но не иначе лукавый послал ту бабу с ея ведрами. Он, он, говняной дух, творит отцу Логгину препоны! «Если бы то Господь слал мне испытание, то проверял бы меня богоугодным словом! — торжествующе возмыслил отец Логгин. — Аз же помянул некстати дьявольскую дыру. Ах, бес!»

Догадавшись об истинной причине своего неожиданного отступления от исповедального канона, отец Логгин воспрял. Он любил борьбу. «Изыди, лукавый!» — пламенно вскрикнул в мыслях отец Логгин. И язвительно спросил вездесущего демона: «Разве с того следует начинать вопрошати исповедующихся? Жена сия должна сказать мне: исповедуюся аз, многогрешная жена, имярек... Немного помолиться следует с ней, распевая псалом. И, окончив молитвы, снять покрывало с ея головы. И расспрашивать со всей кротостью, голосом тихим...»

Отец Логгин звонко прочистил гортань, сделал строгое, но отеческое лицо, взглянул на освещенный свечным пламенем профиль молодой жены и приготовился восстановить канонический ход таинства... Однако бесы не желали отступать!..

— Кому, отче? — вопросила жена, почувствовав на себе взгляд попа.

— Что — кому? — охваченный подозрениями, переспросил отец Логгин.

— Давала — кому?

— Или их было несколько? — гневно спросил исповедник. — Или не мужу ты давала в афедрон?!

То, что исповедь против его воли опять свернула к теме афедрона, совсем смутило отца Логгина, но в конце концов он мудро решил, что начать с самого тяжкого греха не есть грех.

— Нет, не мужу, господин мой отче.

«Двойной грех! — быстро промыслил пастырь. — Блуд с чужим мужем и блуд в афедрон».

— Кому же?

— Отцу, брату, братану, сестричучу...

После каждого названного сродственника отец Логгин вздрагивал.

— ...подруге, — перечисляла молодица.

— Подруге?! — не поверил отец Логгин. — И как же сей грех ты с подругой совершала? Али пестом?

— Когда с горохом, то и пестом, — согласилась жена.

— Али сосудом? — не отступал пастырь.

— Коли оловину хмельную наливала, то и сосудом, винной бутылью-сулеей.

— И пиянство притом, значит, было?

— Ну, так ведь то в дорогу дальнюю, отче. Как же не пригубить на дорожку, на ход ноги? Грешна.

— И чем же ты еще перед дорогой дальней в афедрон давала?

— Пряженцами...

— Тьфу, мерзость великая!

«Колико же это блуда? Трижды либо пятижды?» — лихорадочно прикидывал отец Логгин. — О, Господи, святые небесные силы, святые апостолы, пророки и мученики, и преподобные, и праведные...» И он еще долго бормотал, отчаянно призывая всю святую рать помочь ему в борьбе с таким сверхблудным умовредием.

— А что, отче, — дождавшись, когда отец Логгин прекратит возмущенно пыхтеть, робко спросила жена, — или нельзя в дорогу пряженцы с горохом давати? А мать моя всегда рекши: «Хороши в дорожку пирожки с горошком».

— Не про дорогу сейчас вопрошаю, — строго осадил отец Логгин, — а про блуд противу естества: в задний оход в скотской позе срамом отца, брата, братана, сосудом да пестом.

— Ох!.. Ох!.. — молодица в ужасе закрыла лицо дланями. — Что ты, господин мой отче, да разве есть за мной такой богомерзкий грех?! Ох!.. Да и подумати о таком мне страшно, а не то что сотворити!

— Глупая жена, — рассердился отец Логгин. — Зачем же ты каятися принялась в том, чего нет? Меня, отца святого, в смущение ввела. Лжу затеяла в святых стенах? Я же тебя ясно спросил: «Давала ли в афедрон? Кому? Чего?»

— В афедрон давала, от того не отказываюсь, а в... Господи, прости!

— А что же по-твоему значит сие слово — «афедрон»?

— Сим мудреным словом отче дальний путь нарек?

— Ах, мракобесие... Ах, бескнижие... — принялся сокрушаться отец Логгин.

Молодица хлопала очами.

— Да жопа же, али ты, Феодосия, не знаешь? — быстрым шепотом пояснила случившаяся рядом просвирница или, как больше нравилось приверженцу философской мысли отцу Логгину, проскурница Авдотья и смиренно пробормотала: — Прости, батюшка, за грех вмешательства в таинство покаяния.

— Грех сей я тебе отпускаю без епитимьи на первый раз, — милостиво согласился отец Логгин, радуясь, что недоразумение, накликанное бесами, разъяснилось с Божьей помощью. То, что именно Бог выслал подмогу, было ясно, во-первых, из звания вставшей плечом к плечу ратницы: проскурница Авдотья, по-древлему говоря, дьяконица — особа духовного звания, а не какая-нибудь баба с пустыми черпалами. Во-вторых, Авдотья — вдова самого благодетельного образа, и кому, как не ей, подсобить сестре женского полу. В-третьих — и это было самым вещим знаком, — Господь сподобил на помощь принимающему исповедь не звонаря или пономаря, а проскурницу, которая именно и выпекает хлебцы для причастия после требы исповедания! «Едино в трех! — воссиял отец Логгин. — Единотрижды!» Под таким научно обоснованным напором лукавый отступил. И дальше таинство исповеди пошло как по маслу.

— Ты, значит, Феодосия?

— Аз есмь.

— А грешна ли ты, Феодосия, в грехах злых, смертных, как то: сребролюбие, пьянство, объядение, скупость, срамословие, воззрение с похотью, любодеяние...

Отец Логгин перевел дух.

— ...Свар, гнев, ярость, печаль, уныние... уныние...

Отче растопырил персты веером и по очереди пригнул их к ладони — не обсчитался ли часом каким грехом?

— ...Уныние, оклеветание, отчаяние, роптание, шептание, зазрение, прекословие, празднословие...

— Погоди, батюшка, — встрепенулась Феодосия. — В празднословии каюсь. Давеча кошка по горнице игравши да поставец с места свернувши. Ах, ты, говорю ей праздно, дура хвостатая! Грешна!..

— «Дура» не есть празднословие, — поправил отец Логгин. — «Дура» сиречь срамословие. За сей грех налагаю тебе сто поклонов поясных и сто земных три дни.

— Поклоны, отче, отвешу, только «дура» — не срамословие, хоть как! — опять встряла Феодосия. — Елда, прости Господи, или там манда — се срам. А «дура»? Иной раз идет баба глупая — дура дурой!

— Оно конечно, — важно согласился отец Логгин, вспомнив утрешнюю тотьмичку с пустыми черпалами, — но отчасти! А за то, что спор затеваешь да в святых церковных стенах поминаешь елду — сиречь мехирь мужеский, да манду — суть лядвии женские, налагаю на тебя седмицу сухояста. Гм... Празднословие, братоненавидение, испытание, небрежение, неправда, леность, ослушание, воровство, ложь, клевета, хищение, тайнопадение, тщеславие...

— Погоди, господин мой отче, — оживилась Феодосия. — Золовка моя на той седмице на меня клеветала, что пряжу ея затаскала под одр.

— То ее грех, не твой, — поправил отец Логгин. — Пусть она придет на покаяние.

Батюшка беззвучной скороговоркой сызнова перечислил грехи, вспомнил, на каком закончил, и вновь заговорил:

— ...Гордость, высокомудрие, укорение... Укоряла ты золовку за наветы? Нет? Добро... Осуждение, соблажнение, роптание, хуление, зло за зло.

— Чего нет, батюшка, того нет.

Отец Логгин перевел дух и принялся за «Заповеди ко исповедующимся».

— С деверем блудила ли?

— Да у меня, отче, и деверя нет, чтоб с им блудить, — сообщила Феодосия.

— С братом родным грешила ли?

— С Зотейкой-то?

— Пусть с Зотеем, если так его кличут.

— Ох, отче, что ты речешь? Зотейка наш еще чадце отдоенное, доилица его молоком кормит.

— Так что же ты празднословишь? Не грешна, так и отвечай. А грешна, так кайся, — начал терять терпение отец Логгин. — А на подругу возлазила ли?

Феодосия задумалась.

— Когда на стог взбиралась, то на подругу возлазила, уж больно высок стог сметан был.

— Возлазила, значит, без греха?

— Без греха, отче.

— А на мужа пьяная или трезвая возлазила ли?

— Ни единожды! — с жаром заверила Фсодосия.

— С пожилым мужем, или со вдовцом, или с холостым от своего мужа была ли?

— Ни единожды!

— С крестным сыном была ли? С попом или чернецом?

— Да я и помыслить такого не могу — с чернецом...

— Это хорошо, ибо мысль греховная — тот же грех. Гм... Сама своею рукою в ложе тыкала? Или вдевала ли перст в свое естество?

— Нет, — испуганно прошептала Феодосия.

— Истинно?

— Провалиться мне на этом месте! Чтоб меня ужи искусали, вран ночной заклевал, лешак уволок!

— За то, что клянешься богомерзко язычески, — поклонов тебе сорок сразу, как из церкви придешь. Клясться нужно божьим словом: чтоб меня Бог наказал! А не аспидами, филинами да идолами.

— Какими идолами? — заинтересовалась Феодосия.

— Мифологическими. Сиречь баснословными.

— Какие же сие басни, — растопырила глаза Феодосия, — когда в вашей же бане... ты ведь, отче, на Волчановской улице поселился?.. в вашей бане банник прошлое лето младенца грудного, чадце отдоенное, утопил. Матерь его, Анфиска, из бани нага выскочила и на всю улицу возвопила: «Васютку моего банник утопил в ушате!» Васютка у нее хоть и нагулянный был, а все одно жалко! Отец Нифонт на другой день нам на проповеди сказал: то Анфиске с Васюткой наказание за грех блудного очадия и рождения, и в том самое-то ужасное наказание, что не Бог чадо покарал, а леший.

— Тьфу! — сплюнул отец Логгин. — Не мог отец Нифонт такой богомерзости рекши. Наказывает един Бог, а у идолов такой силы нет!

— А вот и сказал... Сама не слыхала, потому в церковь в тот день не ходила, но матушка мне истинно все пересказала. Гляди, говорит, Феодосия, очадешь в грехе, так лешак чадо утопит либо удушит либо разродиться не сможешь, будешь тридцать три и три года в утробе таскать.

Отец Логгин глубоко вдохнул и выпустил дух, надувая щеки и плямкая губами в размышлении. «Языческое зло зело в Тотьме сильно», — пришел он вскоре к драматическому выводу и продолжил:

— Дитя в себе или в сестре зельем или кудесами изгоняла ли?

— Нет, отче, — пламенно заверила Феодосия. — Как можно?

— Блудил ли кто с тобой меж бедер до истицания скверны семенной?

— Нет, отче, не было такого ни единожды, — перекрестясь, заверила Феодосия и, помолчав мгновение, спросила: — Отчего, отче, семя мужеское скверно? Ведь от него чада прелепые рождаются. Скверны — от дьявола, но разве чадо от беса, а не от Бога?

Отец Логгин нервно почесал пазуху. Перекрестился. Воззрился на Феодосию.

Как весенний ручей журчит нежно, подмывая набухшие кристаллы снега, сияя в каждой крупинке агамантовым блеском, отражая небесный свод и солнечные огни, так сияли на белоснежном лице Феодосии голубые глаза, огромные и светлые, как любовь отца Логгина к Богу.

«Аквамарин небесный», — смутился сей лепотой отец Логгин.

Весь сладкий дух церковный не мог укрыть сладковония, что исходило от Феодосии, от кос ее, причесанных с елеем, от платка из дорогого алтабаса, от лисьей шубы, крытой расшитым тонким сукном. Отец Логгин знал отчего-то, что пазухи шубы пахли котенком. А уста — мятой. А ушеса и заушины — лимонной зелейной травой мелиссой. А перси — овощем яблочным, что держат всю ночь жены в межножных лядвиях для присушения мужей.

— Медвяный дух твой... — слабым голосом пробормотал отец Логгин. И, собравшись с силами, вопросил нетвердо: — Пила ли зелие травяное — мелиссу, зверобой, еще какую ину...

Голос отца Логгина сорвался и дал петуха.

Феодосия закусила уста, сдерживая звонкую крошечную смешинку.

«Как речная земчужинка смешинка твоя», — почти теряя сознание, беззвучно прошептал отец Логгин.

— Нет, отче, не пила зелия, — отреклась Феодосия.

Демон уже подбирался к отцу Логгину. И вприсядку, с коленцами, плясали черти, предвкушая падение святого отца. Но Спаситель вновь пришел на помощь юному своему ратнику.

— А что, батюшка, звонить сегодня во сколько? — басом спросил Спаситель.

— А? — вздрогнул отец Логгин.

Встряхнул главой. Перед ним стоял, переминаясь в валенках, звонарь Тихон.

— После, после... Не видишь, исповедаю? — сказал машинально отец Логгин.

И вспомнил свое наваждение.

— Ах, нет! Звони во все колокола!

— Дык... эта... — недоумевал Тихон. — Почто во все?

— Во славу Божию! — потряс дланями отец Логгин. — Во победу над лукавым, что искусити мужей пытается даже в стенах святых!

Тихон перекрестился и запыхтел.

— Ступай, ступай, — распорядился отец Логгин. — Звонить будешь как заведено, к вечерней.

И снова Бог призрел сына своего Логгина! Прозвонил глас Божий над головой и разогнал бесов, на блуд совращающих.

«Срочно нужно произнесть тропарь, к случаю приличествующий!»

От волнения нужное вылетело у отца Логгина из главы. «Перечислю святые небесные силы: угодников, праведников, — решил отец Логгин. — Сие всегда к месту». Вдохновенно пробормотав весь список и краткое покаяние, отец Логгин расправил плечи и ясным взором воззрился на Феодосию.

— Что ты, раба Божья, рекши? — справился он твердым гласом.

— Мужеские скверны семенные от Бога или от дьявола? — повторила Феодосия. — Мне сие непонятно. Если от дьявола, то почему дитя — от Бога? А если семя мужеское от Бога, то почему называют его скверной, а не плодородием?

Взор отца Логгина запылал. Он зело любил дискуссии! Но пуще того любил отец Логгин наставления.

— Сей казус задал тебе сам лукавый! — радостно констатировал отец Логгин, предвкушая эффектное разъяснение. — Любой плод и любое семя — от Бога. Но завладеть им может и бес! И тогда плод сей и семя сие становится от дьявола.

Полюбовавшись с мгновение на завершенность и афористичность своей формулировки, он взглянул на Феодосию.

— Понятно тебе?

— Понятно, — заверила Феодосия. — А как, батюшка, угадать, от Бога, положим, овощ яблочный у меня в руке али от лукавого?

— А это смотря кто тебе его вручил: коли Господь, то от Бога. А коли черт, то от лукавого. Уразумела?

— Уразумела, отче. А как узнать, кто из них вручил мне плод? Если, к примеру, Кузьма мне его дал на торжище?

Отец Логгин с тонким свистом втянул носом воздух.

— Если в грехе заполучила ты плод сей, то вручил его бес, а если в богоугодном деле получен плод, то ниспослал тебе его Господь наш, — возвышая глас, но не теряя самообладания, произнес отец Логгин. — Поняла?

Ему уж удивительно было, как мог он еще недавно очароваться такой бестолковой женой!

— Поняла, отче, — проникновенно ответила Феодосия. — Мне еще никто никогда так ясно все не разъяснял!

Отец Логгин смягчился.

— Добро... Всегда вопрошай отца своего духовного, если в чем сомневаешься. Гм...

«Глаголет священник, перечисляя грехи по единому, вопрошает тихим гласом», — напомнил себе отец Логгин и вновь принялся исповедовать рабу Божью Феодосию.

— Ходила ли ты к волхвам, чародеям, кудесникам, баальникам, зелейникам либо знахарям?

— Грешна, отче, ходила единожды. Но не по своей воле, а просьбою золовки. Брала у зелейницы травяное снадобье, дабы лечить золовке телесный недуг.

— Се грех! Недуги, духовные либо телесные, врачевати обязано словом Божьим либо миро святым.

— А разве, отче, не грех миро к аке... афе... к оходу прикладывать? Золовке чирей в оходе леший надавал!

— Опять ты леших языческих поминаешь! Наказывает, суть недуги насылает, Бог!

— А я так думаю, что если чирей на носу или в подпупии выскочит, то Божье наказание, а если в задней дыре — дьявола козни.

— Казус сей не прост, — сокрушенно вздохнул отец Логгин. — Миро, пожалуй, в сем месте будет и впрямь неуместно. Впрочем, с сим надо свериться у Иоанна Постника.

— А царский лекарь царя нашего батюшку Алексея Михайловича чем врачует? — глаза Феодосии заблестели любопытством. — Али не травами?

Отец Логгин закашлялся.

— Гм... Хм... Государь наш светозарный Алексей Михайлович — Бога посланец на земле, следовательно, его лечение суть Божьими руками. Вестимо, не все травы — зелия кудесные.

Эта мысль приободрила пастыря.

— Лавр, виноград — суть древа едемские, божественные. А за поход к травнице налагаю тебе епитимью в сорок земных поклонов на три седмицы. Гм... Упивалася ли без памяти?

— Нет, господин мой отче.

— Нечистая в церковь ходила?

— Ни единожды.

— В нечистотах кровяных с мужем грех творила?

— Нет, отче.

— Добро... Всякий, кто с женой во время месячных луновений будет и зачнет ребенка, то да будет прокажен и родители да имут епитимью до три лета.

— А прокажен который будет? — с волнением уточнила Феодосия.

— Чадо.

— А чадце чем виновато? Этого я не понимаю.

— Чадо за грех родителей перед Богом отвечает, али ты того не знаешь?

— Но чадо же не знало, что его в грехе зачинают? Он бы, может, и нарождаться не стал, кабы ведал?

— Ересь! Чушь собачья! Прости мя, Господи... Или с мужем была в пятницу, в субботу или в воскресенье?

— Не была.

Отец Логгин на время задумался. Надо бы предупредить рабу Божью Феодосию, чем чревато соитие в эти дни недели, но он опасался нового словесного казуса. Наконец долг наставления взял верх.

— А если зачнется ребенок, то будет он либо разбойник, либо вор, либо блудник, — быстро произнес отче, рассчитывая избежать заминки.

Но Феодосия не смогла оставить без размышления такую информацию.

— А бийца в какой день зачинается?

— Драчун? Сие в независимости от того, — витиевато ответствовал отец Логгин.

— А почему если в пятницу — то разбойник? Почему не бунтовщик? Видать, чтоб Боженьке не путаться...

— Осквернялась ли в святой пост? — отец Логгин сделал вид, что не расслышал версии Феодосии.

— Нет.

— Смеялась ли до слез?

— Грешна, батюшка... Повитуха Матрена в грех ввела. Про Африкию рассказывала. Как можно было не смеяться, когда Матрена такие глумы сказывала! Не поверишь, отче, в Африкии живут черные люди...

— Ладно, ладно, после...

— Нет, ты, отче, послушай... И все у них черное: и тело, и срам. И молоко у жен из персей черное доится.

— Черное млеко? Слыхивал про чудеса, но про такие?.. — поразился отец Логгин и живо спросил: — Ну-ну?

— А если перси черные, то какому же молоку быть? Не белому же?

— Сие логично... — склонил голову отец Логгин.

— Еще сказывала Матрена, что люди в Африкии ходят все голые! Вот как есть нагие, в нос только перо всунуто! Представь, батюшка, идет по городу воевода нагой? В носу у воеводы перо петушиное... Али мытарь за посошной податью приходит — сам голый, и срам так же!

Ох, и смеялись мы! Аж до слез... Или звонарь африкийский на колокольню лезет, а на ем одни валенки, и муде черные?.. Ой, не могу!

Поглядев издалека на звонаря Тихона, отец Логгин тоже мелко затряс головой от смеха. Да и Феодосия вновь рассыпалась круглыми тихими смешинками.

— Как, отче, было не смеяться над такими побасенками?

— Сие не побасенки, — сделав строгое лицо и осенившись крестом, пришел к выводу отец Логгин. — Черные те люди и чад черных рождают в наказание от Бога. За то, что нехристи языческие. Только язычники чертовы могут нагие на колокольню залезать!

— Распоясанные, отче! — подлила масла в огонь Феодосия.

— Но ты не смеяться должна была, а воздать молитву за спасение африкийских душ. Сегодня же вечером помолись за них. И я помолюсь. А за глумы и смех до слез налагаю тебе сухояста три дня.

— Истинно, господин мой отче, — смиренно сказала Феодосия. — Но в святом писании сказано, что уныние — грех. Значит, веселиться Бог нам завещал? А какое же веселье без смеха?

— Не то веселье, когда напьешься пьяной и будешь плясать под гусли с коленцами да над глумами скоморохов смеяться, а то веселье, когда с радостью на душе окинешь ты веселым взором все добрые дела, что сотворила за день.

— Пьяной быть грех, — согласилась Феодосия. — Но зачем тогда Господь наш Христос воду в вино превратил, а не в квас? Может, он хотел накудесить ее в кисель либо в сбитень, а дьявол под руку толкнул, и вышло вино хмельное?

— Господь наш Христос не кудесит, — рассердился отец Логгин. — Это тебе не повитуха Матрена. Спаситель чудеса свершает во спасение.

На этом отец Логгин примолк, поскольку решительно не знал резонов Христа превратить воду в вино, а не в квас. Он троекратно лихорадочно произнес: «Господи, помоги!», и в ту же секунду пришла помощь.

— Спаситель превратил воду в вино, чтоб было чем причащать паству после исповедания! — радостно воскликнул он. — Не квасом же причащать? Не сбитень же — кровь Господня?!

— А-а! — сказала Феодосия. — Се истинно! Сколько же много истин мне сегодня открылось от тебя, господин мой отче.

Сия благолепная фраза усыпила бдительность отца Логгина, и он благодушно посоветовал Феодосии спросить, чего еще разуму ее непонятно.

— Что вино — кровь Господня, это мне ясно. Но что хлебцы — тело Его? Тут такие у меня сомнения... Ладно, коли перст Господен мне в просвире попадется, али ланиты, али пуп. Ну, а если срам Господен? Срам в уста брать разве не грех?

Отец Логгин выпучил глаза.

— Срам Господен?!

— Есть же у Него уды межножные? Он ведь человеком рожден от обычной матери?

— Тело Господа есть бестелесное, — строго произнес отец Логгин. — И срам его бестелесный. И семя его беспорочное. И кушать его не есть скверно. Просвира сиречь только образ тела. Гм... Аллегория!..

— А почему же когда только мыслишь в уме уды мужские, то уже грешишь?

— Тьфу! Прости мя, Господи! Потому, что с мыслей грех начинается. Сперва замыслил украсть чужое, а потом и украл. Если бы не замыслил, разве бы украл?

— Верно, — приложила палец к нижней губе Феодосия. — Человек любое дело сперва замысливает. А если...

— Помолчи, дочь моя. Ибо исповедание еще длится.

Феодосия примолкла.

— Или содомский блуд творила?

— Нет-нет.

— Или попа бранила? Или выгнала нищего из дома своего?

— А если из дома на двор выгнала, то — грех? Зело вшив калика перехожий был. Скнипы так и ползали в голове. Скаредьем воняло.

— А со двора не выгнала?

— Нет, он под навесом с холопом спал, хлеба ему вынесли.

— Тогда грех невелик.

— А с другой стороны, — задумалась Феодосия, — это ведь Господь наш в образе нищем мог по земле идти?

— Истинно! — согласился отец Логгин. — Чтоб нас проверить: достает ли любви к ближнему?

— Тогда грех был калику перехожего во двор гнать?

— Тогда — грех.

— Ой, вспомнила. Тот нищий потом на торжище кошелек украл и деньги пропил. Ему пуп вырвали да на древо повесили. Значит, не Господь то был. Выходит, не согрешила я?

— Ну, выходит, что не согрешила, — несколько притомившись, согласился отец Логгин.

— Слава Богу!

— Или в церковь из-за блуда или пития не пошла? Или опоздала на церковную службу из-за лени или сна ради? Или говорила хульные слова? Или в рост деньги давала? Или гнев держала на кого?

— Грешна, отче, держала гнев.

— Ну, сколь долго держала гнев, столько и поста.

— Час, значит, поститься?

Отец Логгин обдул испарину со лба.

— Час, — наконец порешил он. — На кого гнев-то держала? Впрочем, не говори... Бог и так видел.

— Неужели, отче, Господь и за кошками следит?

— За всякой тварью... Или зажгла ты дом либо гумно? Или душу погубила?

— Юда сын Ларионов внове рекши: «Ах, сгубила ты, Феодосия, мою душу!»

— Это не в счет. Это раб Божий Юда изрекши аллегорически.

— Вроде как лжу?

— Для лепоты словес.

— А-а!

— Или блудила с Юдой?

— Нет-нет!

— Или с рабом либо с холопом была в соитии?

— Ни боже мой! А жалко мне иной раз рабов. Разве Акулька виновата, что муж ея, Филька, Акулю вместе с чадцами и избой за деньги батюшкс моему продал? Деньги все пропил в корчме за седмицу либо за две!

— Так уж Богом заведено, что одни в услужении других. Разве мы сами не рабы вечные царя нашего Алексея Михайловича? Холопы мы государя нашего светозарного и тому с ликованием радуемся. А государь Алексей Михайлович тоже раб — раб Господа нашего. И смиренно рабство сие принимает.

— А может, в каких землях нет холопов? — спросила Феодосия.

— Сие невозможно. Кто тогда рабскую работу будет выполнять? А ежели кому зело тяжкий холопский труд и выпал, так то испытание от Бога. Бог тяжелее всех испытывает то чадо, которое больше всего любит и которому добра хочет. Акулину Господь возлюбил и наслал ей испытание, говоря тем самым, что мужа, данного Богом, она должна поддерживать во всех его лишениях. Бьет Акульку муж?

— Бьет, — вздохнула Феодосия.

— А ты ей скажи, мол, ударит муж по одной щеке — подставь другую. Потому и дана жена мужу, а не наоборот... Или забрала у кого что? Или клялась криво? Или украденное не возвратила? Или в церкви смеялась?

23

— Грешна, отче. Только что с тобой, господин мой отче, смеялась над Африкией.

— Гм... Хм... Каюсь, Господи! Или оклеветала кого? Или в церкви не достояла до конца службу? Или в сон веровала? Или истолковала его?

— Сон, отче, не толковала, ей-богу! И не веровала в него. Да только он все равно сбылся!..

— Поста тебе — день. Творила игры нечистые?

— Грешна, отче. В святки однажды с подружкой нагая на снег выбегала — гадала на жениха.

— А за такие игры будет тебе женихом черт! Вскочит в твое естество женское, станут потом черти его оттуда кочергой доставать! Восемь дней тебе за это есть капусту с водой.

— Да, отче.

— Или ходила в мужском портище?

— Грешна: сапоги брата напялила — до матери в амбар добежать.

— Взирала ли на святые иконы с помыслами нечистыми?

— Никогда!

— Грешила ли частым обмыванием банным?

— Грешна, отче. Обмылась в бане в субботу, а десяти дней не прошло, как сродственница приехала, так я и с ней еще в бане обмылась.

— Часто обмываться в бане такое же излишество, как чревоугодие. Не телом мы грязны, а душой! О чистоте души чаще мысли, а не о том, чтоб пазухи без нужды обмывать. Блаженные Божьи люди, юродивые, на навозном гноище спят, струпьев не омывают, а Господу приятны! А что толку, что иная жена сладкое воние, — отец Логгин покрутил носом, — медовое испускает, если она тем самым на грех мужей искушает? Христос в воды входил, только чтобы окреститься, да ноги омывал после многотрудной дороги. А наши жены так и плещут водицу ушатами! Так и бродят взад-вперед с пустыми почерпалами!.. Ты омойся в канун светлого праздника, как на тот свет преставиться время пришло омойся, перед таинством брака мытье не грех. А ведь у наших жен, как ни глянь, — все из бани дым коромыслом!

— Истинно, отче, — смиренно ответила Феодосия.

— А с бани все и начинается... Римская империя сколь могуча была, а взяли моду их патриции решать дела в банях, термах по-ихнему. А где баня, там, известно, и блуд, и грех содомский. И рухнула империя!

— Ой, батюшки! Из-за бани?! Али сваи подгнили?

— Все прогнило насквозь!

— Спаси и сохрани...

— А ты, Феодосия, теперь как в баню пойдешь, так и вспомни Римскую империю.

— Непременно, отче, помяну их, грешных.

— Или ложилась на живот на землю?

— Одиножды только, — призналась Феодосия, — в норку мышиную хотелось взглянуть. Уж больно интересно мне стало, как там, у мышей, хоромы подземные устроены? И кладовочки, небось, есть, и спаленки?

— Разглядела? — с неподдельным интересом спросил отец Логгин.

— Нет, зело темно в норке было.

— То не с похотью, то не грех, — успокоил отец Логгин. — Говорила другому про его срамоту?

— Золовке внове сказала: ох, Марья, отъела ты гузно! А батюшке в сердцах рекши, мол, хозяйство вести — не мудями трясти.

— И что же он? — заинтересовался отец Логгин.

— Огрел меня поперек спины поленом.

— Верно содеял! А подсматривала ли ты чужую срамоту в бане, либо тайно, либо во сне, либо у сирот?

— Не подсматривала, отче.

— Хулила ли жениха или невесту?

— Жениха хулила. Брат мой женился и перед самым пиром рекши: «Добро бы у невесты манда, как у тещи, была широка». Прости мя, Господи! Я брата и похулила за такие бесстыжие словеса.

— Ну, то не грех. Или обругала хромого, кривого или слепого? Или мертвеца грабила?

— Ох, отче, я их боюсь, мертвых-то...

— Смерти не надо бояться, ибо душа наша бессмертна.

— Да у нас тут бродил по Тотьме один... Помер, а все приходил потом ночами глядеть, не путается ли жена с кузнецом. Спаси и сохрани!

— Ладно-ладно, больно ты говорлива.

Отец Логгин повспоминал еще вопросы кающимся, но более ничего не припомнил. Переведя дух, смиренно приказал:

— Поклонись, чадо, и покайся разом во всех грехах, вольных и невольных.

— Отче мой господин, — радостно произнесла Феодосия, покаявшись, — как же мне на душе теперь благолепно! Словно зарница летняя всю меня осветила... Никогда еще каяться мне так приятно не было... Какой же ты, отче, книжный, краснословный... Сколько было у меня покаяний, а это самое светозарное. Отродясь отец Нифонт так душеньку мою не очищал многими вопросами.

— Что же многоуважаемый отец Нифонт у тебя вопрошал? — зардевшись от удовольствия, поинтересовался отец Логгин.

— Да бывалочи спросит: «Ну что, Феодосия? Девства еще не растлила?» Да с тем и отпустит.

Отец Логгин звонко сглотнул.

— Так ты разве не мужатица, а девица нерастленная?!

— Истинно, отче.

— И с мужем не была?

— Что ты, отче?!

— И сколько тебе лет?

— Пятнадцать.

— Так зачем же ты?.. Так почто же ты на вопросы мои отвечала, которые для жен предназначены?

— Так первый раз с таким книжным попом беседую. Как же не отвечать на эдакие умные вопросы? Я сегодня Господа нашего возлюбила, как братика Зотейку — чадо сладкое. Сколько же вопросов Господь нам, грешным, приготовил! И о каждом-то грехе нашем позаботился! И для всякого срама книжное слово сотворил. И ты, отче, все словеса вызубрил?

— Слово Божье зубрить не в тягость, — скромно ответствовал отец Логгин. — Разве тяжело мед черпать и устами пить? А словеса Божьи — тот же мед. Я кроме теологии и других наук много знаю: и лексику, и греческий, и космографию... Но слово Божье мне интереснее всего.

— Как жс силыю ты, отче, Бога любишь... — восхитилась Феодосия.

— Люблю! — с жаром подтвердил отец Логгин.

— Вот бы мне так же Его возлюбить!

Феодосия поклонилась и с затуманенным взором отошла в сторону, ожидая причастия.

...Отец Логгин выпорхнул из церкви боевитым весенним воробьем. Огляделся окрест восторженным взором, глубоко вдохнул свежий зимний аер. Церковь Крестовоздвиженья сияла под снегом в солнечном свете, как архимандрит в праздничных ризах. Яичком желтела вдали свежесрубленная часовенка. Головным сахаром высились сугробы. Пахло сосновой смолой, хлебом и благовонием кадила.

Отец Логгин вспомнил с радостным умилением огоньки алых и желтых восковых свечей, что божьими пчелками золотились пред алтарем, намоленные лики святых угодников, с одобрением внимавших его, отца, службе, и, вдохновенно перекрестившись, воскликнул:

— Армония-то какая, Господи!

Счастливое начало духовной карьеры, и Тотьма, пестревшая избами, хоромами, церквами и торжищами ярко, как расшитой женский подголовник, и, самое главное, исповедание рабы Божьей Феодосии, ее духовное очищение и зарницей вспыхнувшее влечение к Богу — все это слилось в ликующей душе отца Логгина в благообразное и современное слово: гармония!

«А что вылеплю я, похоже, из Феодосии истинную рабу Божью. Одна только беседа, и она уж Бога возлюбила, как братца Зотейку, чадо отдоенное. А что, коли стану я таким для нее пастырем, что ради любви к Господу уйдет Феодосия из суетного этого мира в терем духовности? И тем сильнее будет моя победа, что раба Божья Феодосия — девица прелестная, самой природой предназначенная для осуществления женского замысла...»

Такие тщеславные мысли заполняли отца Логгина, стремительно шедшего к обиталищу своему на Волчановской улице. В розмыслах сих уж зрил отец Логгин себя самым уважаемым святым отцом Тотьмы, всей Новгородской епархии, да что там — самой Московии. Уж сам государь, светозарный Алексей Михайлович, вызывал отца Логгина к себе в кремлевские палаты, дабы свериться с ним в последних достижениях теологической мысли. Дойдя до Кривого переулка, замахнулся отец Логгин и на написание своею рукою и мыслию нового канона, видел уж он сонмы изографов и писцов, что будут разрисовывать измысленные им — с Божьей помощью! — книги. И поедут за теми книгами духовные послы со всего света, и встанут в ряды Христовой веры даже зломрачные африкийские язычники. Ибо талантлив и книжен отец Логгин, и не его в том вина — так уж от Бога дано!

Сии планы в самый неподобающий момент были прерваны бабой с почерпалами воды.

— Благослови, батюшка, — окликнула она отца Логгина и поклонилась, не снимая коромысла. Ведра качнулись, в воде сверкнули диски небесной тверди и верхушки деревьев.

Отец Логгин недовольно взглянул на бабу.

«Ишь, крепкая какая, что твоя репа, — отметил он. — Плодородны в Тотьме жены, а в главе глупость одна. Коли видишь, что идет духовная особа в размышлении, так не прерывай...» Впрочем, тут же укорил себя за ворчливость и отечески благословил жену.

Осеняя тотьмичку крестом, отец Логгин приметил, что брови ея наведены сажей. Не хотелось отцу Логгину отвлекаться от важных мыслей на поучение о саже, которую глупым женам подсовывает черт из адских своих печей, но любовь к наставлениям взяла верх.

— А како, сестра, не сажей ли адской наведены у тебя брови? — въедливо вопросил отец Логгин.

И вспомнил о бровях Феодосии...

Баба что-то лепетала и кланялась.

— Ладно, ладно, иди сейчас с Богом, да как придешь каятися в грехах, о саже напомни, дабы наложена была на тебя епитимья.

«Как речной бисер смех твой, — простонал отец Логгин. — И елеем пахнут косы, и медом — заушины. И будет сей аквамарин небесный самым драгоценным даром, что преподнесу я к алтарю Божьему».

Глава вторая

ЗЕЛО КРОВАВАЯ

— А что, Федосьюшка, черти еще не гонят смолу из грешной твоей дыры? — нарочито страшным голосом вопросила повитуха Матрена после того, как с удовлетворенной икотой откинулась от стола.

Матрена, дальняя сродственница Феодосьиного семейства, справляла в Тотьме и окрестностях бабицкую работу — принимала и повивала младенцев. Дело это, с Божьей помощью, удавалось ей всеблаголепно: брачные чадца нарождались крикливые, не плаксивые, крепкие, а безбрачные, нагулянные, дружно помирали, не успев чихнуть или пискнуть. Сие мастерство обеспечило Матрене обширную женскую клиентуру. Матрену зазывали пожить в преддверии родов благочестивых жен в богатые хоромы, отвозили в монастыри к несчастным растленным девицам, с поклонами приглашали в особо тяжелых обстоятельствах, когда все приметы указывали на то, что в рожение намеревается вмешаться лукавый. Среди последних случаев особенно снискало Матрене славу повивание чадца жены подьячего Тотемского приказа. То, что дьявол караулил роды, Матрене стало ясно с первой минуты, как вошла она на двор: на улице поднялись снежные вихри, кои несомненно указывали на то, что черт едет со свадьбой; в печной трубе завыла ведьма, да еще и девка — холопка полоротая — споткнулась о порог. Благочестивая подьячева жена призналась Матрене, что очадела она в грехе — возлежа на мужа верхом, и, стало быть, лукавый попытается завладеть душой младенца. Ох, так и случилось: при свете лучины собравшиеся жены увидали, что из чрева показался рогатый младенец! Визг поднялся страшный!

— Зри, батюшка, что ты своей елдой грешной натворил! — укорила Матрена подьячего, в испуге побежавшего за двери.

Впрочем, экстренными мерами Матрене удалось прямо в утробе родильницы заменить дьявольское отродье на Божье чадо. Матрена обманула самого черта, выложив на крыльцо со словами: «Вот тебе твое злое чадо, отдай нам наше доброе» — спеленутого котенка! Дьявол не заметил подмены и утащил котенка, бросив повивальное полотно возле ворот. Рога превратились в ноги, коими чадцо мужского пола и вышло из чрева на свет лучины.

Как и полагается повитухе, была Матрена благонравной вдовой.

— Ох, и наелась-напилась! — весело сказала вдова. — Аж жопа трещит. Порадовали угощеньем, благодарствуйте!

На самом деле в игривое расположение духа Матрену привели не пироги с солеными грибами и не овсяный кисель с молоком и топленой брусникой, а хмельное медовое питие. Оно хоть и грешно в пост, да только уж очень замерзла в дороге баба Матрена, торопившаяся к Марии, жене Феодосьиного старшего брата Путилы, дабы помочь ей разрешиться первым чадом.

— Баба пёрднула, годы вспомнила, — подхватила матерь Феодосии Василиса.

— Жопа — боярыня, что хочет, то и лопочет, — закрякала Матрена. — Прости мя, грешную, Господи!

Отсмеявшись и вдохновенно перекрестившись, баба вновь вспомнила о Феодосии.

— Так не гонят черти еще смолу из межножья?

Феодосия недоуменно смотрела на повитуху.

— Как это, баба Матрена? — спросила она.

— Так ты не ведаешь, как черти раскочегарят вскорости котел в твоей дыре?! Али матерь тебе не сказывала?

Матрена повернулась к раскрасневшейся от пития Василисе.

— Почто раньше времени девку пугать? — махнула рукой Василиса. — Придет ее пора — сама узнает.

Матрена прищурила масляный глаз.

— Слушай, Феодосьюшка, слушай, чадце мое золотое... А се... Сотворил Бог человека, Адама, да и отлучился по другому делу. А тут из геенны огненной вылез дьявол да как принялся бесноватися, над творением Божьим злоглумитися. И слюну на человека плевал, и харкотину харкал, и блевотину блевал, и сцу сцал...

— Ой, не говори, баба Матрена, а то и я сейчас облююся, — заклекотала Мария, хватаясь за живот.

— Тебе слушать тошно, а каково-то Адаму было?! А се... Вернулся Боженька и взирает злосмрадную картину: творение Его изгажено! А уж время у Господа подпирало, надо было дальше творить. Ну, он взял да и вывернул испоганенного человека наизнанку. И теперича у нас внутрях и кишки говняные, и дух кислый, и желчь горькая, сиречь слюна дьявола, — все в утробе. А у жен оказался еще в чреве дьявольский котел, похотствующий на грех.

Как входит отрочица в пору греха, так черти и растапливают сей котел. Начнет у тебя, Феодосьюшка, жечь да печь в брюхе, начнутся ломота да потуги, бросит тебя в жар и огонь, и потечет смола дьявольская. Дух у ней злосмрадный, и станешь ты, Феодосьюшка, столь нечистая, что к церкви святой тебе и близко подходить нельзя будет! Если прольется капля той смолы в сенях али на паперти, али пуще того на причастии, гореть тебе в аду! А нечистота твоя дьявольская будет столь богомерзка, что мимо креста тебе ходить нельзя будет, святую воду али миро в руки брать тоже нельзя.

Феодосия держалась за шкап и мелко дрожала.

Матрена вошла в раж:

— Бысть одна жена, Олигария, в такой вот нечистоте. И сидеть бы сей смрадной жене дома. Так нет, поперлася она по селищу. И за тыном вдруг закачался перед ней куст калиновый. Жене бы домой вернуться, ан нет! Пошедши она далее. Внезапу набежала грозовая туча, и извергся из нее страшный огненный столп...

Слушательницы охнули и перекрестились.

Матрена подлила себе медового хмельного пития, выдерживая театральную паузу. Женщины, обмерев, ждали продолжения рассказа.

— ...Стрела громовая! Ох, здоровая молния, что елда архиерейская! И ту жену сия сила грозная поразила на месте! А се... Прибежали селищенские, прикопали жену, чтоб огонь из тела ее ушел в мать сыру землю, а сами дивятся: вёдро уж неделю стояло, ни единой тучки, откуда громы-молнии?! И тут старая-престарая монахиня, что шла через селище за милостыней для монастыря, и вспомнила, что на этом самом месте был некогда похоронен благочестивый монах. «Гляньте жене на портище, — рекши монахиня, — али она нечистая?» Глянули бабы — так и есть. Застонала тут нечистая жена и принялася каятися. Святые, мол, пророки, мученики святители, простите мя, дуру грешную, что поперлася в кровях по белу Божьему свету да наступила на могилку монашью... И внезапу раздвинулась туча, низвергся с высоты солнечный луч, и руки-ноги у жены пришли в прежнее здравие. Селищенские огородили то место на сырой земле, а жена на свои куны воздвигла на могиле монаха каменный крест. Он так и называется: крест на крови. Вот, Феодосьюшка, сколь велика будет твоя женская нечистота!

Матрена опытным глазом оглядела фигуру Феодосии, приняла во внимание прыщик на лбу и предрекла:

— И случится сие вскорости. Налей-ка, Василиса, мне еще чарочку малую...

— Баба Матрена, — дрожащим голосом с надеждой спросила Феодосия, — а можно вымолить у Боженьки, чтоб у меня черти смолу не гнали?

— Сие невозможно. Баб без греха не бывает. Хлеб не без крошек! Щи не без шерсти! Не на то манда сшита, чтобы сыпать в нее жито!

Во рту у Феодосии пересохло, слюна белой нитью овила уста, залепила уголки губ, паклей законопатило гортань...

— Пойду я... — еле произнесла Феодосия и вышла прочь, в сени.

Лучина в кованом светце щелкнула и с шипением обвалилась в воду.

Каменным идолом поднялась Феодосьюшка по дубовой лестнице в свою горенку.

Запнулась негнущимися ноженьками за половик и повалилась на шершавый шерстяной полавочник. И в тот же миг в брюхе у Феодосии запекло, затянуло, словно черт наворачивал кишечные жилы на кочергу.

Феодосия приподняла голову, пошарила глазами по образам и принялась почти в беспамятстве причитать: «Господи, помилуй!»

Утробу тянуло, словно бесы алкали ее вырвать.

Феодосия переползла на одр, откинула перину, взлезла на тюфяк и в ужасе накрыла голову лебяжьим взголовьем, надеясь спрятаться от нечистой силы.

Всю ночь ее крутило в огненных вихрях. Всю ночь она чуяла запах серы.

Едва проснувшись, приложила руку к подпупью. Утроба вздулась и была горячей.

Заливаясь слезами, Феодосия неверными шагами подошла к окну, отодвинула расписанную цветами тяжелую дубовую заволоку... Сквозь слюдяные блюдца проник тусклый зимний рассвет.

Феодосия вернулась к одру.

На тюфяке темнело бурое пятно засохшей серы...

Феодосия закричала и кинулась вон.

Кадушка редьки, что притащила с утра в сени холопка, ушат с помоями, мерзлая кислая овчина — все ованивало Феодосию преисподней мерзостью.

— А-а! — вопила Феодосия. — Матушка-а!

Матрена, Василиса и золовка Мария выбежали из женской горницы.

— Матушка-а, черти ночью приходили, гнали смолу-у!

Матрена подскочила к Феодосии и задрала верхнюю рубаху. На портище бурело пятно. Повитуха подмигнула Василисе.

Мать ринулась было за веником.

— Мстлой нс бей, женихов отобьешь! — деловито подсказала Матрена. — На вот лыко!

Василиса схватила связку лыковых лент и накинулась на Феодосию.

— Что ж ты с собой наделала?! Говори, подлая! — театральным голосом вопила Василиса, охаживая дочь лыком.

— По жопе лупи-то, по жопе, — тишком подсказывала Матрена. — Жопа не горшок — не разобьется.

Попались под руку лапти, досталось Феодосии и лаптями.

Матрена ухватила с сундука старый половик, вдарила Феодосии поперек спины и тяжелым половиком.

— Чем ковыряла в утробе?! Али грешила с кем?! — хором вопили они. — Отчего крови у тебя пошли?

— Ничего я не творила, ей-богу! — рыдая, клялась Феодосия.

Золовка тоже делала грозное лицо, но то и дело зыркала хитрыми глазами, прикрывала ладошкой смеющийся рот. Наконец не выдержала и, пользуясь эдаким случаем, с затаенным злорадством радостно лупанула Феодосию скрученным полотенцем.

Феодосия, ожидавшая от матери и сродственниц сочувствия, но никак не битья, забилась в угол и загнанно дышала сквозь всхлипы.

Неожиданная атака женщин заставила ее позабыть про ночные кошмары. Помойный ушат уж не вонял серой. Редькой, а не смолой пахло и от кадушки. А на рубашке была кровь.

— Так это кровь у меня? — с облегчением спросила Феодосия.

Матрена вновь подмигнула Василисе, мол, вот и утряслось, вот и успокоилась у девки душа. Доброе это дело — битье. Никому еще не повредило.

Феодосия расслабленно прислонилась к стене. В голове стоял радостный звон.

Кровь, всего лишь кровь! Хотя и это, конечно, страшно, но все ж таки не сера, все ж таки не смола!

Матрена живо вызвала холопку и приказала принесть теплой воды да омыть молодую княгиню. (Повитуха всегда величала купеческих и подьячих дочерей молодыми княгинями: у нее, Матрены, язык не отвалится, а женам приятно!)

Тем временем Феодосия была омыта и обряжена в свежее, подол заткнули за пояс, дабы крови не испоганили новенькие Феодосьины сапожки из голубой мягкой кожи. Волосы Феодосии учесали с деревянным маслом, серьги поправили, чресла перепоясали шерстяным кушаком, вышитым золотой канителью.

Холопки собрали на стол завтрак. Феодосия, как то бывает после горючих слез, хоть и сидела с зареванным лицом, но чувствовала себя облегченной и просветленной. Лицо и руки горели от ссадин после битья лаптями и лыковым драньем, и это пересилило ноющую тяготу в брюхе. Феодосия была почти счастлива, в простодушной уверенности, что недуг больше нс повторится. Отчасти смущенная, частью довольная тем что и у нее случились такие же нечистоты, как, бывало, у золовки (только теперь она поняла значение этих словес), Феодосия на равных участвовала в женском разговоре. Матрена, как большой знаток анатомии, тут же завладела всеобщим вниманием.

— Здеся, — Матрена приложила насупротив необъятных грудей вилку с ломтем обмасленной томленой репы, — легочная жила у человека проходит, через которую человек дышит. Здеся — сердечная жила. В сердце самый гнев, ярость. Потому и наименовали сердце, что им человек серчает.

— Сие — истинно! — радостная от такого открытия, сообщила Феодосия. — Бывало, осерчаешь, так в груди аж застучит!

— Ажно кувалдой бьет в сердце, когда холопы ленивые на гнев искусят, — подтвердила Василиса.

— Дальше идет жила пищная, — поражала познаниями Матрена. — Есть жилы кровяные. А есть жилы жильные, через них мясу передается сила. Для сцы — своя жила. Весь человек наскрозь из жил.

— Как худая жена мужа кажинный день подъелдыкивает, так и говорят, что все жилы, мол, вытянула, — встряла золовка, давая понять, что уж она-то не такая худая супруга.

В кругу мужниной родни Мария старалась лишний раз поддакнуть. Замуж ее взяли с богатым вещным именьем, но вместо денег даны были двадцать саней соленой и мороженой рыбы, которую ее молодому мужу, Феодосьиному брату Путиле, предстояло доставить до Москвы и продать. Известий от Путилы — продана ли рыба и какая взята цена — все не было, стало быть, велико ли вышло денежное приданое, еще не было известно. И до тех пор Мария держалась услужливо. Даже холопок била слегка, для острастки только.

— А здеся, Феодосьюшка, жила подпупная, — продолжила Матрена. — У молодцев — становая.

Феодосия смущенно коротенько засмеялась, как будто ласточка клювом в оконце горницы постучалась. Жен-

Елена Колядина

ские беседы обычно казались Феодосии зело грешными и уязвляли простодушное стыдливое сердце, как горестно смущал вид какой-нибудь пьяной бабы, валявшейся возле питейного дома. Феодосия чаще всего покидала горницу, когда речи сродственниц становились двусмысленными. Но сегодня она не знала, как поступить: может, теперь, после всего, что случилось, и ей полагается вести непристойные женские разговоры? Одновременно она чувствовала, что Матренины любострастные побасенки непривычно приятно волнуют ее. И пребывала в растерянности: грех ли сие есть?

— А ты, Феодосьюшка, не смейся, — опрокинув чарку меда, наставительно произнесла Матрена. — Елда — тоже крещеное тело. От елды — плоть, а от женской утробы — кровь. Как вместе они соединятся — кровь жены и скверны мужа, — так чадце и зачнется. А ежели жена с мужем любодействовали — семя истицали не в утробу, а на землю али на портища, то кровь с плотью соединиться не могут. Кровь и истекает тогда из межножья, чтоб Бог видел, что эта жена чадо не понесла. За бесчадие Господь и наказывает месячной нечистотой. Вот у Марии сейчас чадце в утробе, так и кровей нечистых нет. Так, Мария?

— Истинно! — подтвердила золовка.

— Так разве только жены наказаны? А мужи — нет? — вопросила Феодосия.

Золовка снисходительно засмеялась.

— Мужи — нет... — авторитетно заявила Матрена.

— А за что же такое наказание? — обиделась за жен Феодосия.

— А за все! За все грехи! За любопытство и за обман. Бог в наказание велел каждый месяц женам маяться нечистотой.

— Баба Матрена, — вскрикнула Феодосия, — разве у меня теперь кажинный месяц будет эдакое?

— А ты как думала?!

— Я мыслила, что сейчас пройдет — и все...

Жены засмеялись.

— Нет, девица, каждый месяц. А как станешь мужней мужатицей — крови будут не всегда, а только когда с мужем согрешишь не в естество, — разъяснила Матрена.

— У меня что же — чадце сейчас истицает? — испугалась Феодосия.

— Истинно, — перекрестилась Матрена. — Потому воду с этими кровями нельзя выплескивать на стену хоромины али избы, не то младенцы в этом доме будут хворать. И на дорогу нельзя выплескивать эту воду из почерпала али из ушата, не то коровы, овцы, лошади, что пройдут по ней, не станут стельные да жеребые.

— А куда же нужно?

— А укромно на мать сыру землю. Все мы из нее пришли, в нее и уйдем. А то будет как с одной сущеглупой бабой...

— А как с ней было? — с горящими глазами вскрикнула Мария, любившая слушать о чужих страданиях.

— Баба сия взяла да и кинула кровяную свою печенку в бане в угол...

Матрена захватила кусок пирога с морковью, нарочно оттягивая кульминацию кровавой драмы.

Женщины разинули рты и принялись торопливо креститься, с наслаждением предвкушая услышать ужасные вещи.

Матрена прожевала пирог. Икнула.

— Душа с Богом побеседовала, — подобострастно пробормотала Мария.

— Кинула, значитца, печенку. А следом пришел в баню ея сродственник. И был тот сродственник на низ слабый. Грешник! Стал сам с собой блудить в грехе, сиречь — рукоблудить. Скверны семенные и истекли в угол, да прямиком на крови. Слилися плоть и кровь. Завыло в бане, загудело, тени черные заметались... И вышла из нее в полночь....

Жены вздрогнули и отпрянули от Матрены.

— ...отроковица!.. Лицом похожа на ту сущеглупую бабу и грешного сродственника. Утром люди глядят: что такое? Отроковица по селищу идет, а сама ведь неживая! Глаза как мыло банное. Кожа как зола. Тело как в щелоке вымочено. Вместо волос — мочало...

— Господи прости! — охнули женщины.

— Да, и на бабу сущеглупую и ея сродственника похожа! — еще раз повторила Матрена, давая понять, что драма еще только разворачивается. — Донесли мужу той богомерзкой бабы. Он посмотрел. Истинно: отроковица лицом на этих двоих грешников похожа. Схватил он тогда нож булатный и вонзил жене в грудь. А сродственнику вырвал подпупную жилу да прибил на воротах! Доложили воеводе городскому и настоятелю соборному. Призвали убийцу в судную избу. «По какому такому праву убил ты жену свою и вырвал подпупную жилу сродственнику?!» — вопрошают воевода и настоятель. «Я не жену свою убил и не сродственника, а по древнему русскому закону убил богомерзких прелюбодеев!» Согласились с ним воевода и настоятель и отпустили с добром.

— А ведьма кровяная? — заерзала Мария.

— Окружили ея мужики с дрекольем да вызвали попа. Поп и святой водой ведьму кропил, и ладаном кадил, и Божьим словом спасал. Наконец, с Христовой помощью, всадили мужики той ведьме осиновые колья во все жилы.

— Слава тебе, Господи! — перекрестились слушательницы.

— Вот оно как бывает, — назидательно покачала головой Матрена. — Вот как Бог наказывает тех жен, что выплескивают нечистые крови куда ни попадя.

— А в печку можно? — с надеждой вопросила Феодосия.

— Что ты! Что ты! — шарахнулась Матрена. — Грех великий! Слушай... Бысть одна молодая новобрачная жена, Анница. Василиса, ты, может, помнишь, в селище Песьи Деньги Анница жила?

— Это которая же? — задумалась Василиса.

— Да у которой корова волчонком отелилась? Пришли утром в хлев, теленка нет, а в углу волк лежит?

— Господи, конечно, помню! — обрадовалась Василиса. Ей было приятно, что она, Василиса, самолично зная Анницу, остается в стороне от ее греха (а то, что новобрачная из Песьих Денег совершит грех, было ясно из жаркого вступления Матрены). — И чего с Анницей сталось?

— Обвенчались они с мужем и стали жить. Месяц прожили, пришли у Анницы нечистоты. Надо сорочку постирать. А на улице безведрие стояло, дождь день и ночь, да эдакий холодный. Анница и заленилась пойти в ручей какой укромный — портище заполоскать. Выварила кровяные сорочки в щелоке, да и выплеснула воду прямо в печь, в огонь...

— В огонь? — выдохнула Василиса. И с удовольствием: — Да что она, дура совсем? Разве можно в огонь? Таким дурам дай волю, так они и на крест святой помойной воды плеснут!

Все дружно осуждающе покачали головами. Золовка поджала губы.

— И что случилось, баба Матрена? — в нетерпении спросила Феодосия.

Женщины заранее осенили себя крестным знамением.

— Выплеснула Анница воду в огонь, — зловеще произнесла Матрена, — и в сей же миг в печи загудело, и показался ей в пламени сынок, который должен был от тех кровей родиться. Эдакий бравый, крепкий, голубоглазый мальчишечка. Прямо ангелочек!.. «Что же ты, маменька, наделала? — заплакал сыночек. — Выплеснула ты плод чрева своего в пламя!» Вспыхнули волосики его кудрявые, занялась рубашечка, запричитал мальчишечка и сгорел. Обмерла Анница и рухнула с криком подле печи. Набежали бабы. Ничего понять не могут. Анница ни словечка не говорит, колотится только о подпечье да на огонь указывает. А вечером стала свекровь золу выгребать и вытянула из печи детскую косточку. Все она поняла да так с кочергой на сноху и кинулась, признавайся, говорит, подлая, чего натворила? Тогда сноха и покаялася, прости-де, мол, матушка дорогая, невестку свою злогрешную. Свекровь ей говорит: молись теперь, грешница поганая, проси у Боженьки прощения, а не то оставит Он тебя бесчадной на всю жизнь. Анница год молилась, ежеденно по сто земных поклонов клала, прежде чем Господь смилостивился и простил ей грех да послал в утробу чадце. Но родилась девка заместо парня. И так семь девок родилось, а парня — ни одного. Вот какое Аннице было Божье наказание.

— Ох, хоть бы у меня-то мальчишечка народился... — вздохнула Мария.

— Роди сыну моему Путиле парня, а не девку, — приказала Василиса. — И чтоб парень — кровь с молоком!

— Веретеном али прялкой до брюха не дотрагивайся, а только кочедыком, молотом али другим мужеским инструментом, — принялась наставлять Матрена. — Вот парень и будет.

— Баба Матрена, — перебила Феодосия, — от нечистых кровей, выходит дело, одно зло? А на добро их можно употребить?

— А как же. Бог так создал, что любое Его творение, даже самое смрадное, может нести доброе. Нужно только молитвой сопроводить.

— Крови нечистые помогают плодородию. Хорошо нечистую сорочку тащить по грядкам с рассадой...

— Так и есть, — с довольным видом кивнула Василиса.

— Особливо если сорочка от зело плодоносящей бабы, — уточнила Матрена. Повитуха не любила, когда кто-то знал больше ее. — Не худо в грязной рубашке покататься по матери сырой земле перед севом. Особо вяще кровяные рубашки подсобляют в росте свеклы. Но только сорочка должна быть не от тощей какой-нибудь холопки, а от дородной телом жены. Что еще?.. Коли вылить кровяные воды под яблоню, то овощ яблочный уродится красный, налитой.

— На лошадь нечистой жене нельзя садиться, — вспомнила и подсказала Мария.

— У-у! — взмахнула рукой повитуха. — Такая вещь с лошадью была, что не приведи Господь на месте той лошади оказаться...

Слушательницы засмеялись.

— Одна благонравная жена поехала верхом на пажить. И в пути случились у ней крови. Она и не заметила. Коли заметила бы, то непременно спешилась да пехом пошла, потому что была та жена скромна и богобоязненна. А се... Крови попали лошадушке на спину. И внезапу она, сиречь лошадь, встала под женой на дыбы, из ноздрей у нее огонь пошел, потом дым черный!.. Скинул жеребец жену наземь и поскакал как угорелый поперек пажити. Бабы глядят: что такое? Выбежали на дорогу, а там лежит... Господи, спаси и сохрани! Кошка черная лежит в пыли! Брюхо копытом раздавлено и кишки наружу...

— Ой, баба Матрена, я немедля сблюю, — запричитала Мария.

Но повитухин рассказ в такой назидательный момент и сам черт бы не остановил.

— А подле валяется рубаха, — продолжила она, — пояс тут же, оголовник, вся женская одежа. Бабы по вышивке на оголовнике и измыслили, что́ за кошка на дороге!.. А вечером лошадь вернулась на двор. Глянули... Батюшки! Хребтина у лошади вся облезла, язвы кровавые по всему брюху уж идут. Хозяин эту лошадь на двор не пустил, призвал попа. Поп прямо за воротами животину безвинную святил, кропил, чтоб, значит, кровяной грех на другую скотину не перекинулся. Еле отмолили. Лошадь издохла в ночь, но более в доме никого мор не тронул... Но ты, Феодосьюшка, пуще всего бойся в крови оказаться в святой церкви. Если только почуешь чего, сразу прочь из церкви беги!

— А если всенощная на Рождество? Неужели пропустить такое благолепие? — расстроилась Феодосия.

— Бегом из церкви прочь, я тебе сказала! А то в ведьму превратишься. А церковь потом придется сызнова освящать.

— Баба Матрена, тогда ведь парни и мужи догадаются, что у меня случилось?..

— Эка страсть! А то они не знают! Нечистой жене нельзя дежу замешивать, хлебы ставить, муку трогать. До просвир, упаси Бог, касаться. Ничего чистого делать нельзя! С мужем в одну постель ложиться нечистой жене грех великий. А уж если зачнешь чадо через крови, то народится кровавый разбойник.

— Страсти какие!.. — расстроенно всплеснула руками Феодосия. — Что ж мне сегодня, в сундук забраться да сидеть? Чего делать-то можно, баба Матрена?

Повитуха пожевала губами.

— Пряжу прясть — пожалуйте. Особенно красного цвету работу можно делать. Вышивать красным али шить из алого шелку. Так, без дела полежать тоже не грех. Молиться побольше, поклоны класть, все это нечистой молодой княгинюшке не возбраняется.

С последними словами, произнесенными Матреной шутливым тоном, жены встали из-за стола, дружно перекрестившись. Мария пошла полежать (впрочем, свекрови она сказала, что сядет заканчивать кошель для супруга своего Путилы: Мария уже второй месяц вышивала узорами кожаный кошель, выделанный из бычьей мошонки). Василиса отправилась бранить холопов за какое-нибудь дело, а если худого не окажется, то так, для острастки. Матрена взялась перебрать в сундучке требуемые для бабицкого ремесла причиндалы. А Феодосия пошла в свою горенку. Прилегла было... Но мысли о происшедшем, а особливо об услышанном от Матрены, распирали Феодосию, как вешние воды запруду. Она в волнении обошла горницу. Села на лавку. Не усидела, вскочила. Посидела подле поставца, одергивая теребя скатерть. Но ноженьки сами подняли и понесли ее и от поставца прочь. Возле окна Феодосия взглянула на прялку. «Матрена сказывала, хорошо в кровях красным вышивать», — вспомнила Феодосия. Достала из резного ящичка крошечные медные ножницы, иглы, тонкую металлическую нить, отливающую красным, золотую канитель, лазоревую ткань. Обвела глазами по ткани круг. Покачала головой, следуя мысленно картине окиянских волн. Зажмурилась на мгновение от яркости светила. Полюбовалась хрустальной твердью. Господи, что измыслила Феодосия? Али крови так на нее подействовали? И сказать, не перекрестясь трижды, страшно. Потому что замыслила Феодосия вышить карту тверди земной и небесной!

Глава третья

СКОМОРОШЬЯ

— На лицах у всех хари надеты! Да такие глумливые хари! То ли из дерева вырезаны да раскрашены, бес его знает? На одной нос торчит на версту, что твоя елда! Ой, прости Господи... На другой — такая потешная личина, что в сонме не присонится!..

Мария с самого завтрака украдкой стояла на пороге Феодосьиной горницы, подперев дверной укос. Время от времени она отодвигала кованый заклеп, тишком озирала лестницу и, вновь прикрыв дверь, с жаром продолжала пересказывать новины, принесенные Акулькой. Акулька давеча таскалась за город, к Божьему дому. Ибо преставилась у Акульки мать, и через сродственницу передали ей, что матушку уж отпели и теперича попрощаться с ней можно будет у Божьего дома, куда свозили со всей Тотьмы до весны покойников. Не то чтобы всех, а голытьбу, холопов и простолюдинов. Складывали их как дрова, до ледохода, когда земля оттаивала, и тогда уж хоронили. Матери Акулька не сыскала — наложено было уж поверх нее покойников: в Песьих Деньгах случился пожар, и новопреставившихся привезли не менее трех десятков.

— Старая у Акульки матушка была? — участливо спросила Феодосия.

— Тридцать пять годов, что ли?..

— Не так чтоб старая...

— Уж кто захочет умереть, так елдой не подпереть, — отскороговорила Мария, которой не терпелось перейти к самой завлекательной части новины.

На обратном пути Акулька узрела, что на Государевом лугу встали стойбищем сани-розвальни, кибитки, возы и чудной шатер, из которого валил дым. Оказалось, что в Тотьму прибыли скоморохи. И тогда поганая Акулька (прибить бы ее поленом за это!) поперлася на торжище — зреть скоморошьи позоры! Об этом Мария узнала случайно, заслышав дерзкий хохот и глумы из людской избы. Акулька кинулась в ноги молодой хозяйке и, дабы отвлечь внимание от полена, в самых ярких красках расписала позорное зрелище.

— Поглядеть бы, — закатив глаза, томно прошептала Мария Феодосии и ухватила ее за рукав. Но тут же добавила постным голосом: — Ой, нет, грех великий! Тебе, девке вольной, еще бы и можно повзирать на скоморохов, а мне, мужней жене, и думать грешно.

— Вот еще! — не испугалась Феодосия. — Ныне не старые времена! Чай, не при Иване Грозном живем, чтоб женам и девицам из дома не выходить. Чего нас стерегут бденно, как царскую казну?! Пойдем на торжище сей же день!

— Ой, нет, Феодосьюшка, — нарочно принялась отнекиваться Мария, мыслившая в случае неудачи свалить вину на молодую сродственницу. — Не пойду я, и не уговаривай. Сяду лучше супругу Путилушке мошну вышивать.

— Да скоморохи, может, к нам десять лет после не приедут!

— А как уйдем? — притворно повздыхав, рекши Мария.

— Украдом.

— Нет, только не украдом. Лучше скажи матушке, что хотим отстоять обедню не в нашей церкви, а в соборном храме, — деловито предложила Мария, у которой план похода в балаган был разработан еще с вечера.

— Она нас без холопов не отпустит.

— Холопам поганым дадим четверть копейки, так они из питейного дома до вечера не выйдут. А матушке скажем, мол, нашло на дураков запойство, бросили они нас посреди Тотьмы... Матушка велит их выпороть, всего и делов!

Замысел удался, словно сам черт Феодосии с Марией помогал!

Скоро выкушав на дорожку — мороз на улице стоял ядреный — оладьев с горячим медом, сродственницы в сопровождении холопов Тимошки и Васьки, вооруженных палками, отправились в Богоявленский собор к обедне. Дорогою Тимошка и Васька для услады молодых хозяек то и дело палками поднимали с кустов и дерев тучи алых снегирей и пестрых клестов. Перебежала на радость Феодосьюшке дорогу и двоица белочек. Феодосия заливалась смехом и норовила задержаться, чтоб дать зверькам семечек, но Мария тянула ее прочь. Вскоре послышался диковинный шум...

Торжища в центре Тотьмы — впрямо напротив приказной избы и пошлинной мытницы — было не узнать! Словно посреди постных белых хрустящих снегов развела вдруг веселая баба масленичный огонь да принялась жарить неохожий блин да класть на него пищную, сытную, пряженную в масле требуху. И от того блина масляными стали у тотьмичей и уста, и щеки, и персты! Издалека оглушил Феодосию с Марией стук бубнов, грохот барабанов, вопли зурны, дудок, рожков, звон гуслей, срамные песни, дикие вопли бражников, возбужденный гомон толпы, местами уж пустившейся в пляс, — казалось, того и гляди, присоединятся к тотьмичам черти и примутся скакать в коленца! Избавившись от Тимошки с Васькой, сродственницы пробились сквозь толпу.

— Гляди-ка, Феодосия, плясавица! — всплеснула руками Мария. — Рожа-то размалевана белилами, ланиты красные, а уста-то, уста! Кармином намазаны! Тьфу, как из блудного дома блудища! И пуп голый! Ой, срам!

Понося плясавицу поносными словами, Мария между тем мысленно примерялась и к кармину на устах, и к белилам, и к наведенным сажей бровям...

Впрочем, черноволосая плясунья в восточных шароварах, хоть и топтались вкруг нее не только пешие мужики, но и конные бояре, была не самым большим дивом.

Тотьмичи азартно толпились вокруг глумилища с акробатами: парни в мягких кожаных калигах и пестротных, расшитых яркими платами, рубахах подбрасывали друг друга в воздух, ходили колесом, вставали друг дружке на плечи и низвергалися вниз, на расстеленный на снегу истертый темный ковер.

— А вот игрище о бедном мужике, просто Филе, да о богатом князе Блуде Слабосрамном! — раздался из-за спин веселый вопль. — Подходи, гляди на театр скомороший кукольный!

Мария с Феодосией перебежали на крик к кукольному игрищу. Посередь него стоял занавес, натянутый на воткнутые в снег колья. Над занавесом глумились деревянные куклы, раскрашенные красками и наряженные в истинно настоящие — на ногах одной из кукол были даже лапти! — только крошечные, одежки.

Когда Мария и Феодосия протиснулись к самому занавесу, два скомороха подняли над пологом вырезанную из дерева игрушку навроде богородицкой: на противоположных краях одной досточки сидели бедный крестьянин, очевидно, тот самый Филя, и богато наряженный князь. Невидимые кукловоды дружно двинули деревянными рычагами. И в тот же миг из-под парчового подола Блуды, еле-еле подрагивая, поднялся тоненький бледный срам и тут же рухнул вниз. А из-под овчинного тулупа мужика извергнулася гигантская елда с грубо вырезанной лупкой, выкрашенная свеклой в густо-бурый цвет, и застыла колодезным журавлем.

— Богатый тужит, что елда не служит! А бедный плачет, что елду не спрячет! — зычным баритоном прокричал скоморох, стоявший перед занавесом.

Зрители повалились со смеху.

— Гы-гы-гы! — утирали слезы мужики.

— Ох-ти мне! — тыкали друг дружку в бока бабы. — Хороша! Вот бы этакую попробовать.

Мария тоже заливалась смехом.

Феодосия в смущении прикрыла лицо краем оголовника. Но тут же украдкой вновь взглянула на могучий мехирь деревянного Фили.

Когда тотьмичи достаточно налюбовались мощью Фили, фигуры опустились вниз.

— Зовут меня Истома, — с театральной приветливостью прокричал скоморох, ведущий действо, — а покажу вам, тотьмичи дорогие, чего не увидите дома!

Оказалось, что дома зрители не могли увидеть бабу с огромными деревянными грудями, которые по мановению тех же рычагов вздыбливались над горизонтом.

— Вот Катерина! Лезет на елду, как медведь на рогати́ну! — рифмуя ударения, веселым зычным голосом прокричал Истома. — Катерина не сводница, а сама охотница! Катерина — девка на выданье! А приданого у ней — веник да алтын денег, да две мельницы, ветряная да водяная, одна с пухом, другая с духом! Титьки у Катерины по пуду...

Мария колыхалась от смеха. Феодосия же не знала, что и делать. Глумы потешные, но уж зело срамные... Впрочем, следующая история уже и у Феодосии вызвала смех, идущий, казалось, из самого нутра, из самой утробы. Ну как было не хохотать над скоморошиной о нерастленной монашке, бесшабашно пропетой Истомой под звон гуслей? Решила монашка, что поселился у нея в естестве чертенок — уж больно чесалось и щекотало между ног. Пожаловалась нерастленная монашка попу. А тот: мол, нужно проверить! И до того доизгоняли они чертенят, что упал поп замертво. И похоронили его с похвальбой, дескать, принял святой отец смерть в ратном бою с чертями.

Феодосия исподтишка глядела на Истому. Глаза Истомы были синими, как шелк, на котором Феодосия вышивала золотом карту мироздания. И сияли его очеса, словно в синеву просыпались крупицы золота. И льдинки весенние крошились в его зеницах. И осколки хрусталя рассыпали многоцветные искры. Борода Истомы вилась хмельными кольцами цвета гречишного меда. Кудри выбивались из-под низко надвинутой шапки тугим руном и пахли, мыслилось Феодосии, имбирным узваром.

Олсй-о! Феодосия! Зачем ты глядишь на Истому? Не весенний лед крошится в его глазах, и не имбирным узваром пахнут его власы. Смрадным огнем горящих селищ пропах его меховой охабень. И крест его огромный, украшающий голую шею, пылал огнем за тысячу верст от Тотьмы, на той великой реке, до которой плыли тотемские гости через Белоозеро. Впадает в Белоозеро триста шестьдесят рек, а вытекает одна лишь, Шексна. И течет Шексна, ласкаемая тучами белорыбицы, до той самой могучей русской реки, где добыл свой дорогой охабень скоморох Истома. И губы его горьки от бесовского табака. И шрамы покрывают его злое тело. И на сердце тоже шрамы.

Поглядывая на скомороха, Феодосия узрела, что, декламируя глумы и распевая скоморошины, Истома зорко шарит глазами поверх толпы. Вдруг злость полыхнула в его зрачках. Феодосия оглянулась. Толпа расступалась, пропуская едущих верхом воеводу и слуг. Воевода Орефа Васильевич, дородный, с пухлым лицом в окладистой бороде, помахивал плетенным из разноцветной кожи кнутом. Да тотьмичи и без кнута дружно опускали головы, стараясь не встречаться с Орефой Васильевичем взглядом. Лишь особы купеческого звания при поклоне осмеливались украдкой взглянуть если не в лицо воеводы, то в морду его коня. Однако, находясь в толпе, уже изрядно растленной срамными и вольнодумными скоморошинами, тотьмичи чувствовали себя смелее и поклоны клали словно бы нехотя.

Воевода встал возле Феодосии с Марией, которые дружно поклонились. Государев верный наместник в сухонской земле, Орефа Васильевич признал дочь самого крупного тотемского солепромышленника.

— Что, Феодосия, брат твой Путила не вернулся еще с обозом? — сняв расшитую меховую рукавицу, приветливо вопросил Орефа Васильевич.

— Нет еще, — не поднимая головы, ответствовала девица.

Перед глазами ее сиял серебряной обивкой носка и каблука алый сафьяновый сапог воеводы.

— Супруг мой Путила рекши, что как вернется, так, не заезжая домой, первым делом к вам с поклоном товары из Москвы поднести, — ловко встряла Мария.

— Ну, ну... — расплылся воевода. — Передай мужу, пущай сперва жену одарит, чем она захочет, ха-ха, а уж потом и ко мне на поклон.

Сопровождающие засмеялись шутке.

Мария зарделась.

Истома ненавидяще сверкнул из-под шапки глазами. Но тут же весело закричал:

— А вот игрище про дрищавого польского пана!

Кукловоды бойко приподняли над занавесом куклу карикатурно исполненного полячка, готовясь разыграть глуму самого патриотического содержания. Тотьмичи дружно признали в пане Лжедимитрия и предвкушали потешное позорище с его участием.

— Не хвались едучи на рать, а хвались едучи с р-р-ати! — театрально прокричал Истома и заговорщицки подмигнул зрителям.

— Срати! Ох-ти мне! — хохотала публика.

Остальные сценки с участием дрищавого пана были столь же двусмысленны и уничижительны, чем умаслили сердца тотьмичей.

— Ловите, шуты гороховые, — воевода кинул под ноги скомороху горсть мелких кун. Приказные вытянули шеи, стараясь разглядеть, сколь расщедрился Орефа.

Один из актеров с поклонами и веселыми шутками принялся собирать из грязного снега деньги. Истома сощурил глаза, чтобы ярость сердечная не излилась из зениц. Бросил взгляд на бычью шею воеводы, овитую самоцветными каменьями в три перста.

— На чужие кучи глаз не пучи, а свою навороти, отойди да погляди! — дерзко продекламировал Истома дьякам приказной избы.

Сердечко Феодосии замерло.

Воевода взирал свысока, не меняясь в лице. Лишь глаза пожелтели.

Еще вчера воеводе донесли, что прибыли скоморохи, встали табором на Государевом лугу. И числом тех скоморохов в ватаге не менее полусотни. И есть при них медведи в цепях и притравленные на люд собаки, а также блудные девки, похожие на турчанок либо персиянок. Зело лепые!.. Один ушлый из воеводиных людей донес даже, что груди у тех девок смуглые, соски их коричные и мажутся они для сладострастья вящего пряным маслом. И так умеют те девки обвить скользкими своими черными косами, что проистицает любострастие, какого и свет не видывал... А еще разнюхали верные люди, что вроде как продают тайком скоморохи бесовскую траву табак, нарекая ее для тайны сушеным яблочным листом либо свекольной скруткой. Но не пойман — не вор! Изловить торговцев либо покупателей табака не удалось. Так что, может, и брешут люди про табак.

Дьяки испуганно отворотили рожи от воеводы, поняв намек скомороха. Но тут же вышли из положения: грохнули хохотом, указывая перстом то на кукольного пана, то на скачущего тотемского дурачка Ваньку, делая вид, что шутка относится к нему.

Воевода налился черной кровью, сжал кнут... Но вот ведь в чем сила лицедейства. «Аллегория!» — сказал бы книжный отец Логгин. И не ударишь ту аллегорию кнутом, и не отправишь на правеж, и не вздыбишь на дыбе. Произнесены словеса глумливые, но поди узнай — об воеводе али об дурачке Ваньке? Орефа Васильевич усмехнулся сквозь зубы, оглядел зрителей. Все дружно, открыв рты, взирали в сторону деревянной куклы.

— Господин Орефа Васильевич, — поклонился один из сопровождающих, — зри, какова там плясавица пляшет!..

Завидев голый пуп и насурьмленные брови плясуньи, воевода двинул коня в сторону.

А Истома опять разыграл изрядную шутку. Забаву эту знали уж по всей Московии, но до сиверских краев она еще не дошла, так что неискушенные тотьмичи приняли ее внове и всерьез. А глума была презабавная! Подбежал к Истоме подсадной человек, свой же скоморох, и завопил об украденном кошеле.

— Обокрали, люди добрые! Как есть обчистили!

— А много ли кун было в мошне? — театрально кричал Истома.

Тотьмичи дружно завистливо охнули, услыхав, какая сумма досталась неведомому татю.

— На воре шапка горит! — вдруг истошно, как на пожаре, завопил Истома.

И в тот же миг один из зрителей схватился за высокую меховую шапку на своей главе.

— Держи вора! — зашумели тотьмичи.

И быть бы несчастному с вырванным пупом, да Истома, хохоча, признался в шутке. Мужика было побили немного, но он отбоярился, мол, блоха в голову попала, видать, от дурачка Ваньки, потому и схватился за шапку.

Когда всеобщее возбуждение улеглось и малый из акробатов обошел публику с разношенным колпаком, в который полетели медные куны и сласти, началось новое представление. Над занавесом поднялись пестро намалеванные виды Иерусалима. Готовилось самое драматическое представление в репертуаре Истоминого театра: распятие Христа. Тотьмичи, с колыбели знавшие о событиях на Святой горе, тем не менее внимали как дети. Бабы зашмыгали носами, когда с деревянного Христа сорваны были холщовые одежды, а на главу возден колючий венец. Ребра Христа были подведены коричневой краской, отчего худоба Его казалась еще более щемящей. Когда же из-под волос Его вдруг потекла кровь, толпа охнула. Все принялись креститься. Несколько человек рухнули на колени. В голос заплакал какой-то мальчонка. Феодосия раскрыла уста и вдохнула морозный воздух. В главе зашумело, перед зеницами поплыли кровавые пятна... В сердце словно веретено воткнулось, так что не могла Феодосия ни вздохнуть, ни охнуть. Она повела руками, ища опоры...

Крест с распятым Иисусом начал медленно подниматься над занавесом.

И тут Феодосия оттолкнула Марию и бросилась к балагану. Она вытянула руки в перстнях из длинных рукавов шубы и сорвала тело Господне с креста! Посыпались облупившиеся деревянные гвозди... Над пологом появились две кудлатые головы с растрепанными рыжими бородами. Кабы не видавшие виды шапки, сдвинутые на затылок, головы те можно было принять за две миски горохового киселя, в который неведомо как попала солома. Это кукольники тянули шеи, недоумевая, куда делся из их рук распятый сын Божий. Прижав Христа к груди, Феодосия развернулась к зрителям. Тотьмичи дружно выдохнули. Истома от неожиданности оторопел, но в миг опомнился и охапил Феодосию вместе с деревянным Иисусом. Голубые, словно небесный аквамарин, Феодосьшы глаза оказались впряме от Истоминого лица, и он вдохнул запах заушин, пахнувших оладьями и елеем.

— Пусти, дерзостник, — обдав его теплым дыханием, произнесла Феодосия.

Истома ослабил хватку. Феодосия, пылая, вырвалась из рук скомороха и ринулась к толпе. Зрители очнулись и радостно загомонили. Забыв об Истоме, Феодосия с ликованием подняла Господа над головой, краем глаза отметив, что под повязкой Иисуса нет никакого срама, и передала его в чьи-то руки. Иисус плыл над толпой, окропляя тотьмичей кровью.

Истома удивленно и жадно глядел на Феодосию.

Переполох поднялся на торжище, как сто лет назад, когда Тотьму подпалили казанцы.

— Спасли! Спасли Христа-то с Божьей помощью! — кричали счастливые тотьмичи. — Не дали пролить святую Его кровушку!

— Феодосия Христа с креста сняла! — вопил дурачок Ванька. — Не дала мучиться! Жив Христос! Жив!

— Воскрес! — подхватила баба с рогожьей сумой. — Ужо накажет теперь кровопийц!

Воевода Орефа Васильевич повернулся в седле, исподлобья глянул на толпу.

Над ней плыл нагой Господь. И каждый норовил дотронуться до фигуры хотя бы кончиком перста, дабы почувствовать себя участником спасения.

И вдруг все замерло. Чей-то тонкий мучительный вопль пронесся над толпой. Тотьмичи принялись тянуть шеи, расступились. В круге снежного месива стоял отец Логгин. Взор его пылал. Длинные волосы, обычно закинутые за уши, выпростались. Овчинный тулуп распоясался, открыв крест на груди. Взмахнув посохом, отец Логгин вырвал из чьих-то рук деревянную фигуру... А дальше... дальше пастырь не знал, что делать! Пребывая на теологическом распутье, отец Логгин на всякий случай вознес над толпой первый попавшийся тропарь, одновременно спешно размышляя, как разрешить сей казус. С одной стороны, вырезанная из дерева фигура — то идол и переломить бы его об колено! Однако идолище сие — сиречь образ Христа и об колено его ломать, возможно, и неуместно. Эх, свериться бы с Иоанном Постником! Но не побежишь же с Господом под мышкой по сугробам в виталище на Волчановской улице, дабы отыскать в книге ответ?! Продолжая судорожно сжимать раскрашенную фигуру, отец Логгин возмущенно возопил:

— Куклу позорную сделать из мученика?! На колени!

Толпа дружно рухнула ниц с той же страстной верой в необходимость валяться в снегу, с какой только что верила в богоугодность таскания Иисуса над головами.

Удачно найденное слово «кукла», к вящей радости отца Логгина, дало толчок его розмыслам, и гневное нравоучение жарко и изящно полилось из уст святого отца. Обводя взглядом тотьмичей, отец Логгин узрел Феодосию. Ее присутствие прибавило духовной особе красноречия. Зрители услышали и разъяснение сути заповеди «не сотвори себе кумира», и яркую речь о богомерзких идолах, и жаркие молитвы, и имена святых, весьма прозорливо обличавших идолопоклонство. Разойдясь, святой отец даже прошелся по паре спин тотьмичей посохом. Отец Логгин то саркастически смеялся, то с плачем молился, боясь прервать речь, после которой неминуемо пришлось бы решать задачу: что делать с фигурой?! Неизвестно, как долго продолжалась бы сия импровизированная обедня, если б к отцу Логгину не подошел Истома и со словами «дай-кось куклу-то, святой отец, чего вцепился» не завладел инвентарем.

— Гореть тебе в огне!.. — на всякий случай сказал отец Логгин, дабы сохранить подобающий вид. Но Истома уже шел к кудлатым рыжебородым товарищам, чьи головы с разинутыми ртами все еще торчали над занавесом.

Толпа загомонила, поднялась с колен и принялась расходиться.

Феодосия стояла столбом. Растерянность ее происходила из двоения мыслей: она спасла Господа от мучительного правежа на кресте — разве сие не богоугодный подвиг?! Но спасла, оказывается, языческую куклу. А ежели бы икону? Тогда другое дело? На иконе, значит, образ Христа богоугоден, а на фигуре — богомерзок? Феодосия хотела было вопросить Марию, но та в тревоге потянула сродственницу прочь, не давая и рта раскрыть. Они пересекли торжище, свернули в узенький проулок и молча поплыли по тропе, то и дело взмахивая руками, чтоб не повалиться в сугроб. Мария сердито пыхтела. Далось же Федоське таскать глумливую куклу! А ну как теперича новина об этом событии дойдет до ушей свекрови или свекра?! И Мария принялась мыслить, что бы сказать родне, ежели происшествие вскроется. Феодосия же молчала по своим причинам: мысли путались, перескакивая с деревянного Христа, у которого не оказалось срама, на скоморошьи глумы; с пылкой речи отца Логгина на горький хмельной запах, исходивший от Истомы; с голопупой плясавицы на дерзкое объятие скомороха...

Вдруг пестрая крепкая фигура кинулась через сугроб, и на узкой тропинке, перегородив путь сродственницам, встал Истома.

— О-ох! — гаркнула Мария и схватилась за живот. — Тьфу, бес!

Впрочем, сразу убрала руку. Была она благолепно полна и дородна, да к тому же в широкой душегрее и суконной шубе на беличьем меху, так что признать в ней очадевшую жену было затруднительно, чем слабая на передок Мария и не замедлила воспользоваться.

— Чего встал? — бойко вопросила Мария Истому.

— У кого? У меня? — не полез за словом в карман скоморох, но тут же, приветливо глянув на Феодосию, широко рассмеялся, давая понять, что дерзкие словеса — лишь шутка, не имевшая намерения оскорбить почтенных жен.

Мария усмехнулась и повела разговор, который Феодосия назвала бы срамным, а книжный отец Логгин — циничным.

— Пропусти-ка! — скомандовала Мария.

— Постой, красавица, не спеши, еще будешь на плеши, — ответствовал на дерзость Истома и дал-таки «молодым княгинюшкам» дорогу, но пошел рядом.

— Уж не на твоей ли? — упирала руки в бока Мария. — Мало щей хлебал!

— Мало, — подтвердил Истома. — Аж так голоден, что не знаю, сколь и надо мне досыта. Хватит ли твоих щей моей ложке?

— Ишь ты, жадный какой до чужой миски!

— Да уж больно ложка моя велика, зачерпнет, так до дна!

При этих словах Истома откинул полу охабня, продемонстрировав висящие на чреслах нож, ложку и коровий рожок.

— Не стращай девку мудями, она и елду видала, — визгливо засмеялась Мария. — Рог-то тебе зачем? В носу ковырять?

— Мозги прочищать.

— Кому?

— А любому, кто рожок мой в уста возьмет.

— Фу, бес!

Феодосия семенила, не поднимая очей, вспыхивая то от срамных приговорок Истомы, то от блудливых словес золовки. Истома сыпал шутками Марии, но не сводил глаз с нее, Феодосии.

— И чего же ты такой голодный? Жена редко кормит? Ты, скоморох, женат? — поинтересовалась Мария.

— На что жениться, когда чужая ложится?

— И много ли таких чужих было?

— Считать не считал, а горошины в карман клал, да на сотой карман оборвался, — не раздумывая ответил Истома и действительно продемонстрировал дыру под полой охабня.

— Ха-ха-ха! — заливалась Мария.

— Ты не думай худого, молодая княгинюшка, это только глумы для вашего веселья, — опять проникновенно обратился Истома к Феодосии. — Один я на всем белом свете.

— А плясавица что же? Али отказывает такому красавцу? — ревниво допрашивала Мария.

— Да ее только ленивый не етит, — с деланной печалью произнес Истома. — А хочется любви чистой, светозарной.

— Кому же ее, светозарной, не хочется? — согласилась Мария. — И я бы не отказалась.

— Была бы охота, найдем доброхота, — тотчас с усмешкой ответил Истома.

— Уж не ты ли охотник? Всякому давать, так края заболят! — не смутясь, сыпала приговорками Мария, чем бросала в краску Феодосию, и не подозревавшую в золовке такого срамного красноречия.

Феодосьюшка уж несколько раз украдом дергала сродственницу и за полу, и за рукав. Но Мария то незаметно отмахивалась, то громко вопрошала, чего Феодосьюшке надобно, чем исключала всякое объяснение. Впрочем, тяготясь двусмысленными шутками скомороха, простодушная Феодосия и восхищалась его умением эдак ловко ответствовать — все стихами да прибаутками!

— А ты что же все молчишь, прелепая княгинюшка? — грудным вибрирующим голосом тихо спросил Истома Феодосию.

Но Мария, из ревности не желая допустить беседы между скоморохом и сродственницей, взмахнула руками, словно поскользнувшись на дороге.

— Ох, ноженьки устали, — пожаловалась она, обращаясь к скомороху.

— А ты сядь на мой да поезжай домой! — в своей привычной манере прикрывать дерзкие словеса видимостью шутливой игры споро откликнулся Истома.

— Села бы, да боюсь — обломится, — подливала масла в огонь Мария. — Али силен?

— Было бы во что, а то есть чем, — отвечал Истома Марии, но мысли его были возле Феодосии, в пазухах согретой ее телом шубы, в заушинах, пахнущих елеем и медом, в жарких лядвиях...

— У тебя, что ли? — не переставала празднословить Мария. — Да на тебя дунь да плюнь — так нежив будешь. Гляди, худой какой. Али черти на тебе воду возили, что так издрищал?

— Хороший петух никогда жирен не бывает, — молвил Истома, поглядывая на Феодосию. — А заездили меня не черти, а чертовки... Вроде тебя такие, бойкие.

— Ха-ха! — польщенно хохотала Мария.

Напустив презрительный вид, Мария расспрашивала Истому о плясуньях, и крестилась, и вздыхала, и охала, деланно ужасаясь богомерзкому сладострастью. Феодосию же странствующие актрисы искренне заинтересовали.

— Вот бы постранствовать, как они... — мечтательно произнесла Феодосия.

— В уме повредилась?! — громко осудила Мария родственницу. — По свету только блудодеи блудят.

— А Христос? — логично вопросила Феодосия. — Он ведь по свету ходил?

— Так то — Христос! — аргументированно ответила Мария и на всякий случай перекрестилась.

Жены остановились.

Истома с удивлением взглянул на них. Потом, смекнув, зорко оглядел улицу. В конце улицы виднелись богатые крепкие хоромы за высоким частоколом. «Значит, здесь Феодосия моя живет», — размыслил скоморох. И простодушным голосом спросил:

— А чего же вы остановились, молодые княгинюшки?

— Родня наша на этой улице живет, зайдем к ним повидаться, — толкнув Феодосию в бок, придумала Мария, опасавшаяся быть увиденной из окон мужнина дома.

— А сами вы где обитаете? — нарочито безразлично спросил Истома, исподтишка приглядывая за Феодосией.

Феодосьюшка бросила скорый взгляд на горницу под крышей хором и тут же отвела глаза.

«Значит, светелка под кровлей», — промыслил скоморох, невинным взглядом блуждая по сугробам.

— Живем мы в том конце Тотьмы, — заверила Мария. — За нами опосля холопы приедут и отвезут к матушке да батюшке.

— А что как я к вам в светелки заявлюсь? Медом напоите? Пирогами накормите?

— Пирогами! — заколыхалась Мария. — Как бы муж мой дубинкой тебя не накормил досыта!

— Так ты замужняя мужатица? — с напускным сожалением спросил Истома и тяжело вздохнул.

— А ты как мыслил? — горделиво ответила Мария.

— Думал, непорочная ты девица, — ломал комедию Истома и смотрел на Феодосию хмельными глазами.

Видела она его шальной взгляд и понимала, что смеется он над золовкой, и не Мария ему нужна, а она, Феодосия, и для нее он рек глумы и играл позоры.

— Разве девица лучше? — ревниво произнесла Мария. — Жена-то слаще...

— Так-то оно так... Да только с чужой женой колотиться — грех. А с девицей — без греха. Потому что жена мужу принадлежит, а девица еще ничья, а значит — чья хочешь.

Феодосия вспыхнула:

— Ты дерзостник! Мерзости речешь! Противен ты мне!

— Феодосия у нас еще девства не растлила, так серчает, — засмеялась Мария.

— А ты, значит, променяла лимонный цвет на алую плешь? — шутил Истома.

Он нарочно сыпал словесами, чтоб задержалась Феодосия еще хоть на миг возле него, скомороха... «Противен!» Ох, как любил Истома непокорных жен! Надоели ему покладистые — от страха ли, от похоти ли покладистые.

— Что ж, не скажете, где живете? — спросил Истома.

— Нет! — решительно повела рукой Мария.

— Ну, делать нечего, — вздохнул Истома. — Надо идти до своего шатра, там уж мои плясавицы, наверное, вечерять меня ждут. Прощайте, молодые княгинюшки. Жаль, не свидимся больше.

Ущипнув напоследок Марию за бок, Истома повернулся и не оглядываясь зашагал по улице, ометая снег длинным диковинным охабнем.

— Вот дурак навязался, — с едва скрытым удовольствием произнесла золовка. — Блудодей. Шагу не ступить порядочной жене! Жаль, Путилушки нет, а то бы я ему пожаловалась, так висел бы сейчас поганый скоморох с вырванным срамом!..

Феодосия рассеянно слушала и кивала, а мысли летели вослед Истоме, идущему по их улице широким и разбитным шагом любострастца, уверенного, что ему вослед жадно глядят жены. Душа Феодосии волновалась при воспоминании о бороде, вьющейся хмельными кольцами, о волосах дикого меда, о синих глазах с осколками золота, о низко надвинутой на лоб шапке, о крепких руках, о запахе тела... А разум мучился виной, что приворожил ее человек срамословный и дерзкий. И, как это часто бывает, Феодосия перенесла вину на золовку: «Истома муж добрый, это Мария его искушала, она виновата!»

— Зачем ты мерзости рекла? — нахмурившись, спросила Феодосия. — Такой стыд! Что ни слово, то... прости Господи!

— Да ты что, Феодосьюшка? — ухватила ее за рукав Мария. — Это же я нарочно! Али ты не поняла? Чтоб не думал скоморох, что мы его, лиходея, боимся. Нарочно ему грубила, чтоб худого он нам не сделал. Кто его знает, что за человек? Может, вор лихой али разбойник? Да если бы мы испуг выказали, он бы нас точно зарезал. Видала, какой у него нож за поясом? О, Господи! Лежали бы сейчас под проезжей дорогой, псов бродячих кишками кормили. Спаси и сохрани!.. Феодосьюшка, подруженька любимая, не проговорись матушке с батюшкой про скомороха, добро?

— Ладно, — согласилась Феодосия. И радостно засмеялась. — А хорошо мы сей день на торжище сходили?

— Ой, хорошо! Славную обедню отстояли... — Мария подмигнула сродственнице. — Только подлые холопы Васька с Тимошкой ту обедню испортили своим запойством. Ну, ничего, батюшка их, лиходеев, выпорет примерно!

Стояли они уже на дворе и не чувствовали мороза. И не хотелось им уходить, а хотелось снова и снова окольными незначащими словами вспоминать дерзкого скомороха.

— Нашлась пропажа у дедушки в портках! — раздался неожиданно истошный крик Василисы. — Вот они где! Вы чего стоите-то возле овина? Али умом повредились? Васька с Тимошкой где? В дом идите!

Мария сразу сделала постное лицо, схватилась одной рукой за брюхо, а другой — за поясницу и едва живым голосом заканючила:

— Ох, устали на обедне! Да через торжище еле пробрались потом — тьма-тьмущая народу толкалась, каких-то скоморохов ждали. Насилу домой добрались...

Перед лестницей Василиса подтолкнула Феодосию в спину:

— Иди скоре, отец с обеда тебя ждет, про жениха хочет объявить.

— П-п-ро какого жениха? — заикаясь спросила Феодосия.

— Про твоего, не про моего же!

Глава четвертая

ИЗРЯДНО СОЛЕНАЯ

— ...И начинаешь помаленьку пихать... помаленьку, но крепко... вот эдак! — Юда поколотил сжатым кулаком о другую ладонь. — Чуешь — застопорилось. Привынимаешь тогда балду осиновую, но не до конца, и сызнова с размаху пихаешь...

— Всякое дыхание любит пихание, — размежив вежи, пробормотала повитуха Матрена.

— ...туда-сюда, туда-сюда... — вдохновенно баял Юда. — Пока самую-то соль и не достигнешь...

Вот уже добрых два часа Юда Ларионов (или, как величали бы его, будь он князем, Юда Ларионович) пытался удержать внимание женской части Феодосьиного семейства, дабы еще хоть на толику задержаться в доме тотемского солепромышленника Извары Иванова сына Строганова да полюбоваться на его дочерь Феодосию. Юда очень хотел завоевать расположение Феодосии, только не умел деять ничего такого, что влечет девиц к иному дурню, как пчел на спелую грушу. И внешность у Юды была не та, чтоб девки пели по нему страдания. Им ведь, сущеглупым, подавай, чтоб глаза с бражной поволокой, и власа кольцами, и устами — краснобай. Не то чтоб обличие у Юды было худое, нет, вовсе не был он худ: тело полное, даже приятно деряблое, шея белесая, брада сивая, ручищи конопатые, с рыжинкой. Что касаемо личины... Личина у Юды не то чтобы не лепа, но и не так, чтоб прелепа. Вроде как в миску толокна глядишь, когда на Юду любуешься. И не силен был он в пении песен, не играл на гуслях. Затеяв разговоры с девицей, не поводил плавно руками и не охапивал нежно, а махал дланями, ровно мельница, что крутила на соляной варнице чтимую Юдой кованую фрезу. Юда и говорить-то складно в присутствии жен был не горазд. Не дал Бог Юде краснословия! Единственная вещь, которая его преображала, был солеварный промысел. Но девицы, заслышав про скважины и чертежи, почему-то дружно зевали. И лишь Феодосия заинтересовалась бурением земной тверди.

— Дабы изготовить обсадные трубы, брать надобно осину. Из-за осинового тела, — с жаром вещал Юда, для вящей убедительности поднимая над столом деревянную ложку.

— Тело на тело — доброе дело, — пробормотала Матрена, не открывая глаз.

Повитуха и Василиса давно уж дремали, привалившись друг к другу на сундуке. Закрывались веки и у Марии. Лишь Феодосия бденно внимала рассказу Юды.

— Наставление по бурению скважин как говорит? Не дуб, не сосна, а — осина! Это всякий древодель знает: дуб не гниет, шиповник какой-нибудь тоже не подвержен пеньковой гнили. А у осины в спелом возрасте...

— Спелая, ой, спелая! Сорок два года, а манда как ягода, — бормотнула с сундука Матрена.

— ...центральная часть ствола, по-другому говоря, нутро, сгнивает. Гниль-то мягкая, и легко ее изринуть.

— На что она нужна, гниль-то? — пошлепала губами Матрена. — Мертвых срать возить?

Холопка, лупившая зенки на коробе возле двери, хихикнула в ладонь.

Юда нахмурился и пошевелил белесыми бровями. Но рассказа не прервал, а начал молвить, каким инструментом извергают самую осиновую гниль.

Таращя глаза и выгибая удивленно уста, Феодосия слушала Юдину притчицу про удивительный инструмент — железную фрезу, изготовленную тотемскими железоделами. И то сказать, искусны были в Тотьме кузнечные мастера. Кузни их огнедышащие, крытые землей с зеленым мохом, стояли во избежание пожаров по окраине города. Кузнецы и сами в толк взять не могли, каким кудесным образом твердокаменное железо в огне становилось податливым, как побитая жена, и потому в деле своем полагались не столь на науку ремесла, сколь на заговоры. Но так или иначе, ковали тотемские железоделы и крошечные рукодельные ножницы, и огромадные колокола, и звонкие иглы, и святые вериги, и богоугодные кресты, и дьявольски искусные фрезы. Именно фрезой тотемские солевары и удаляли из осины гнилую сердцевину. Оставалась опосля такого сверления деревянная труба толщиной в полторы Феодосьиных ладошки. Елду эту осиновую сушили, а высыхая, становилась она твердой, как государево слово. Кремень прямо, а не осина! Не взять было такую каменную трубу ни топором древоделя, ни зубами тещиными. Поддавалась она только умению тотемских розмыслей, или, как выразился бы книжный отец Логгин, инженеров. Таких, как Юда Ларионов.

— Обработка ее весьма затруднена, — гнул свое Юда. — Но обработать надо! Для первой обсадной трубы берется ствол с комлем. Изнутри, по губе комля, с древоделями и работниками сымаем кромку, дабы стал край завостренным. Обиваем этот нижний край, то бишь подол, железом. Кромка должна стать вострой, как нож!

Феодосия вспомнила нож, висевший на чреслах Истомы, и взгляд ее затуманился...

«Заскучала», — с досадой отметил Юда. Но лишь громче и подробнее продолжил изъяснять Феодосии суть действий обсадной колонны.

— Нож сей равномерно подрезает стенки в земле по губе скважины, — грохотал Юда, могучими конопатыми дланями изображая подрезание стенок. — Обсадная колонна свободно, под собственным весом, опускается долу...

Глаза Феодосии подернулись поволокой.

— ...а грунт попадает в нутро. Для извлечения его берем вторую трубу, из древа с железным оконечником либо целиком железную. Сия вторая труба привязана сверху веревкой к вороту...

— Брань на вороту не виснет... — помутила приоткрытыми очесами Матрена.

— ...да, к вороту... Либо к блоку. Эта вторая балда невелика...

— Не велика на балде бородавка, а все манде прибавка, — сквозь дрему вновь бормотнула Матрена.

— Баба Матрена! — обсердилась Феодосия. — И к чему такое срамословие? Ни к селу ни к городу!

Не то чтобы матерные лаи не водились в Феодосьином доме. Были они в Тотьме в большом ходу, как и по всей Московии. И хотя духовные особы срамословие осуждали, без лая какое на Руси дело с точки сдвинется?! Но Феодосии, претила матерная хула.

— Чего, Феодосьюшка? — встрепенулась повитуха. — Никак я придремала маленько с устатку да во сонме чего лишнего сболтнула?

— Пока ты сонмилась, черт тебя за язык дергал, баба Матрена! — серчала Феодосия.

— Ну, будет, будет... — зазевала повитуха и перекрестилась. Потом напустила на себя озабоченный вид. — Князь молодой не обижает тебя, Феодосьюшка?

— Нет, нет! — с досадой махнула ладонью Феодосия. Беседуем мы.

— Добро. Беседуйте, беседуйте, голуби мои, — сквозь зевание прогундосила повитуха и тут же уснула.

Посвистывала носом Мария. Пользуясь случаем, похрапывала на коробе возле печи холопка. Тишину нарушали лишь слабый плач братика Зотейки за стеной да заунывные вои доилицы Агашки — доя Зотейку грудью, та тянула колыбельную песню.

Феодосия пребывала в смятении. Вернее, ей хотелось себя убедить, что на перепутье она и не знает, что делать... То ли глядеть вослед уходящему Истоме? То ли вернуться по знакомой тропинке домой и, воздыхая по скомороху, прилепиться все же с Божьего и батюшкиного благословения к Юде Ларионову? То ли побежать еще какой другой дорогой — много их расходится петушиным хвостом в чистом поле? Не признавалась себе Феодосия, боялась признаться, что смута ее душевная давно уж осталась позади, и бежит она, Феодосия, вослед ватаге скоморохов, и ждет, что вот-вот за поворотом увидит она желанную фигуру в длинном диковинном охабне; и крикнет Феодосия на весь свет: «Истомушка-а!», и обернется Истома, засмеется, и бросится навстречу, и охапит крепко-крепко, и совлечет оголовник, и станет целовать в ланиты и выю... Ой, Господи, прости мне мое умовредие!

— Что? — переспросил Юда, услышав, как тихонько охнула Феодосия.

Он совсем не то хотел сказать вожделенной своей Феодосии! «Какая сухота тебя томит, светлость моя? — мыслил изречь Юда. — Расскажи мне, и будем воздыхати вместе. А как станешь ты мне сочетанная жена, успокою твое томление нежным дрочением, крепким целованием».

Вот что хотел изречь Юда. Но вместо этого сказал хмуро:

— Что?

И дабы не сидеть в молчании, тут же еще пуще углубился в инженерные тонкости соляного промысла.

Феодосия смутилась: «Зачем слушаю баяние Юды, населяя его надеждами? Ведь интерес к беседе принимает за воздыхание? Виделась с ним всего один раз, и то успел он промолвить, что погубила я его душу с первого взгляда. Не честнее ли признаться, что люблю другого? Но рассказ его о чертежах любознатен. Что как и мне поведать ему о карте земной тверди? Что как и мне бы стать розмыслей?! Разве только мужи могут? Отец Логгин рек, была в Греции женщина-розмысля, Гипатия из Александрии. Будь я Гипатией, шла бы с ватагой Истомы и чертила нам путь по звездам...»

— Есть ли у тебя принадлежности для чертежей? — вдруг спросила Феодосия.

— Готовальня арабская, — удивленно ответствовал Юда. — К чему тебе?

— Да так... — вздохнула Феодосия.

«Вот незадача, — подумала она. — То ли слушать про готовальню, разжигая возжелание Юдино, то ли сразу открыться? А поможет ли мое откровение? Доложит он батюшке про сухоту мою по Истоме, и запрут меня в келью под заклеп... Ой, но как же интересно про науку книжную поговорить! Когда еще с таким книжным розмыслей побеседую?»

— А что, Юда, могли бы тотемские кузнецы выковать мне железную лестницу до самого месяца?

— Почто до месяца? — заподозрив подвох, спросил Юда.

Но Феодосия была серьезна.

— Очень уж хочется побродить сверху, на земную твердь поглядеть, поозирать окияны. Я однажды на кровлю нашего дома влезла, так эдакие оризонты увидела!..

— Месяц маленький, — снисходительно усмехнулся Юда. — Его вон ногтем прикрыть можно. Где там бродить? Да и пустой он. Ничего на ем нет, один желтый камень. Соли уж там точно нет! А коли так, нечего людям на месяце и деять.

— А может, и не каменный месяц? Может, и не пустой? Лес издалека тоже неживым кажется. А придешь — и белочки в ем, и зайцы, и волки, и медведь.

— Белочки... — любовно повторил Юда. И вдруг осмелел и ласково посулил: — Как поженимся, за такие-то мысли бить я тебя буду кажинный день. Бить да любить, любить да бить...

Феодосия смешалась и опустила голову, пряча глаза. Никак она не ожидала, что Юда вдруг заговорит о любви!

— Бить — бей, а любить кажинный день ни к чему.

Юда бросил взгляд на спящих женщин и протянул руку через стол, так что его и Феодосию разделила лишь миска моченых яблок.

— Ты не подумай, я не злострастный какой прелюбодей, — понизив голос, произнес Юда. — А только женитва без любовей не бывает.

— Жены стесняться — детей не видать, — пробормотала Матрена.

— Верно!.. Для детосаждения это надо. А как очадешь, беречь тебя буду, бить не стану! — клялся Юда. — Разве только изредка, для порядку.

«Господи, да зачем же Юда так любит меня?.. — подумала Феодосия, и мысль эта ее встревожила. — Надобно сказать про Истому».

— Юда Ларионов, должна я тебе признаться...

По вздоху Феодосии Юда смекнул, что невесту он вовсе не очаровал и не сохнет она по нему. Но и в голову Юде не пришло, что Феодосия может томиться по другому! Лучше бы он дал ей договорить! Лучше бы узнали он и батюшка! Вырвали бы Истоме пуп, и делу конец! Но Юда не дал Феодосии слова молвить.

— Молчи, не надо... — ласково потребовал Юда.

Феодосия осеклась.

— Какую, говоришь, картину забавную ты рукодельничаешь? — быстро сменил тему Юда.

Феодосия помолчала. «Не дал сказать... Ну, да на все воля Божья».

— Вышиваю карту земной и небесной тверди. Хочешь, принесу посмотреть?

— А может, в горницу твою пойдем?

— Нельзя. Ни к чему это, чтоб в девичью комнату заходил муж.

«Безгрешная моя!» — с голубостью подумал Юда и еще дальше протянул руку через стол, преодолев преграду моченых яблок.

Феодосия отдернула длань и быстро вскочила из-за стола:

— Сейчас принесу сие рукоделие.

Матрена приоткрыла на скрип соловый глаз, оценила обстановку как благонравную и вновь засонмилась, будучи, однако, на карауле.

Феодосия бесшумно, как домовенок, пробежала по половикам домашними мягкими сапожками из бирюзовой кожи. Перескакивая через ступени, заскочила в свою горенку. Достала пяльца с шитьем и замерла, глядя в слюду оконца.

— Истомушка!.. Где ты?

В кровяной жиле у Феодосии застучало, и в тот же миг затрепетала жила подпупная, и закипело лоно, словно полный рыбы невод. Ощущение было новым и странным.

— Что сие есть? — удивилась Феодосия.

— Похоть! — возмущенно ответствовал голос, похожий на глас отца Логгина.

...Когда Феодосия услышала: «Отец об женихе тебе сообщить желает», она, глупая, в первую мысль решила даже, что батюшка уже прознал про скомороха и вымолвит сейчас свое отцовское слово: посягнути любимой дочери Феодосии в брак с Истомой! Но тут же изринула эту мысль как совершенно невероятную.

— Кто? — только и успела жалобно промолвить она матери.

— А тебе кто нужон? Черногузой дворянин? Иди-иди, отец сам все изречет, — ткнула Василиса в спину дочери. — Тятя своему чаду худого не присоветует.

Феодосия пустила слезу.

Василиса, истолковав плач боязнью дочери перед замужеством, смягчилась:

— Не ты первая, не ты последняя. Ничего страшного в том нету. Вон спроси у невестки. Когда ты за прялку, так он — за елду! Худо ли?

Мария обиженно поджала губы.

— А вам, матушка, надо, чтоб чужие блудищи Путилу моего за муде водили? Такого мужа, как Путилушка, только оставь на миг, живо курвы обдерут кудри!

— Это истинно, — согласилась Василиса. И впихнула Феодосию в теплые покои, где вечерял отец.

— Мать рекши на той седмице, что вошла ты в женскую пору, — не глядя на дочерь, проговорил Извара. — Стало быть, пока девством твоим поганец какой не воспользовался, решил я посягнути тебя в замужество. За Юдашку Ларионова пойдешь.

Феодосия стояла подле стола, упершись взглядом в ухват, который уже начал двоиться и дрожать в горючей слезе.

«Что как сказать про Истому?» — подумала она и бессильно вздохнула.

Отец перехватил Феодосьин взгляд.

— А ежели кто против, то подай-ка, мать, мне ухват!..

— А кто против? — засуетилась Василиса. — Никто не против, верно, доченька?

— Юдашка — жених самый подходящий. Отец с матерью у него уже на том свете соль промышляют, сын он единственный, стало быть, здеся наследник своей варницы. Его одна, да наши четыре. Всего пятерик. А других-то и нет во всей округе, до Соли Вычегодской скакать — не доскакать! А как вся соль нашей станет, так вот где гости заезжие у нас будут, в этой пясти! И свои, тотемские, какую цену ни накинь, в колени кланяться будут! Без соли куда? А никуда! Шкуры лосиные запасать — соль! Коровьи шкуры тоже солить требуется. Рыба без соли до Москвы с душком дойдет, небось царь Алексей Михайлович за погной по голове не погладит! Мясное пищное без соли недалеко увезешь, хоть каждый воз иконами увешай! Нынче подать соляную вон какую загнули! Так приперли, что ни бзднуть ни пернуть! И не выплатишь, коли мне да Юдашке в пояс не поклонишься. Девку замуж не выдашь, коли пуда соли в приданое не припасешь. А мы сей год еще одну варницу затушим да распустим слух, что кончается соль земная. Как падалью-то потянет из погребов, холопы опухнут с голодухи, так тотемские гости и согласятся на любую цену. Тогда хоть на вес золота соль продавай! Что золото против соли? Тьфу! Золотом ни рыбу, ни сало, ни лесную добычу не засолишь! Огурцы вон с капустой, и те в рассол норовят!

— Верно, отец, верно! — кивала Василиса. — Надо бы жениха лучше, да некуда!

— А ежели заезжие купцы с соляным обозом сунутся, так у нас на них палицы приготовлены. За куль соли любой тотемский Тришка или Ивашка гостям дорогим кистенями головы проломит. Или слух пустим, что завозная соль — отравленная. Опоим зельем бродяг с торжища, хоть тех же Треньку с Омелькой, а как околеют, распустим кривду, что отравились солью чужеземной... Слава тебе, Господи, без соли — никуда. Человек весь насквозь из соли: плачет — в глазах соль, дубинкой машет — на спине. А сроднившись с Юдашкой, мы соль-то в такую цену взгоним, что плакать сахаром станут! Сахар — чего? Девкам да Зотейке на петушки да пряники. Без пряников жили, а без соли поди проживи! Того и гляди соляной бунт грянет. И товар зело выгодный. Чуток воды подлил — и вес совсем другой, выгодный

вес. Ткань или золото разве водой утяжелишь? А соль —
пожалуйте. А кому цена не нравится, отходи, не мешай
торговле, соли́ припасы слезами Божьей Матери!

— Ох, отец, прости Господи! Не богохульствуй!

Но Извара, приняв медовухи, уже вошел в раж.

— Бабья услада, и та соленая!.. А, Матрена?

— Ох, Изварушка Иванович, князь дорогой, верно,
верно...

— Соль попридержим в запас, — развалясь на лавке,
грохотал Извара. — Запас карман не трет. Монах баб не
етит, а елду про запас носи́т.

— Золотые твои слова, Извара Иванович, — сладко тянула Матрена. — Мудр ты, как царь Соломон.

— А нынче по-другому нельзя. Народ-то ныне лукав,
возьмет манду в рукав, пойдет в овин да и етит один.

— Тятенька, — взвыла Феодосия. — Уж больно Юда
Ларионов не видный, не парень, а розвальня чистая. Ко-
нопатый весь, дебелый...

— А тебе какого подавай? Как кузнец Пронька-блудодей, что ли? Елда по колено, а дров ни полена!

— Волосья-то у Юды жидкие, что холопья дрисня! —
вопила Феодосия.

— Воло-о-сья! У тебя зато волос долог, да ум короток.

— Дурно, верно, — поддакнула Матрена. — А как начнет тебя супруг Юдушка Ларионов баловать нарядами да
аксамитами, не только про дрищавые волосья забудешь,
так и плешь в усладу будет.

— Ты на рожу-то не гляди, — принялась поучать золовка Мария. — Другого с рожи не взять, а лих срать!

— Верно, дочка, — неожиданно назвал Извара невестку дочерью, отчего та порозовела да принялась увещевать Феодосию пуще прежнего.

— У иного красавца толк-то есть, да не втолкан весь.
У моего супруга Путилушки, слава тебе, Господи, лепота
при нем, но ежели бы не красавец был, я не в обиде: с лица воду не пить, верно, батюшка?

— Глаза у него белесые, как каменна соль, — рыдала Феодосия.

— А тебе синие подавай? Глаза — что? — тараторила Мария. — Глазами жену не уделаешь.

— Рыжий он, как гриб лисичка-а!.. — не унималась Феодосия.

— А чем рыжий худ? Рыжий да рябой на баб злой! — шумела Матрена.

— Снег бел, да пес на него сцыт, а земля черна — да хлеб родит, — гладила дочку по голове Василиса. И подмигивала просяще Изваре: не серчай, мол, отец родной, что девка слезы льет да вопли извергает, такая уж девичья задача.

— Ты, дочерь, не гляди на лепоту, а гляди в мошну, — стучал пястью Извара. — Коли мошна тугая, так всякий тебя в красоте уверять будет. Деньги есть — Иван Иваныч, денег нету — Ванька-жид. С синими глазами куда — на кол за блудодейство?

Феодосия обомлела: «Господи, уж не прознал ли батюшка об Истоме? Не про него ли намекает? Спаси его и сохрани!»

Утерев слезы, она примолкла.

— Вот и добро. Эх, слезы бабьи, тут и высохли, — смягчился Извара. — Мы с матерью не вороги тебе, Феодосия. И так порешили, что не те теперь времена, чтоб невеста с женихом впервой на свадьбе встречались. Завтра в обед приедет Юда в наш дом, и сможете вы с ним за столом побеседовать, приглядеться, дабы на свадьбе не напугалась ты рыжего-конопатого да не сбежала из-под венца с каким-нибудь скоморохом.

Мария и Феодосия вздрогнули.

— Тьфу на тебя, отец, — замахала руками Василиса.

Золовка принялась торопливо переставлять миски на столе. Феодосия через силу улыбнулась, тая волненье:

— Что ты, батюшка... Разве я вас с матушкой ослушаюсь?

...«Ох, ослушалась бы, кабы не страх за Истому. Вырвут пуп зазнобе синеглазому, ох, вырвут! А меня так и так за Юдашку отдадут», — томилась Феодосия, сжимая в руках пяльца с рукоделием.

— Ой!

Иголка уколола перст, расплылось по небесному шелку темное пятнышко.

«Почему кровь на пальце алая, а на синем шелке делается бурая? — заинтересовалась Феодосия. И вздохнула. — Пойду у Юды проклятущего спрошу, он все знает. Ой, нет! Ну его к лешему... Заведется опять баять, что кровь тоже соленая и, стало быть, без соли никуда. Да я бы весь век хлеб без соли жевала, лишь бы с Истомушкой один кусок делить...»

Облизав перст, Феодосия поплелась вниз, к Юде.

— А! Это твое рукоделие? И это все — тоже? — Юда обвел пудовыми ручищами разложенные на лавках и поставцах вышивки, сорочки, полавочники и прочие тканые вещи. — Золотые у тебя персточки.

Феодосия рассыпала мелкие смешинки.

— Жених на дворе, так девка — за прялку, — пробормотала она со смехом.

— Что?

— Так, пустое...

Феодосия развеселилась, вспомнив, как ожидали в доме приезда Юды. А все Матрена, сводня старая, затеяла... С утра в теплые покои, куда должны были препроводить дорогого жениха, холопки стаскивали со всех комнат рукоделия, вроде как Феодосьюшкой изготовленные. Феодосия пыталась было поспорить, но куда там!.. Сюда же привели холопку Парашку — тощую, долговязую, как репейник, и, что самое ценное, кривую на один глаз. Матрена самолично с помощью сажи довела чумазость Парашки до самой крайней степени, долго рядила в рогожи и трепала волосья. Угомонилась повитуха, только когда Василиса, вошедшая в покой, гаркнула от испуга и перекрестилась:

— Ну чистое чучело!

Парашке вменялось оттенять светозарную лепоту Феодосьюшки, для чего усажена она была на короб возле печи — насупротив места жениха. И стоило женам заслышать за частоколом всадника, как Матрена кидалась к Феодосии и принималась бить по щекам, дабы ввести в румянец.

— Баба Матрена, отвяжись! — вскрикивала Феодосия.

— Ничего, не отвалится у тебя голова, — не отступала Матрена, нащипывая Феодосьины ланиты и тыча в уста надкушенной клюквиной.

Наконец в двери ввалилась нарочно приставленная за ворота замерзшая холопка и закричала:

— Жених въехавши!

— Прялку! Прялку неси!

— Куда въехавши-то?

— В Красную слободу! К нашему двору уж приближается!

— Веретено! Где веретено?

Феодосию дружно усадили на сундук, подсунули под бок расписную прялку, в руки — резное веретено. Матрена успела подскочить со смазанным маслом гребнем и гладко учесать волосы надо лбом Феодосии да напялить на нее еще одну душегрею — для наилепшей полноты тела. К моменту появления жениха Феодосия так упрела, что начала злиться на ни в чем не повинного Юду.

Жених снял высокую суконную шапку с меховой опушкой, хотел было положить ее на короб, но испугался, обнаружив там кривоглазую Парашку в рогоже. Помяв шапку, он нашарил взглядом образа и трижды перекрестился, кланяясь.

— Феодосьюшка, — медовым голосом испросила Матрена, — какой утиральник подать Юде Ларионовичу? Тот, который ты на той седмице закончила, али тот, на котором ты рдяных петухов вышила?

От стены отделилась золовка Мария с двумя полотенцами в руках.

— Все сама, все сама Феодосьюшка наша срукодельничала, — усердно заливалась Матрена. — Уж все-то лето ходила в полюшко, глядела, как лен растет. Сама своими белыми рученьками пряжу пряла, полотно ткала, на солнце белила, дни напролет вышивала... Уж мы ей пеняли, де, мол, у батюшки твоего челяди сорок сороков, почто свои рученьки белые натужаешь?..

Феодосия возмущенно запыхтела на сундуке.

— Доченька, хватит прясть, встреть, усади жениха дорогого, — проворковала Василиса.

— Да нет уж, маменька, пока не закончу, с места не встану, — с издевкой произнесла Феодосия.

Василиса пихнула дочь в бок.

Матрена, румяная как кулебяка, загородила Феодосию и, вырвав у нее из рук веретено, подтолкнула сродственницу к столу.

— Усаживайтесь, Юда Ларионов! — поклонилась Мария.

— Благодарствуйте.

Поднимаясь с сундука, Феодосия украдом спихнула с плеч одну из душегрей, после чего повеселела.

— Как промысел? — спросила она, перебив Матренину попытку набаять Юдушке, как мастерски печет Феодосия пироги и как всю-то ноченьку пекла она рогульки для дорогого жениха.

Вопросом сим Феодосия несказанно утешила Юду. Ибо со вчерашнего дня, когда Извара Иванович подъехал к нему верхом и не чинясь предложил разговор о слиянии соляного промысла посредством женитвы, пребывал он в трепете. Было Юде уже двадцать лет, и давно помышлял он о браке, но, будучи три лета сиротой, не знал, как это дело изладить. Важивал он к себе в покои холопок, а хотелось ему любовей с женой! Поэтому перспективе брака с Феодосией Юда искренне обрадовался и теперь с энтузиазмом принялся рассказывать про соль, то и дело указывая ложкой на серебряную солоницу.

— Не просыпь, а то поссоришься с невестой, — опережая процесс сватовства с обручением, предупредила Матрена.

— Какая я невеста? Нас еще и не сватали, — недовольно произнесла Феодосия.

— А кому сватать, ежели Юдушка сиротиночка? Верно, Юдушка? — запела Матрена. — Мы и без чужих сватов обойдемся.

— Сами договоримся, — подтвердила Василиса.

— Да уж у нас с Изварой Ивановичем все договорено, — заверил Юда. — Моя варница да ваши четыре. Всего — пятерик. А ближайшая — в Соли Вычегодской. До ней скакать — не доскакать. Извара Иванович — из ума сложен муж! — все мне обсказал.

Юда взглянул на чумазую Парашку, размышляя, стоит ли раскрывать планы при челяди. Но желание предстать перед Феодосией в самом выгодном свете взяло верх. «Да она, щурбан кривоглазый, кажись, в изрядном умовредии и навряд ли чего поймет».

— Сперва поклонимся мы возом соли нашему воеводе да заодно доложим, что поганый народ утаивает от него, а стало быть, от государевой казны соляную подать. Воевода осерчает, начнет поборы с насилием, всю-то соль до крошечки из отребья вытянет, а после этого новую цену на соль можно будет хоть до небес поднять.

Холопка на коробе икнула.

— Ой, чучело, — возмутилась Матрена, — видишь, Юдушка дорогой, какие страхолюдные девки бывают?

Юда покосился на короб и прокашлялся.

— А наша-то Феодосьюшка как лепешечка в меду!

Феодосия возмущенно закатила глаза.

Матрена гнула свое. Упомянуто было и о белых рученьках, а также ноженьках, и о том, как батюшка с матушкой кормили дочерь и одевали, не щадя живота своего.

Юда внимал Матрене с неподдельным вниманием, то и дело повторяя:

— Да уж и сам вижу!..

От всех этих бесед сердце Юды так размягчилось, что рукоделие, принесенное Феодосией, он рассмотрел с необычной душевною ласкою, лишь самую малость выказав свое мужеское мировоззрение.

— Откуда же ты, Феодосия Изваровна, ведаешь, что земная твердь плавает в окиянах?

— Размышляла об сим многие часы, — радостно призналась Феодосия. — Брат мой Путила, да и другие купцы рассказывают, что ежели на Сивер по Двине обозом поедешь, уткнешься на студеное Сиверское, али Белое, море. На казанские, астраханские земли поедешь али к крымцам, уткнешься в Евксинское, по-иному — Черное море. По Двине товар повезешь, опять в море ткнешься — в Балтийское. И так кругом, куда ни глянь, вокруг тверди — окияны соленые. (Упоминание про соль Юде понравилось.) Значит, твердь земная плавает в неопределенном, сиречь безразмерном, окияне. Вот только в каком сосуде плещется сей окиян? Ведь без сосуда он бы растекся? А куда растекся — тоже вопрос. Вот над чем я сейчас размышляю.

Юда глядел на Феодосию, вылупив белесые зенки и раззявив рот. Наконец встряхнулся и нахмурился. Оглянувшись на спящих женщин, Юда сжал пясть и осторожно приставил к Феодосьиному виску. Поталкивая легонько кулаком, Юда пригрозил:

— Вот тебе за эти размышления, вот тебе! А как станешь моей женой, выбью я из тебя сии мысли не пястью, а палицей.

Феодосия охнула и сжалась. В груди у нее запекло.

Юда дернул к себе рукоделие.

Феодосия очнулась. Вырвала вышивку и завопила:

— Ах ты, соленая борода! Изыди вон, прыщ соленый! Али не видишь, тошно мне от твоих рыбьих зенок! Синие я люблю!

Василиса с Матреной подскочили на сундуках. Парашка свалилась с короба.

— Окромя синих глаз, не нужны мне другие!

Золовка Мария вскочила с лавки, ринулась к Феодосии, зажала было рот ей ладонью. Но вдруг охнула и изринула трубой иерихонской:

— Рожа-а-аю!!

Глава пятая

РОДИЛЬНАЯ

— Умираю, баба Матрена!..

Мария голосила уже несколько минут. Но все призывы Матрены покинуть обеденные покои и перебраться в обиталище, в котором есть ложе с постелью, не досягали ушей перепуганной роженицы. Позабыв про Феодосию, едва не нарушившую даннословия сберегать в украде тайный поход на скоморошьи позоры, Мария поковыляла было к дверям, но возле печи взвыла еще голосистее и согнулась серпом. Она вцепилась в опечье, словно бражная баба в угол кабака, и никак не желала лишаться этой подпоры. Василиса и повитуха тянули ее за подруки, дружно хуля.

— Чего же ты деешь-то, Мария? Ведь печь разворотишь!

Полоротая Парашка азартно влезла в печной закут и попыталась оттудова повыпихивать роженицу. Но ослабы Парашкины действия не принесли, лишь обрызгала она от усердия всех слюной да опахнула скаредьем. Дружно обозвав холопку ехидной, пучеглазым нощным враном и сучьей лапой, женщины погнали ее вон, подальше от роженицы.

— Тебя, щурбана кривого, здесь не хватало! — прикрикнула на Парашку Василиса.

Тогда повитуха, чьей задачей было всякую роженную ситуацию обратить к благоприятному исходу и собственной выгоде, принялась за дело. Отерев пузом печной бок, Матрена вытянула задвижку и стащила с устья заслонку.

— Василиса, — скомандовала затем Матрена, — вели отворить все двери, распахнуть все окна да раззявить заволоки. Бадьи пускай челядь во всем доме откроет, горшки, сундуки, кадушки, все, чего открывается. Чует мое сердце, сии женские ворота на крепком заклепе. Парашка, распускай молодой госпоже волосья.

— Матрена, ты мыслишь, чего речешь? — шепотом произнесла Василиса. — Сундуки открыть! Кладези распахнуть! А сторожить кто будет? Али ты не знаешь про вороватость моей подлой челяди? Али мне самой от сундука к коробу с караулом бегать?

— Матушка, давай я все излажу, — кинулась к дверям Феодосия. — Уходите, Юда Ларионов!

Юда, о котором все позапамятовали и который все это время перепуганно жался к стене, ринулся в сени.

— Извините, что не провожаю до ворот, — холодно попрощалась Феодосия и помчалась вдоль лавок, скидывая крышки с кадушек.

— Феодосьюшка... Не держи на меня памятозлобия... Бьет муж — значит любит, это тебе каждая баба скажет.

— Не волнуйтесь, Юда Ларионов, даннословие свое мой батюшка сдержит, на брак меня посягнет. А любо ли мне битье... Признаюсь, есть такой человек, от которого мне всякое внимание, хоть и битье до соленой крови, дорого...

Юда просиял.

— Человек сей — я?

— Тот, кто охапит меня нежно, и не только тело, но и душу мою будет дрочить с ласками.

— Так это ж я и есть!..

Но Феодосия уж неслась из сеней вон, распахивая по пути все двери и подпихивая под укос то валенок, то рогожу.

Когда она вернулась в обеденный покой, Марию уже оторвали от опечья и уложили на сдвинутые лавки — повитуха здраво рассудила, что коли пречистая Дева Мария родила в пещере, то и у другой Марии брюхо без одра да перин обойдется. Матрена развязала на роженице все кушаки и подвязки и, пробормотав приличествующие молитвы вперемежку с сообщениями вроде «уж попердит, пока родит», задрала ей подол. Смущенная Феодосия схоронилась за печь и до самого рожения не подходила к золовке ни на поступь, так что слышала лишь, как Матрена пытала роженицу, не в грехе ли она очадела, не мочилась ли, будучи брюхатой, на солнце или на восток... И хотя Мария, подвывая, все отвергала, Матрена зловеще рассказала про роженицу, которая произвела чадо женского пола без дырки в заднем оходе... Побасенка произвела на несчастную Марию такое впечатление, что она закричала особо истошно и из лядвий ее показалась головушка чадца.

— Ой, расперло меня! — заметалась Мария.

— То — детищ! — доложила ей Матрена.

— Детищ... — радостно повторила за печью Феодосия. — Баба Матрена, а кто? Отрок либо отроковица?

— А на лбу у его не написано, — проворчала повитуха.

— Сына моему Путиле рожай! — строго приказала Василиса.

Мария с натугой вскрикнула, и безвозрастное выскользнуло на подол портища.

— Муж! — гаркнула Матрена, оглядев младенца.

— Слава тебе, Господи! — блуждая счастливой улыбкой, произнесла Мария. И тут же зачванилась, апеллируя явно к Василисе: — И не сумлевалась я, что сына рожу, у нас в роду с дырой сроду не было, завсегда парни. Дайте же мне Любима моего!

Елена Колядина

— Что ты, что ты! Еще ложе детинное не вышло, пупок не завязан.

«Любим! — обрадовалась Феодосия. — Любимушка... Ах, кабы мне такого Любимушку-скоморошка...»

Обрядив чадце, отерев его Путилиной рубахой, Матрена вложила дитя в руки Марии:

— А сие — плод чрева твоего, бери его, пестуй чадце. А желаю, чтоб через год была у тебя уж двоица, а баба Матрена за кусок хлеба да чарку меда приняла его с Божьей помощью.

Повитуха нарочно смиренно оценила свое бабичье мастерство коркой хлеба да чаркой медовухи. Главное на сей момент было напомнить о плате за помощь, потому как самые вящие обещания роженицы да их сродственники дают на родильном одре, когда счастье рожения еще переполняет молодых княгинюшек.

— Баба Матрена, да я... да мы с Путилушкой... Возьми прямо сейчас из моих ушей усерязь с рубинами!

— От щедрот ваших мне и доброго слова да привета достанет, — пустила лукавую слезу повитуха. — Много ли мне, благонравной вдове, надо? Лишь бы на том свете бабушке Матрене зачлось...

— Матрена, благодарствуй! — поклонилась Василиса. — Извара Иванович наградит тебя щедро, это я тебе как перед Богом даннословлю.

— Чего теперь с чадцом-то деять, баба Матрена? — испуганно сказала Мария.

— Пороть да самой женитвы, — пошутила Матрена. — В люльку класть да доилицу звать, чтоб доила Любимушку денно и нощно, вот что деять. А завтра с утра батюшку вести, чтоб прочитал подобающие молитвы.

После того как Любима унесли с наивозможными почестями и тучей приговоров от сглаза, ночного плача и прочих младенческих бед, а Марию переодели, омыли и укрыли отдохнуть на сундуках, Матрена запросила вечеряти. Но перед тем сбегала, переваливаясь и топая, в сени — поглядеть, какая на дворе погода и какой, стало быть, будет жизнь новорожденного Любима. Вернувшись, заверила, что небо ясное, а звездочки быстро-быстро бегут к месяцу, стало быть, и молодой князь Любим, ясный сокол, жизнь проживет щастливую и богатую. Вот только... Мария насторожилась: что?! Поупиравшись, как бы не желая объявить плохое известие, повитуха в конце концов сообщила, что, судя по мерцанию звезды, будет Любим изрядный баболюб. Мария, у которой отлегло от сердца, удовлетворенно засмеялась: ужо поетит ее Любимушка девок!.. Василиса между тем зычно призвала холопок, те засуетились и вмиг уметали стол пищными яствами и хмельными медами. Повитуха сидела, как архимандрит на именинах. Княгиней поглядывала с ложа и Мария. Ликовала Феодосия. А когда в покой взошел сам Извара Иванов, которому прямо у ворот доложили о рождении первого внука, застолье сделалось таким веселым, что отец Логгин покачал бы главой. Матрена, изрядно хватившая медовухи, ударилась в свои побасенки, которые с каждой новой чаркой становились все любодейнее. Уж что было грешного хохоту!

— Ну, вот вам притча, — подмигивая и качая головой, рекла Матрена. — Правда, не лжа. Были тому самовидцы, видели сами своими очами. Врать не буду, сама не видавши, но от верного человека слыхавши, за что купивши, за то и продавши.

Был один молодец, Митрошка. Был он не то чтоб дурак, а так — балда... И было у балды две елды. Митрошка в том дива не узревши, думаючи, что и у всех мужей так же — две жилы подпупные в чреслах. А только прошел между девиц нерастленных и жен-мужатиц слух, что зело силен Митрошка в любовной колотьбе, самую мужеистовую жену и злострастную девицу ублажает. Собрались раз молодцы-мужи да дьяки-чернецы и пристали к Митрошке: говори, дурачина, как ты с женами колотишься, что самое злонеистовое естество женское ублажаешь? То ли зельем зелейным жен-мужатиц опаиваешь? То ли чары волховые на девиц нерастленных кудесишь? То ли скокотание особое на жене знаешь? Митрошка только плечами пожимает да очесами моргает: ввергаю первый уд жене, скокотаю до истицания, а потом второй уд ввергаю, и опять колотьба идет. «Какой такой второй уд? — удивились молодцы-мужи да дьяки-чернецы. — Перст, что ли?» Выпучил Митрошка очеса-зеницы, выставил пясть, оглядел персты да и думает: «Нет, не перст! Перстом показывают, а не любы делают». — «Нос, может быть?» — поглумились молодцы-мужи да дьяки-чернецы. Митрошка-балда шутки не уразумел, да и мыслит: «Изреку мужам, де, мол, нос — вторая моя елда, пускай-ка отвяжутся!» «Истинно, нос!» — кивает Митрошка. «Да ведь носом воню злую, смрад да сладковоние нюхают», — удивляются мужики. — «Не верите — не надо, — стоит на своем Митрошка, — а только все жены-мужатицы да девицы нерастленные ко мне бегут, не боясь ни чужеложничества, ни детосаждения». Разошлись молодцы-мужи да дьяки-чернецы, а Митрошка-дурачина идет домой и размышляет: «Видно, второй уд для нюхания вони злой, смрада да сладковония дан!» А се... Пришедши Митрошка домой, а матерь ему и рекши:

— Митрошка, понюхай-ка дежу, не из нее ли злосмрадие по всей избе идет?

Митрошка изверг из портищ срамной уд, да и опустил в дежу.

— Что ты делаешь, дурачина?!

— Нюхаю.

— Да разве срамом нюхают?

— А чем?

— Языком! — поглумилась матерь над Митрошкой.

Дурачина глумы не понял, а себе на ус намотал.

Вот ночью темной стучится к нему мужатая жена от дряхлого мужа, просит зело вящей колотьбы.

Митрошка вверг мужатице злострастной первый уд, принялся скокотать до истицания, потом второй мехирь вторгнул, опять начал колотьбу, а потом еще и думает: дай-ка понюхаю женску дежу, не из нее ли злосмрадие по всей избе идет? Сунул язык и ну нюхать по лядвиям, по стегнам, по подпушью! Жена-мужатица пуще прежнего довольна:

— Олей! Олей! О! Порадовал Митрошенька ныне колотьбой!

И пошла о Митрошкиной колотьбе слава по всей державе. Прослышала об Митрошке княжья дочь, нерастленная девица Желая. Но наперед решила проверить, правду о Митрошкиной мужеской силе молвят либо лжу лгут? Вот возлегши Желая с Митрошкой на одр, девица муженеискусная и говорит:

— Покажи-ка, молодец, свою колотьбу!..

Дурачина смекает: «Показывают ведь перстом».

И возвергнул перст в лоно.

— Олей! О! — хвалит Желая. — А понюхай-ка, молодец, сладковоние мое заморское.

«Нюхают-то языком», — опять смекает балда.

И возложил язык в лядвии.

— Олей! О! — пуще прежнего довольна девица, девства не растлившая.

Ну, а после оба уда срамных Митрошка ввергал нерастленной Желае и скокотал дважды злопохотно, так что лоно девицы неистово ублажил.

Наутро посягнула княжья дочь за дурачину в брак. С тех пор величают Митрошку Митрофанушкой да Митрофаном Васильичем, ест он сладкояства да пиво пьет, спит на лебяжьем одре, под голову кладет чижовое взголовье, уд влагает в серебро, муде — в сафьян. Тут и притче конец!

Феодосия едва расслышала сквозь хохот стук в дверь.

— Кто здесь? — выглянула она в сени.

За дверями стояла Акулька.

— Чего тебе?

— Хозяйка молодая, дозвольте у хозяина изволения спросить? — с поклоном протянула холопка.

— Ну, зайди. Батюшка, Акулька испросить дозволения хочет.

— Чего еще? — повернулся к дверям Извара Иванов.

Акулька, поминутно кланяясь и бормоча «уж простите меня, сущеглупую», поведала, что старшие дети ее бегали кататься на соломе с горы, да и уморозили до смерти двухмесячное чадце, Орефку.

— Как это уморозили? — грозно вопросила Василиса. — Ты, небось, нарочно Орефку уморить велела, чтоб на корм не тратиться да люльку не качать? Все бы дрыхла, опреснок!

— Ей-богу, не нарочно! Пронька с Анькой положили Орефку в салазки и увезли с собой. Поставили салазки возле горы, да и закатались. Вспомнили про Орефку, а он уж белый лежит, заиндевел. Простите Христа ради!

— Вот же блудь бражная! — обсерчала Василиса. — Скоро на пажити некому будет работать, а вам, поганцам, лишь бы лишний рот не кормить! И чего ты приперлася теперь? Чего стоишь щурбаном?

— Хочу спросить, можно ли домовинку с Орефкой в избе до завтра оставить? Уж больно далеко в эдакий мороз до Божьего дома идти.

Василиса вопросительно поглядела на Извару.

— Да вы что, матушка, батюшка! — заголосила вдруг с сундуков Мария. — В эдакий день, когда ваш внучек первый народился, упокойников на дворе держать?!

— Верно, — переглянулись Извара с Василисой.

Матрена перехватила их взгляд.

— Еще чего удумала! — вскрикнула она Акульке. — Неси новопреставившегося в Божий дом сию же минуту! Выпороть тебя еще надо за порчу хозяйского раба. Морозно ей! Небось не околеешь, вон рожу-то наела на господарских хлебах! Феодосия, сходи-ка пригляди, чтоб сей же час выметались со двора с покойником! Да чтоб не вздумали за воротами кинуть! Волков еше набежит, скотину порежут.

Феодосия опасливо поглядела на Акульку: все ж таки худо это, что придется ей среди ночи тащиться с домовиной под мышкой.

— Возьми сани, — шепнула Феодосия Акульке в сенях, — на которых навоз вывозят. Лошадку похуже можешь взять. Скажешь, мол, молодая хозяйка велела ехать санями, чтоб еще и Акулька от морозу не издохла.

Феодосия пошла в людскую избу, где обитала Акулька с мужем-бийцей Филькой и детьми. Она впервые переступила порог столь скаредного обиталища. Была это не изба, а землянка, размером с сундук, освещенная лучиной. Возле черной каменной печи в закуте лежали отрочата, тут же, перед нарами, висела колода для чадца. Кровать взрослых в виде дощатого ящика была заполнена смрадным тряпьем и соломой. Ее теснил стол, в середине которого была выдолблена ямка, заменявшая миску. Феодосия смекнула, что это именно миска, по нелепым кривым ложкам, брошенным в углубление. На краю стола стояла домовина — плетеный из корья короб.

— Э-гм-хр-р-ка! — донеслось из угла за столом. Это зашевелился Филька.

— Да ты набражничался! — догадалась Феодосия, прикрывая ладонью нос.

— С горя он, — кланяясь, объяснилась за мужа Акулина, — что не уберег хозяйского раба Орефу, в расход ввел Извару Иванова и Василису Петрову. Встань да отвесь поклон молодой хозяйке, пес!

— Ладно, Акулька, пущай дрыхнет. А ты себе в помощь возьми кого из людей. Да прямиком сейчас — в Божий дом! Там завтра и отпоют Орефку. А здесь мертвому телу нечего делать.

Феодосия вернулась в обеденный покой в мрачном расположении. Что за люди, Господи! Смрад, зловоние, бражная вония!

— Ну, чего там? — принялась расспрашивать Василиса.

— О-ой!.. — только и произнесла Феодосия.

— Расходы одне от поганой челяди, — заворчала мать. — Крестили Орефку, так кто батюшке пятерик яиц отдал? Василиса Петрова да Извара Иванов. Отпевать станут, кому расход? Опять подавай попу из хозяйского кладезя добро.

— Не расстраивайся так, Василисушка, — влезла Матрена. — Такая уж господская доля, обо всем печься. Давай-ка я еще побасенку побаю, развеселю тебя маленько.

— Давай! — махнула рукой Василиса.

— Ну, вот вам притчица. Правда, не лжа. Были тому самовидцы, видели своими очами. Врать не буду, сама не видавши, но от верного человека слыхавши, за что купивши, за то и продавши.

Бысть три брата, три княжьих племянника. Старшего звали Могуча, среднего — Хотен, а младшего — Зотей. И была у Могучи в чреслах огненная палица...

— Елда огненная? — захохотал Извара.

— Истинно! Да такая вящая, что не раз он этой межножной палицей медведя валил. Однажды забежало в наши окраины из Африкии чудо людоедское, брадатое — брада у него не только вкруг главы и выи была, но даже на конце хвоста росла. Самовидцы сказывали, что брада у того чуда рыкающего даже на сраме росла. Узревши оного, Могуча востерзал из портищ свой огненный уд, свинцовые муде да так огрел чудо африкиинское, что оно замертво пало. Когда садился Могуча на коня, да клал свою любосластную огненную палицу коню на загривок, да укладывал муде коню на становой хребет, то конь под ними прогибался. А когда опустил однажды Могуча свою огненную палицу в море-окиян — охладить жар телесный, — то пошел из моря-окияна пар. И стоял тот пар три дня и три ночи и солнце застил так, что днем было темно, как ночью. А из того пара собралась такая важная туча, что когда дождь из нее выпал на пажить, то рожь уродилась сам-двадцать, а репа широкая да губастая, как Матренина задница. И собой Могуча был красив: брада кудлеватая, подпупие рыжее, очи — как у ночного врана-филина. А се... У среднего брата, Хотена, срамной мехирь тоже был не худ. Как достал его однажды Хотен из портищ, чтоб поссца, так сцы его полдюжины лисиц повергнувши, дюжину зайцев да залетного тотемского чижа. И собой Хотен был великолепен: брада овчеватая, подпупие сивое, очи — как у дрозда. Младший брат Зотей срамом похвалиться не мог. Уд у него был не больше соловья. Да и собой был не лепо красив: брада завитками густыми соболеватыми — как у девицы межножное подпушье, подпупие враное, очи — как у ясного сокола! А се... И узнавши братья, что живет в дальнем княжестве девица, княжья дочь Дарина. И бысть Дарина девица, девство не растлившая, муженеискусная: уста сахарные, брови собольи, власы золотые. А благоодежная какая! — рубашца шелковая, подколка земчузная! Сидела Дарина в высоком тереме, роза сладковонная, светозарная, словно солнце. И вот стала сухота-тоска естество ее женско томить. «Хочу быть мужатицей замужней», — рекши она своей матери. Быть тому! Протрубили гонцы по всем княжествам. Прискакали на белых да вороных конях княжьи сыновья, братья да братаны-племянники со всей русской державы. «Кто будет мое тело белое, лядвии межножные собольи нежнее всех дрочить-ласкать, за того посягну я замуж», — возвестивши девица из высокого терема. Стали женихи перед Дариной похваляться. Первым Глупей сын Горохов свой уд из портищ изверг. Усмехнулась Дарина: тростяной твой уд, плешивое подпупие, чижовые очи! Вторым Безумей сын Пустов подпупную жилу изрыгнул. Засмеялась неискусомужняя девица: лубяной твой уд, мховое подпупие, воробьиные очи! Третьим заезжий княжич Бзден сын Окалов становую жилу поднял. Расхохоталась девица, девства не растлившая: лыковая твоя елда, воспяное подпупие, тараканьи очи! Отступили женихи. А тут на двор Могуча, Хотен да Зотей въезжают, кланяются княжне Дарине.

— Слышали мы, что желаешь ты, лепая девица, быть мужатою мужатицей, вступить в женитву.

— Се правда, — рекши Дарина. — Тот молодец станет мне мужем, кто даст моему естеству женскому самолучшие самонежные любы.

— Аз есмь, — рыкнул Могуча и принялся похваляться: — Как своей огненной булавой да свинцовыми муде единожды взмахнул, так африкиинское чудище замертво упало. А уж тебе, девица, я любы самые злострастные сделаю.

Изверг из портищ булаву огненную, размахнулся да и кинул Дарине в высокий терем. Уд его вдарил в крышу, всю кровлю разворотил да меж стропил застрял.

Рассердилась муженеискусная девица:

— Твою елду только валять да к стене приставлять!

Вышел тогда наперед средний брат, Хотен, принялся похваляться:

— Не уд — стрела!

Востерзал свою подпупную жилу, размахнулся да и кинул Дарине в высокий терем. Срам не долетел до высокого терема, упал на крыльцо.

Принялась глумиться ангеловзрачная девица:

— А твоей только в мошне кукиш казать!

Вышел тут младший брат, Зотей.

— Светозарная Дарина! Моя жила будет лону твоему изтецать любострастие, я же буду тело твое белое дрочить, перси нежить, подпупие баловать, стегна ласкать.

— Дерзостник какой! — удивилась честная девица. — Где же твой уд злострастный, покажи!

Достал Зотеюшко из портищ свой невеликий уд женонеистовый, подкинул его в небо. Полетел уд с нежным посвистом соловьиным, залетел в терем, покружил по горнице да прямиком под шелкову рубашку, в сладковонные лядвии. Впорхнул в лоно и ну в чреве летать, кружиться.

— Ох-ти мне, Зотеюшко!.. — простонала девица, естества не растлившая. — Будь ты мне мужем, а я тебе — женой.

И был тут пир на весь мир, наш тотемский воробей туда летал, от каравая крошки клевал, с залетной воробьихою колотился. А самовидцы Зотеюшкиного соловьиного мехиря с той поры говорят: «Уд мал, да удал!»

— А-ха-ха! — залилась смехом Мария.

Отсмеявшись, она мечтательно проговорила:

— Хоть бы одним глазком увидеть ту Африкию...

— Взбесилась?! — охнула Матрена. — Да там такие звери водятся, что на баб как мужики нападают.

Феодосия выкатила глаза.

— Кривду врешь, Матрена! — посмеиваясь, умышленно подначивал Извара.

— Почто обижаешь вдову, Извара Иванович? — хлюпнула носом Матрена. — Отродясь я слова кривого не изрекала. Провалиться мне на этом месте, а только есть в Африкии зверь — вельблуд, вельми блудливый то бишь. На спине у вельблуда растут два огромных горба, навроде кожаных торб али курдюков. И африкийцы возят в этих горбах воду!

— Гос-с-споди, спаси и сохрани, дикари какие! — удивилась Василиса. — Да как же вода в горбах может быть?

— А как молоко в грудях? — привела достойный аргумент Матрена.

— А-а! Тогда понятно...

— А на баб-то, на баб как он нападает? — полюбопытствовал Извара.

— На жен похотствует не вельблуд, а слон! Ростом он со стог сена, а на харе вместо носа — елда!! Вот эдакой толщины!

Матрена приподняла вдоль поставца свою неохожую ногу, скрытую подолом. Но и сквозь подол ясно было, что размеры слонового уда необыкновенны!

— И перед тем, как броситься на несчастную жену, слон в свою елду еще и трубит!

— Почто трубит-то? — вопросила с сундуков Мария.

— А я почем знаю? Я с им не беседовала. Знаю только, что по Африкии бродят скоморохи со слонами...

Феодосия напряглась.

— Слон по окрику главного скомороха поднимает елду и начинает охапивать да обласкивать ею блудную девку...

— Плясавицу? — вопросила Феодосия.

— Ну да... А се... И, наконец, он девку сию поднимает выше головы!

— Ишь ты! — удивился Извара. — А еще говорят: как ни востра, а босиком на елду не взбежишь.

— Не всему верь, что говорят, Извара Иваныч, дорогой! А еще тем слон страшен, что разносит чуму.

— Господи спаси!

— В Москву какой-то африкийский царь прислал в подарок нашему государю-батюшке, Алексею Михайловичу, слона.

— Уморить хотел отца нашего, заступника?!

— Знамо дело, — авторитетно поводила плечами Матрена. — Провели чудище энто по улицам. И начался в Москве мор! Государь Алексей Михайлович наказал спасаться от погибели: заколачивать избы, в которых заболели чумой, сжигать дома, никого из нутра не выпуская. Но мор не прекращался. И тогда царь наш батюшка смекнул, что слон адский чуму нанес. И повелел Алексей Михайлович слона убить до смерти и сжечь. Земские люди кольями слонищу закололи, сожгли до пепла. И мор остановился! А того африкийского слугу, что водил чудище по улицам, привязали к столбу и обливали кипятком, пока не сварился.

— Это верно!

— Так и надо нехристю.

Возбужденное событиями дня, семейство еще долго сидело за столом, беседуя и слушая байки Матрены.

Первой заснула на сундуках Мария. Оставив при ней караул в лице кривоглазой Парашки, все разошлись по покоям.

Феодосия взошла в свою горницу совершенно сонная. Прикрыла дверь. Села на одр. Поглазела на огоньки лучины и свечей. Зевнула. И в этот момент из угла метнулась золотисто-черная тень.

— А-а!.. — в ужасе вскрикнула было Феодосия, но чья-то крепкая рука сжала ей уста.

Глава шестая

ЛЮБОСТРАСТНАЯ

— Вор! Вор! — тщилась выкрикнуть Феодосия.
Но запечатались уста воровской дланью, словно камнем, приваленным к пещере со святыми мощами. Другой рукой супостат охапил накрепко Феодосию ниже груди. Феодосия судорожно вдохнула, чтоб в третий раз извергнути крик: «Вор!» — но почуяла, что больше уже не крикнет, потому что вора сего Феодосия узнала по сладостной воне. Горечью воняло, горьким мужским телом, горьким дымом и можжевеловой ягодой, и чабрецом, растертым перстами. И почему-то зналось Феодосии, что губы, прилепившиеся к ее щеке, тоже горчат. И от этой горечи хотелось стонать Феодосии в смутном томлении. Она смежила веки и расправила плечи...

— Звезды со звездами скокотали, любострастились, один я во мраке вечном воздыхал от тебя на удалении, так не терзай меня, любушка, дай свету твоего сердечного, свету звездного... — грудным голосом проговорил вор и чуть ослабил длань на Феодосьиных устах.

Феодосия медленно повернула голову. И, как это бывает, когда лица оказываются друг против друга на расстоянии греха лобзанья, увидела скошенные к носу глаза и сам нос, странным образом видимый с двух сторон разом. Феодосия беззвучно засмеялась от радости, что глаза те самые, синие с золотыми осколками.

И отвела Феодосия затворившую уста руку, а вор осторожно повел шебуршавой ладонью по душегрейке в том месте, где томилась грудь, и крепко стиснул. Феодосия тихо застонала. Вор замер, не решаясь пошевелиться, дабы не спугнуть девицу. Нахлынула оглушительная тишина. Феодосии слышно стало, как колотится ее сердце, словно ботало в ночной реке. А у вора комаром запищало в ушах.

Треснул угол горницы, ломаемый ночным морозом. Сухим стручком гороху выщелкнула лучина.

— Истомушка!.. — наконец с облегчением промолвила Феодосия и склонила главу к его плечу. — Как же ты здесь оказался? Как не побоялся?

С полузакрытыми зеницами, безвольно уроненной головой, она лежала на груди скомороха, словно только что подстреленная рябенькая куропатка, еще теплая, еще с пульсирующей кровью, с намасленными перышками, но уже погубленная, уже готовая повиснуть на затянувшем горло кожаном ремешке в связке таких же теплых птах.

— Любушка, ласточка моя нежная, ты ждала меня? — как бы не веря своим словам, вопросил Истома.

— Тебя только и видела... — едва не заплакав, ответила Феодосия.

— Меня, скомороха? Что не имеет ни злата, ни серебра, ни речного бисера, чтобы осыпать тебя, небесную княгиню? Бродягу, что, кроме охабня, не имеет других палат?

— Мне твой охабень теплее любых хором...

— Скитаюся по горькому свету и не мечтаю об иной жизни. Устал мечтать о нежных любовях. К чему это? Мука одна. Уж и не помню давно, каковы девичьи ласки...

— Истомушка... — по щекам Феодосии побежали быстрые слезы. — Не говори так...

— Прости, прости, что огорчил твою душеньку, — жалобно сетовал скоморох.

Не то чтобы лгал он кривду, нет, все правда было: и злата у Истомы не было, и палатами ему служил рваный шатер, и укрывался он от снежного ветра не бревенчатыми стенами хоромов, а полой охабня. И не ласкали его муженеискусные девицы. Да только не променял бы он полог леса и постель речного песка на душные перины, полу охабня на теплый запечный закут, а горсть снега с горячей кровью на сладкий кисель. Был он волком. И тепло овина манило его только плотью глупой скотины, готовой повалиться набок и подставить робкую шею под нож за охапку хозяйской соломы. И зарезав простодушную ярку, уходил волк прочь, в снежный лес, ни на мгновенье не возжелав переждать до утра в теплой сце хлева. И про ласки девиц не солгал скоморох. Любодействовал он с бражными блудищами, а муженеискусных девиц в горящих селищах брал силой. И никогда не глядел с вожделением в сторону зрительниц, глазевших на его скоморошьи позоры. Не любил он скучных, сонных посадских баб и девок и на все их блудливые подмаргивания лишь усмехался. Тошно было и представить Истоме любы с глупыми мужатицами где-нибудь в сарае. Но Феодосия, стащившая с креста распятого деревянного Господа, запала в волчью душу. Поразила она его, как небесный огонь поражает могучее дерево. И сейчас пылал Истома не только телесным, но и душевным огнем.

Знал Истома, что позови он — уйдет Феодосия с ним и его ватагой, не думая ни секунды об отце с матерью. И уводил он так жен не раз и не два, с тем чтобы бросить, натешившись, в проезжем городе, в блудном доме или на улице, прозванной иноземными гостями Московии «улицей лизанья». Но первый раз дрогнуло сердце скомороха, захотел он, чтоб случилось не силой, с нежным дроченьем, его приветливыми ласками. И захотел он быть с Феодосией безмерно добрым и благородным —

бросить ее не в чужой земле, а в родном доме. Может ли волк быть добрее?! Потому и молвил он жалкие речи про бездомство и одиночество свое, что учуял в Феодосии, великий дар участия. В театральной скоморошине о распятии, в притчах, таких привычных с детства, что никому и в голову не приходило рыдать по распятому, Феодосия разглядела живые муки и ужаснулась им. Смекнул Истома, что если чем и сможет он взять в одну ночь этот аквамарин небесный, то прежде всего сочувствием к его, Истомы, страданиям. Вот отчего плакал он жалким голосом о своем бездомстве.

— Зачем мне злато твое? — горячо зашептала Феодосия. — Зачем мне бисер твой? Зачем серебро? Соль твоя? Обозы? Кладези рыбные али пищные? Ты один мне нужен!.. Тело твое горькое, уста хмельные!..

— А мне — ты!.. Не белые перси твои хочу, не стегна нежные, ни лядвии золотые, а — тебя! Поцелуй меня, ласточка моя, чтоб мог я в лютый ярый мороз согреваться мыслением о твоих поцелуях... Поцелуй, молю тебя...

...Свечи в шандалах на поставце возле Феодосьиного одра оплавились, когда Истома откинулся на пуховое взголовье, пахнувшее косами девицы. Потянувшись, он поглядел на Феодосию, белевшую на темной перине, как головной сахар.

— Понравилось тебе, любушка?.. — ласковым голосом вопросил Истома.

Феодосия, по своей привычке все обмысливать, на секунду задумалась.

— Ей!.. — заулыбалась наконец она в темноте, вспомнив, как нежил Истома ее шею, перси и стегна.

— Ей-богу? — самольстиво повторил вопрос скоморох.

— Ей-богу! — дотронулась до него рукой Феодосия. — Вот только кость у тебя уж больно крепкая.

— Какая кость?

— В уде... — смутясь, пояснила Феодосия.

Истома захохотал. Феодосия испуганно прикрыла ему рот ладонью:

— Тихо, Истома!

— Кость?.. Кость... Ха-ха! Эх ты!

— Не так она называется? Не кость? Жила, может?

— Жила, Феодосьюшка, жила...

— Надо же, кругом — жила... Матрена сказывала про кровяную жилу, про легочную...

Неожиданное упоминание о сроднице в тот же миг обрушило на Феодосию мысли о матери и отце, об Юде... Ей сделалось горячо, стыдно ужасно от содеянного. Словно прозрев, Феодосия увидела вдруг, что лежит нагая рядом с чужим мужем! Грех какой! Она сжалась. «Господи, что теперь деять-то? Господи, зачем я здесь? Зачем лежу голая? Как же теперь погляжу в глаза батюшки с матушкой? Блудища! Блудища!» Феодосия перевернулась на живот и, уткнувшись в изголовье, зарыдала так страшно и глухо, словно вонзились ей в подпупие острые навозные рожны. Истома вздохнул. Ах, девка... Нет, точно не станет он уводить ее со своей ватагой. Куда ей бродить? Ей бы в теплой горнице, с надежным, как печь, мужем... Не способна она на безумства. Вот уж жалеет о любодействе... Сейчас каятися начнет, блудищей себя обзывати...

— Ты, небось, мыслишь: блудища? — подняв зареванное лицо, протянула Феодосия.

— Глупости речешь!.. — Скоморох был силен в театральных монологах и воспользовался сим мастерством с особым умением. Он принялся витийствовать проникновенно, перемежая словеса нежными поцелуями в плечи и спину Феодосии: — Мыслю, что ты способна на безумства ради любви. Не каждая жена так сильна в любви, как ты... Страстью ты влечешь меня. Эдакая страсть раз в тысячу лет случается! Я на позорах сразу тебя разглядел... Дар твой девичий, что щедро отдала ты мне, бродячему скомороху, для меня будет как ладанка нательная.

Как затоскую от горькой жизни, достану ее мысленно, как образок из-за пазухи, прижму к устам, и облегчится моя душа... И не такой унылой покажется дорога...

Расчет Истомы оказался верным. Феодосия устыдилась своих слез: «Господи, о чем пожалела? О девстве? А для кого его беречь было? Для Юды?! Жалеть ласк для Истомы?! Ах, дура! Разве грех обласкать обездоленную душу?»

Была сейчас Феодосия как река Сухона, на брегах которой возвышалась Тотьма. Всего две таких чудных реки во всем Божьем мире. В весеннее половодье, в дни зачатия всего сущего, в течение двух седмиц более ста верст течет Сухона вспять! От устья к истоку! Можно, конечно, сказать, что течет тогда Сухона в обратном направлении. А можно молвить с радостию и удивлением: бурлит река вверх против заведенного порядка! Вот и Феодосия текла сейчас вспять!

— Поцелуй меня, Истомушка мой! — попросила она, прижавшись к скомороху. — Ах, задохнусь! Задушишь же ты меня!

Оба затихли. Вдруг где-то в закутке потешно заверещали, подравшись, мыши.

— Что это оне там деют? — шутливо вопросил Феодосию Истома.

— Целуются, должно быть! — засмеялась Феодосия. И провела перстом по губам Истомы. — Отчего огубье у тебя такое горькое? Ну такое горькое, как сулема!

— Горькое? От табака, должно быть. Табак курил.

Феодосия отпрянула.

— Как — табак?! Бесовское зелье?!

Она искоса недоверчиво поглядела на Истому и махнула рукой:

— Не верю я тебе. Глумы надо мной шутишь?

— Хороши шутки — с голой елдой да за девками гоняться! А чего ты так испужалась? Али размышляешь, не доложить ли воеводе? Дескать, хватайте, люди земские, скомороха Истому, режьте ему нос за травку бесовскую, что курил он в доме благочестивой Феодосии.

— Как — в доме?! Ты здесь... Здесь, в моей горнице, бесовское зелье разжигал?

— Не волнуйся, Феодосьюшка, я заволоку отодвинул с окна и рожок с зельем держал на морозе, курил на волю. Так что никто ничего не учуял.

— Да где же ты взял рог для табака?

— Он у меня всегда при себе, висит до поры под полой на поясе.

— А если кто узрит?

— Кто нос под полу сунет, тому доложу, мол, в рожок играю я веселые песни. Ай-ду-ду! Ду-ду-ду! Сидит ворон на дубу!

Феодосия пораженно примолкла. Впервые так явно столкнулась она с эдаким страшным грехом и была в смятении. Ведь была уверена, что курильщик — это всенепременно разбойник, законы Господа презревший, с носом резаным, со страшной всклокоченной бородой, со зверскими глазами... И вдруг курильщик — возле нея. И не на торжище, а — на одре! «Али грех один не ходит? — расстроилась Феодосия. — Любострастилась — вот к бесу-то в тенета и попала, а он уж тут как тут, с еще более ужасным грехом. Мыслимо ли дело — бесовское зелье в доме батюшки моего! Ой, Господи!»

— Истомушка, — натянувши пуховое одеяло до подбородка, испуганно проговорила Феодосия. — Да зачем же ты куришь табак энтот? Сожги его и забудь! Никому не примолвлю... Никто не узнает... Только сожги! Господи, да откуда он взялся-то, кто его из адского подземелья доставил на Божий белый свет?

— Бес и доставил, — усмехнулся скоморох. — Посеял чертово табачное семя на могиле блудищи, а когда взросло зелие, высушил его и принялся курить. А тут я мимо иду с ватагой...

Феодосия подскочила.

— Господи, что ты речешь? Прости его, Господи!

— Испугалась? Не я это шел, а некий перс либо турок. А может, и татарин. Они, иноверцы, привозят табачное зелье в Московию.

— Я так и подумала, что иноверцы! — сокрушенно промолвила Феодосия. — Нехристи! Татарины, знамо дело, татарины! Оне ж язычники. Тетка Матрена рекши, татарцы чад своих едят!

— Ну?! — удивился Истома. — Чего-то я такого не слыхал.

— Как же? Самоеды-лопари в Сивере живут, ведаешь про таких? Потому самоеды и зовутся, что сами себя едят! А татарцы — чадами питаются. Вот ведь как... Я теперь точно знаю, что они табак на Русь завезли. Отец Нифонт рекши, что тот, кто курит табачное, творит богомерзкое. Дьяволу угождает! От табачного дыма в голове гниет и в костях тож. Истомушка! Брось ты эту отраву! Как бы не отлучило, оборони Господь, зелье сие тебя от святой церкви! Брось...

— Брошу, ласточка моя, — смиренно согласился Истома. — Вот как со двора выйду, так в первый же сугроб и брошу и рог, и табак с ним.

То, что Истома с такой легкостью и как известное наверняка изрек об своем уходе со двора, а значит, от нее, Феодосии, опечалило девицу. Но испросить, когда вернется Истома назад, и вернется ли вообще, и будет ли посягать ее в брак али просто уведет с собой, Феодосия побоялась. Что как сообщит скоморох, что не любит ее? Или изречет, что не нужна ему согрешившая девица? Что как уйдет без возврата? Нет, лучше не знать худого, не думать об нем, авось каким-нибудь чудесным образом окажется, что примет батюшка скомороха с распростертыми объятиями, изгнав тошного Юду, и станет Феодосия супругой Истомы прямо сей же день! «Это уж я совсем размечталась», — со вздохом подумала Феодосия. И дабы отгородиться от печальных мыслей и горьких предчувствий, завела речь совсем об другом, не любострастном.

— Истомушка, а ты как мыслишь, есть на месяце звери али птицы? Или одни черти там скачут?

— Чего это ты вдруг? — удивился скоморох.

— У меня шитье есть... Твердь земная и небесная... Хочешь, покажу?

— Ну, покажи, — согласился Истома. — Вот забавная ты... Феодосия вытянула с одра скомканную рубаху, надела ее.

— Не облекайся в портище, — потянул за подол скоморох. — Так лепей... Дай еще на красоту твою светозарную полюбоваться.

— Ой, нет, Истомушка, грех это — нагой быть. Отец Логгин днями меня на исповеди вопросил: не подглядывала ли за наготой срамной? — отказалась Феодосия. Воспоминание об исповеди вырвало из груди прерывистый вздох, истолковавший Истоме, что согрешение свое полагает Феодосия зело великим! — Это только твои кощунницы с голым пупом пляшут, — с горделивым осуждением заключила Феодосия.

— Какие же они мои? У меня плясавиц нет. Они — сами по себе. На что они мне нужны? Идут себе с ватагой и идут, не гнать же?

Прищурившись, мол, говори, говори, но тем не менее радостная, Феодосия одернула подол и побежала к резному ящичку с рукоделиями. Достала синий шелк с золотой вышивкой.

— Зри!

— Ишь ты! — удивился Истома.

— Истомушка, ты как думаешь? Небесная твердь впереди солнца али позади?

— Позади, конечно. Иначе солнца через твердь не видно было бы.

— И я так мыслю! — обрадовалась Феодосия. — Точно так! А то некоторые говорят, мол, солнце позади тверди и светит через дырку, для него проверченную. А почему же эта дырка всегда разной величины?

— Али ты астрономию изучала? — изумился скоморох.

— Что?

— Говорю: где ты звездозаконие изучала? Какой звездоблюститель тебя обучил? Али в Тотьме астрономы есть? Не всех еще в кипятке сварили?

— Чует мое сердце, что звездоблюститель в Тотьме один — я! — скромно пояснила Феодосия. — Вопросила нынче одного мужа про месяц, так он изрек, что зверей на ем нет, потому что очень он маленький, разве только врабий али мышь на ем и удержится. Ну не глуп ли? Я думаю, не так уж месяц и мал. Древо издалека тоже еле видно, а чем ближе к нему подбираешься, тем оно выше, могучее. Я мыслю, что и с месяцем так же. А Юда — дурень просто. Ну никак не может быть месяц меньше избы, верно? А в избе вон колико всякого добра вмещается!

— Это какой же Юда? — не вступив в дискуссию о размерах месяца, нарочито грозно испросил Истома. — Не жених ли, собака?

На самом деле ревновать он и не собирался, более того, желал бы, чтоб у Феодосии был суженый, покрывший его, Истомы, любодейство. Но не переносил Истома соперников ни в каком деле.

— Где? Об ком ты? Юда? Нет, это так, сродственник один дальний, — пролепетала Феодосия.

И опала с радостным вздохом душой, что обмятая дежа: «Ревнует меня Истомушка, любит...»

Истома подтолкнул поудобнее взголовье и сел, скомкав шитье.

— Мыслю, — прищурился он, — что есть кто-то на месяце. Вот только — кто? Иной раз прямо чувствуешь, что некто тебя зрит. Обернешься — никого, чистое поле, один месяц светит. Как начну, бывало, об этом думать, глядя на звезды, так аж разум за разум захватывает!

— И у меня тож! — промолвила Феодосия. — Может, на месяце птицы одне? Летят же стаи каждую осень. А — куда? Коли твердь земная в окияне плавает, то куда птицы улетают? Не иначе на месяц!

— Навряд ли. Птицы — Божьи твари, а все Божье на земле живет.

— Я иногда думаю, а почему Господь... — Феодосия опасливо оглянулась и понизила голос до шепота. — ...почему он так создал, а не по-иному? Почему елда мужская снаружи, а женские лядвии — внутри? Из чего делается радуга на небе? Ясно, что из цветного тумана. Но где он в остальное время лежит? Почему над Сухоной цветных туманов не бывает? Почему люди ртом говорят? Почему не носом высвистывают?

— Эх ты, смешная... — покачал головой Истома. — Это как раз понятно, проще простого. А как бы ты тогда сказала: «хлеб»? Ну-ка? Высвисти носом: хле-е-еб!

— Хы-ы... ы-ы... — наморщила нос Феодосия.

— А-а! Не получается!

— А мы бы хлеб нарекли так: фью-ють!

— Только иноверцы некрещеные вместо «хлеб Господен» — фьюкают. Все бы кругом иноверцами стали. Вот как!

— Господь именно нам, русичам, дал понятный язык, — сказала Феодосия. — Потому что любит нас. Брат Путила рассказывал, что в Москве видал иноземных немцев. Ни одного слова не разобрать, все только «гр! др!». Потому и назвал их Боженька: немцы. Немые! Смех, а не язык. Вот уж наказал Господь! Путила говорил еще, икон даже у немцев нет! Молись на что хочешь, хоть на камень! Ой, наказал!..

— Наказал... — думая о чем-то своем, повторил Истома.

— Истомушка, да ты меня не слушаешь? О чем мыслишь?

Феодосия присела поближе к скомороху, поцеловала его в грудь, в плечи, быстро осыпала невесомыми прикосновениями уст щеки, скулы. Прикоснулась к густым кудрям...

— Отчего ты не на пробор кудри носишь? Надо власы на пробор расчесывать, как делали святые апостолы.

— Не святой я, Феодосьюшка, — промолвил Истома, отводя Феодосьину длань. — Это ты у меня ласточка безгрешная, вот и власа твои на две стороны расчесаны, на две косы... А при мне-то святых вон выносить надо, чтоб не оскорбились глумами актера, так что ношу власы как придется.

— Две косы девице надо носить, а не одну, чтоб одинокой не остаться, так тетка Матрена речет.

— Да такая великолепная княгиня, как ты, разве засидится одна?

Феодосия шутливо покрасовалась, подержав косы в руках. И вновь ухватилась за Истомину буйную голову.

— Нет, дай я тебе кудри учешу, хочешь — с елеем?

Феодосия приподняла перстами пахнущие дымом волосы скомороха и провела по лбу.

— Что это? — сперва рассеянно сказал она.

Потом удивилась, не веря глазам.

И в ужасе отдернула руку.

Как она раньше не заметила? Господи! Господи!!

— Али ты буквиц никогда не зрела? — холодно спросил Истома.

— Буки... Истомушка, что же это?

Рубец, едва заживший, болезненно-розовый, особенно страшный в неверных колебаниях свечного пламени, рваным, диким мясом изгибался буквицей «буки».

— Бунтовщик... Сиречь — разбойник, — едва слышно пробормотала Феодосия и поднесла персты, хранящие каленую печать, к своим устам.

Ей хотелось облегчить боль Истомы, покрыв шрам поцелуями, вытянув из него муки огненные. Но рубец был так мерзостен, что в первое мгновение Феодосия не смогла осилить отвращение. Однако, дотронувшись до своих губ, она болезненно всхлипнула и, словно устыдившись собственной брезгливости, прильнула ко лбу скомороха.

— Да кто же заклеймил тебя, Истомушка, какой изверг?

Сперва, когда Феодосия только разглядела преступную буквицу и явственно была поражена, Истома готовился извергнути грубо самые гадкие словеса. «Что, не знала, что буке давала? — должна была услышать Феодосия. — Всю обедню тебе говном испакостил?» И еще тьма срамословий слеталась к скомороху на язык. Но последний возглас Феодосии изменил намерение Истомы. Не то чтобы он проникся и умилился ее жалостью, нет. Просто умыслил Истома, что простодушная Феодосия приняла клеймо за напрасное, ошибочное страдание. Разве разбойники такие?! Разве могут сказывать вирши? Ласкать? Целовать? Дрочить с нежностию? Называть «любушкой» и «ласточкой»?! И вожделея к девице, Истома ухватился за предположение Феодосии.

— Изверги... — страдальчески прикрыв глаза, промолвил скоморох. — Верно ты сказала, Феодосьюшка. Черт нас дернул ватагой остановиться в Москве на Яузе, возле слободы сокольников... Хотя скомороху нигде медом не намазано!

Историю про сокольников Истома приплел. На Яузе он действительно был и видел сокольничий двор. Но не случалось на том дворе с его ватагой никаких страшных происшествий. Разве только подрались маленько возле питейного дома, вызволяя пропитые одним из актеров гусли-самогуды.

— А се... — вдохновенно врал скоморох, — слобода огромная, безмерная: одних сокольников две сотни, да с семействами все. Птичники — что твои хоромы. Баяли мужики, что только голубиных гнезд для прокорма кречетов держат в птичниках до ста тысяч! А самих царских птиц три либо четыре тыщи! Не успели мы толком табором встать, как налетают государевы люди. Схватили в облаву почти всю нашу ватагу и засадили в темницу в приказной избе. Что такое? За что? А, говорят, у царя батюшки Алексея Михайловича охотничьи соколы пропали либо кречеты, теперь уж и не припомню. Да только исчезла дюжина бойцовых птиц! Дорогих, что пойманы были и привезены с берегов сибирской реки Печоры. И главное, белых цветом, один и вовсе оказался любимый государем кречет Песня.

«Вы, скоморохи, драгоценных птиц умыкнули?!» — «Да на что оне нам? Разве мы охотники? Должно быть, залетели птицы в даль дальнюю, может, того и гляди, назад прилетят?» Но куда там... Титку Урусова, водившего зверей, на кол посадили. Акробата Афоньку Макаркина разрубили на куски, сочинителя скоморошин Амельку Власова, стихоплета Амоса Иванова тож... Эх, кабы знал об том государь наш Алексей Михайлович, он бы разобрался, рассудил, где правда, а где — кривда... Да только злодеям нужно было на кого-то дело свалить, вот и схватили, кто под руку попался. Инструменты наши сожгли. Медведя ученого затравили. Плясавицу Амину... Лучше тебе не знать, что с ней сделали... А мне клеймо каленым железом поставили. Ну, да я не в обиде! Все лучше, чем псов своим мясом кормить...

— Бедный ты мой, горюшко мое... — запричитала Феодосия.

— Господи, хоть ты мне встретилась на пути, — вцепившись в волосы, взвыл Истома.

И в этот миг Феодосия и в самом деле показалась ему звездочкой, что с нежным смехом устремилась вниз, на грешную землю, прямо в объятья Истомы. Скоморох обнял Феодосию, приподнял подол портища и прижался обветренным лицом к влажным лядвиям.

— Благовоние какое... — жадно простонал он.

Феодосия смежила веки.

Ах, подумать бы ей о грехе любострастия, что никогда не остается без непременного гневного внимания Божьего. Но кто ж в такой миг думает?!

Когда двоица затихла, устало прижавшись друг к другу, Феодосия робко вопросила скомороха, уповая узнать о его планах:

— Что ж ты, так и будешь весь век бродить по свету? У птицы перелетной — и той есть гнездо. А ты словно медведь-шатун... Али не мыслишь осесть, обзавестись хоромами? Об какой доле мечтаешь, Истомушка?

— Мечтаю?.. — скоморох усмехнулся впотьмах.

Нет, не так он был глуп, чтоб излагать Феодосии свои мечты. Навряд ли они ей понравились бы...

По ночам с мучительным наслаждением скоморох вспоминал два коротких лета — ослепительных и горячих, как взмах ножа... Кажется, сама земля стонала — столько несчастных подвешено было его ватагой и атаманом на частоколы, задавлено между венцами бревен, привалено камнями, сброшено в колодцы... Кажется, навеки его шапка и охабень впитали запах горящего мяса. Снова и снова воссоздавал он в мыслях картины — яркие, вскипающие от пронзительных звуков, густых запахов, жара, чтобы вновь ощутить сладострастие, равное которому навряд ли уже придется пережить наяву... Он внове и внове догонял какую-нибудь черноволосую девицу, срывал с ее головы увешанный монетами убор... И каждую ночь, стоило Истоме смежить веки, вновь качало его в устеленной коврами барке со смуглой блудищей, водившей бражным языком по его чреслам. Пережить все это внове — вот о чем мечтал Истома.

— О чем, говоришь, мечтаю? — бодро переспросил скоморох. — Есть в иных землях такая вещь — комедиальная хоромина, сиречь театр. Баяли люди, что и в Москве царь Алексей Михайлович открыл эдакие хоромины. Вот бы начальствовать в них! Али собственные открыть. Разыгрывать позоры об римских пирах и житиях допотопных царей. Бают, зело увлекательно они жили!

— Истомушка, да как же такое возможно, чтоб государь дал хоромину под глумы?! Ведь грех это — позоры со свистоплясками. Вон щурбан-то ваш с персями подъемными — срам ведь!

— Царь наш батюшка оттого грешит, что знает: сорок раскаявшихся грешников Богу милее одного праведника. Алексей Михайлович, может, нарочно против своего желания грешит, дабы потом покаяться! Позрит он театральные глумы, а потом всю ночь на коленях перед киотом простоит, да еще двоицу-троицу бояр прибьет до смерти за лицезрение представления. Богу-то как приятно будет!

— Чудно! И как же эти хоромы выглядят?

— Зело огромны! Выстроены возле одной стены какие-либо виды: море либо скалы с дворцами. Море волнуется, и лодки по волнам плывут...

— Да как же это возможно — море в избе?

— Из-под низу откуда-то поднимается... А потом вновь уходит. Рыбы огромные плывут по волнам, такие великие, что на них девицы и парни сидят.

— Нешто стерляди? На щуке-то не больно усидишь. Али сом? Так он и сожрать может.

— Да нет, скорее это кит из Сиверского моря.

— Что за кит?

— Рыбина такая, чудо-юдо рыба кит. Размером с часовню.

— Господи прости! Нешто и крест на главе у кита стоит? Нешто и колокол?

— Нет, креста на ем нет. А с небес спускаются облака, на них сидят в колесницах римские боги.

— Да разве на облаке усидеть можно? А ежели на молнию наткнешься? Сгоришь ведь?

— Облака не истинные, а сварганены из чего-то.

— Прости Господи! Из чего же? Али из соли?

— Мыслю, что из овчин.

— Ишь ты!

— И солнце выплывает, и гром небесный грохочет! И все — в избе!

— Ох, не бесовская ли та изба? Гром!.. Да ежели бы сейчас здесь гром вдарил, так я бы умерла на одре прямо. У тебя в охапке...

Феодосия прикрыла глаза и кошкой потерлась об Истомино плечо.

— Что же мешает вашей ватаге возвести комедиальную хоромину?

— Да все доля не выпадает. К нашему берегу не плывет бревно, а все говно да щепки... А отчего так — не ведаю.

Истома задумался.

Феодосия принялась зевать, потряхивая головой, как телушка, морду которой облепила мошка.

— Ой, не могу, глаза прямо закрываются...

— Спи, любушка моя.

Истома положил на поставец Феодосьино рукоделие и, уложив главу на локоть, тоже смежил вежды. И тут же ровно задышал.

...Проснулась Феодосия от беготни в сенях. Что-то загрохотало. Зашумела Василиса.

Феодосия так резко открыла глаза и села, что сердце прыгнуло как заяц.

На одре, там, где лежал Истома, было пусто. Пуста была и горница. Феодосия, не поверив глазам, откинула зачем-то перину, словно Истома мог в шутку спрятаться. Под периной возле взголовья лежала маленькая граненая скляница в форме колокольчика с вытянутым горлышком, закрытая стеклянной же пробкой. В склянице лежал неровный морщинистый оранжево-красный шарик величиной с голубиное яйцо.

— Что за чудо? — пробормотала Феодосия. — Как сей шар ввергнули в скляницу через такое узкое горлышко?

Улыбаясь от удивления, Феодосия принялась крутить и трясти скляницу да рассматривать дно и бока бутылочки. Но нигде не было видно швов или склеенных частей.

— Какую презабавную вещь ты мне подарил, Истомушка.

Феодосия извергнула из скляницы затычку и понюхала в горлышке. Из нутра шла едва уловимая сладко-пряная воня. Феодосия вперила глаз внутрь скляницы, но так и не смогла понять, что за вещица побрякивает внутрях?

Но подарок был чудным! Ах, Истома! Знал, что преподнести Феодосии! Не коралловые бусы, не золотой канители на шитье, не бисера, а восточную игрушку — мандарин, выращенный и высушенный внутри хрустальной скляницы. С первой встречи понял скоморох, что пуще всего Феодосия любила удивляться и разгадывать чудесные загадки, что задавало ей мироздание.

Феодосия заткнула пробочку и прижала скляницу к груди.

— Как же мне прожить без тебя день, Истомушка?..

Глава седьмая

ВСТРЕЧАЛЬНАЯ

— Феодосьюшка, — позвала из-за дверей Матрена.

— Чего, баба Матрена? — уж слишком быстро и послушно отозвалась Феодосия. Так чадо, наваракозившее в сундуках али сунувшее нос в горшки с вареньями, ясным голосом откликается на вопрос матери, вдруг заглянувшей в горницу: «Ты чего деешь, золотце?» — «Ничего!»

Лишь неожиданно охрипший глас выдал самой Феодосии ее же волнение. Все, что произошло ночью, сейчас, в утреннем свете, предстало другой своей стороной. Феодосия вспыхнула, лицо пошло пятнами, словно бежала она, не разбирая дороги, через ельник, и колючие ветви хлестали ее, грешницу, по щекам.

— О-о-ой! Чего надеяла-то!.. — простонала Феодосия. Матрена пошарила в потемках и, отыскав наконец скобу, распахнула дверь и втиснулась в горницу.

— Нагрешила уж с утра, а? — насупив брови, с грозной шутливостью вопросила Матрена.

— Кто?.. — неуверенно промолвила Феодосия и заперебирала портище, заразглаживала перину...

— Ты, кто же еще? Не баба же Матрена, — заколыхалась повитуха. — Заутреню кто проспал? Али не ты?

— А... — с облегчением произнесла Феодосия. — Грешна... Ох, грешна-а-а!

116

— Чего-то ты разоспалась, девушка. Али Юдушка присонился?

— Вот еще! — сильнее, чем следовало, возмутилась Феодосия, пряча глаза, и украдом подпихнула дивную скляницу с мандарином под взголовье. — Юды с его солью мне только во сне не хватало!

Феодосия предалась с наслаждением воспоминаниям ночи — Истома, ласки его, томление, которое она при этом испытывала, сладость во всем теле, которую хотелось почувствовать вновь... Феодосия улыбалась то блаженно, то горделиво: вот какая она великокрасная девица! Самый лепый актер Московии восторгнулся ее красотой и умом! Нет, она, Феодосия, в перестарках не осталась! Но еще через мгновенье глас разума взял верх, и Феодосия в ужасе зажмурила зеницы.

— Что содеяла?! Бог меня накажет!

«Накажет!» — страдальчески повторяла Феодосия, надеясь, что выражаемое голосом мучение даст понять Господу, что она, девица, девство растлившая, раскаивается, и Он, Господь, отменит наказание. А кары приходили в главу самые страшные! Как и все тотьмичи, Феодосия простодушно совмещала в своей голове веру в Бога и древнее языческое верование в сглаз. Если бы осмелилась Феодосия высказать свои опасения до конца и вслух, то можно было бы разобрать «браточадо» и «матерь», «Зотеюшка» и «Истома», потому что пуще всего Феодосия страшилась, что Божья десница в наказание ей, грешнице поганой, обрушится на близких и дорогих людей: новорожденного племянника, мать, братика или любимого.

— Господи! Братня Мария только разродилась, а я в ту же ночь грешить принялась! Господи, вырви мне глаза, напусти на меня бешеных псов, наведи мор, только браточадо Любимушку не трогай! — качаясь на одре из стороны в сторону, подвывала Феодосия.

Но затем, как это бывает, чувства ее, не выдержав лавины обвинений и укоров, столь же стремительно уплывали к другому берегу и принимали вид нежный, плескалися со взволнованной радостью и желанной прохладой.

— Нищему не подай, а солдату дай! — привела Феодосия аргумент грозному Боженьке. — А скомороху разве легче воина? Так же живет под открытым небом, так же терзаем диким зверем! Ест толокно с ледяной водой, лакомится горькой можжевеловой ягодой, грызет хвою... И скитается по чужим краям по воле Божьей. Разве грех был дать радость Истоме, что всю жизнь принимал одни лишь страдания? Али Юде теплобокому мое жаление было б нужнее? Юде, что как сыр в масле катается, значит, девство, а гонимому юдолью Истоме — клеймо и ночлег в снегу?!

— Проспала заутреню? — клекотала тем временем Матрена. — Мы уж с Василисой и будить не стали, наволновалась, небось, пока Мария рожала? Сами, двоицей, сходили в церковь да призвали отца Логгина посетить Марию с младенцем Любимом, бо ей, роженице нечистой, сорок дней теперь в храм Божий нельзя.

Матрена баяла, на ходу приводя в порядок горницу. Сундуком отставив зад, одергала половики, покряхтев, взлезла за лампадой и подлила масла, вновь затеплив. Оттащила заволоку с окна.

Наконец повернулась к Феодосии.

— А ты чего бруснелая эдакая, как веником банным тебя по роже отхлестали? Чего забагрянилась-то? Уж не заболела ли?

— Бесстыдие совершила, — вдруг торопливо промолвила Феодосия.

— Какое бесстыдие? Али портища у тебя длятся? Так то не грех. Сейчас рубаху отмоем, перину отполощем...

— Нет. Нет уж ничего.

Матрена тут же позабыла про слова Феодосии и перешла к другому вопросу — состоянию чадца Любимушки.

— Доил уж доилицу, спит сейчас. Не пискнул ни разу! Хороший парень! Тьфу-тьфу, чтоб не оговорить! С гуся вода, с Любима — хвороба! Спаси его и сохрани, Господи. Сейчас его особо оберегать надобно. Сейчас, пока Любимушка не крещен, бес так и норовит подобраться. Уж мы с Василисой и не спали толком, а сразу утром — в церковь! К отцу Логгину зашли, доложились, потом в Спасо-Суморин собор поехали. Едем, да в потемках вдруг как вой да шум адский на нас обрушился! Мы так и повалились в санях! Кресты целуем, в голос молимся! А Ванька лошадь подхлестнул да нам кричит, мол, не бойтесь, хозяйки дорогие, это скоморохи поганые своим обозом из города выезжают, медведей на цепях волокут, жен венчанных и невенчанных тащат! Сейчас последняя ихняя говняная повозка завернет на тракт, и мы тогда проедем. А и слава тебе, молвим мы с Василисой, Господи! Один грех от ихних скоморошьих позоров! Нет, все ж таки занедужила ты, Феодосия, рожа аж пятнами!

— Не приболела я, тетя Матрена! — отчаянно закричала Феодосия и повалилась на одр рыдая. — Чего ты ко мне привязалася?!

— Быть у тебя кровям сегодня али завтра, бо вишь какая умовредная ты нынче! Орешь на сродницу, как дьяк приказной, — обиженно сообщила Матрена и вышла из горницы.

Олей! О! И подумать еще толком не успела Феодосия про Божье наказание, а оно уж вершится! Одна осталась Феодосия, одна со своим грехом! Ушел, вор... Бросил... Переломил жизнь в одночасье...

Феодосия выла от горя, заткнувши рот взголовьем, что бросил ее Истома за ненадобностью, как оставляют гнить на берегу рыбу, забрав у нее икру. Когда от слез чернело в глазах и давило пестом в ушах, горе вдруг принимало другой вид: теперь страдала она не от подлого проступка скомороха, а от мысли, что никогда больше с ним не увидится. И тогда Феодосия с тем же неистовым обрушением чувства принималась жалеть Истомушку, который не успел даже попрощаться со своею любушкой. Не виноват Истомушка, что пришлось уйти ему с ватагой, — то Бог, углядев поутру ночные грехи, наказал Истому, погнал в лютый мороз по ледяной дороге, навстречу волчьим стаям!.. Она, Феодосия, в тепле и неге, а Истомушка за их общий грех расплачивается!.. А то неожиданно приходило ей в голову, что скоморох не покинул Тотьму, а схоронился в укромном месте и ввечеру вновь прокрадется к ней, Феодосии. Но как только принималась она размышлять об уходе ватаги, так осой ввергалась мысль, что ночью Истома уж знал, что поутру покинет Тотьму, и, стало быть, лгал он про любы и нежные чувства. Ох, горе-горе!

Так пролежала Феодосия, гоня прочь холопку, звавшую к столу, до самого вечера. Василиса не тревожила ее, занятая заботами об разродившейся снохе и внучке Любиме, которого до крестин всеми способами нужно было оберегать от пронырливых бесов. А Матрена сердита была на Феодосьину грубость, да к тому же именно на ней лежала главная роль в распределении и возведении всяческих оберегов в горенке Любима. То она клала полено в люльку, дабы черти забрали его, спутав с чадцем, то подсовывала соль под пеленку, дабы чадце меньше плакало, то бормотала над пупорезиной, то клала краюху на завалинку, то... Ой, да мало ли дел с оберегом родовитого младенца?! Матрена от забот аж упрела! Да не евши-то целый день! В брюхе у Матрены булькало, как в кадушке с квашеной редькой. Так что, когда семейство наконец уселось за стол и Феодосии неволей пришлось спуститься в обиталище, сродницы от устатку на девку и не глянули. Феодосия села было в темноватый угол стола да пониже склонила главу к миске в размышлении укрытия опухших глаз, но тут поднялся такой переполох, что и вовсе всем стало не до Феодосьиного вида.

В воротах так загрохотало, что Матрена, басом охнув, заголосила про захват Тотьмы басурманами. Но когда жены в ужасе заорали, а отец Извара Иванович вскочил, своротив лавку, с ножом в пясти, вбежала радостная челядь:

— Господин Путила Изваров приехавши! — кланяясь и ломая шапки, хором возопили холопы. — Встречайте!

Глава семейства размашисто перекрестился и поднялся из-за стола с нарочито приуменьшенной радостью — чай, не баба, чтоб верещать да охать. Однако ж разморщил рубаху до кожаного пояса, одернул вышитый цветной шерстью подол, стогом уметав его сзаду под расстегнутую меховую безрукавку, крытую сукном, и солидным шагом пошел к дверям. Среди женской же части поднялся такой переполох, каковой был последний раз с приездом в Тотьму неизвестно каким ветром занесенного персиянского гостя, торговавшего тканью и всяким женским украшением. «От же, бабы-дуры!» — мотал тогда главой Извара Иванов, разглядывая вечером гривны и усерязи, купленные женами. Но тут в горницу, пританцовывая, вошла Феодосия и повела руками, демонстрируя височные кольца с бирюзой и браслеты. Через плечо Феодосия перекинула отрез шелка, мерцавшего лазурью, золотом и изумрудом — чисто павлиний хвост! Лицо Феодосии светилось таким счастьем, такой радостью, что Извара Иванов усмехнулся и приказал несть вечерять. На этот раз больше всех переполоху поддавала золовка Мария, которая в короткий момент трижды возопила противоречивые распоряжения насчет новорожденного сына Любима.

— Любима Путиловича несите! — гаркнула она первой. И дала по шее подвернувшейся Парашке. — Да не ты, щурбан кривоглазый! Обронишь еще наследника! Доилица пущай несет!

Затем посетила Марию мысль сидеть на лавке смирно, потупившись, как засватанной, но сразу повесть мужа Путилу в горенку к Любиму, дабы показать всему семейству, что пуп строгановских хором теперича — не Зотейкина, а Любимушкина люлька. Но тут же вновь вернулась она мыслью к идее со смирением и даже как бы постным видом сидеть на лавке, не кидаясь под ноги али на шею взошедшему супругу, дабы он сам радостно ринулся в первую очередь к ней, матери его сына, и прилюдно усадил за стол на самое почетное место. Но пока Мария щипала себя за ланиты в расчете на румянец и набрасывала еще одну душегрею для лепоты телес, в сенях уж зашумели и в проеме дверей показался Путила Изварович, старший и первый сын Извары Иванова Строганова. К одному его плечу, вернее, из-за разницы в росте, к локтю, припала Василиса, беспрерывно причитавшая, за другой рукав держалась Феодосия.

— Ишь, вцепилась и тянет, как рак, — ревниво пробормотала Мария, но тут же лебедушкой сложила руки на груди и повалилась на пол, под ноги мужу. Упавши на колени, Мария громко охнула и схватилась за бок.

— Поднимай жену-то, Путила Изварович, — верно смекнув ее задумку, озабоченно поторопила из-за плеча Матрена. — Только родила она, слабая еще, как бы чего не повредила.

Путила отринул длани Василисы и Феодосии и кинулся к жене. Мария задрала главу и глядела на супруга, искусно подвывая. Все сразу засуетились вкруг нее, загалдели, загомонили.

— Разродилась ведь жена-то! — ликующим басом возвестила Матрена. — Наследника тебе произвела!

— Любимушку! — пританцовывая, звонко сообщила Феодосия.

— Поздравляем с сыном! Сделали нас с отцом бабкой да дедом! — дробила Василиса.

— Ну, здравствуй, Марьюшка, — промолвил Путила, засияв, и поднял жену. — Сына, значит, мне родила?

Мария встала, уцепившись за холодный рукав мужниного крытого сукном тулупа, и больше уж его не отпускала. Держа прилепившуюся жену левой дланью, Путила правой сунул шапку под мышку, перекрестился, боком поклонился, боком же охапкой обнял отца, мать, сестру и прошел к столу. Лишь когда он самолично усадил Марию на лавку, она выпустила мужнин рукав и расположилась именинницей.

Вереницей побежала челядь, сбивая лаптями половики, меча на стол дополнительную меру пищного, посуды, добавляя праздничных питий и угощений. Приняли холопки у Путилушки шапку и шубу — все новехонькое, не то, в чем уехал он обозом в Москву, — и стали идолами, держа на вытянутых руках одежду да уставившись выпученными зенками на молодого хозяина. Василиса огрела дур рушником, наготовленным утереться Путиле. Стянули с Путилушки сапоги — не те, в каких топтали мостовые тотьмичи: из коровьей шкуры со вложенной в задник берестой. Нет, сапоги были московскими, червлеными, с голенищем, кокошником поднимающимся к колену, с копытцем под пятой. «Ох-ти мне! — занедужила Мария. — Это перед каким ж блудями столичными Путилушка в эдаких сапожках хаживал? А я-то сижу в онучах, дура дурой!» И дабы возвыситься и внове обратить на себя внимание мужа, Мария срочно переменила сценарий и велела несть чадце, Любима Путиловича. Порывалась любящая жена и сапоги самолично стягивать с ноженек Путилушки, и рушник подавать, дабы каждый раз елейными словесами Матрены: «Да что ты, Мария, али без тебя не управимся? Тебе скакать нельзя, бо ты рожение днями свершила» — напомнить о плодородии своем.

— Чего мне сидеть, баба Матрена? — не двигаясь с места, громко вещала Мария и ногой все глубже запихивала под лавку деревянного коня на колесиках и лыкового медведя — игрушки Зотейки. — Я хоть завтра еще одного сына Путиле рожу! Мне это запросто!

Наконец принесли Любимушку. Задержка заключалась в том, что доилица срочно переменяла на чадце простую рубашонку на вышитую да перевивала в чистое пеленание. Матрена живо выхватила Любима из рук доилицы и развернула пеленки, дабы продемонстрировать мужеские уды чадца.

— За такого богатыря жену земчугом да агамантами осыпать надо! — басила повитуха в расчете и на свою долю. — Вот какого сына ты, Путила Изварович, изладил! Как золотой елдой деланный! Чую, строгановскому роду не быть переводу!

Когда в десятый раз Мария смиренно отперлась от агамантов и призвала отметить, что чадце — вылитый Путила, дитя понесли прочь. Но перед тем Любим ударил прозрачной сцой в потолок, что было установлено Матреной как несомненный признак будущего любозлостия.

Известие о будущей мужеской мощи чада Путилой было принято благосклонно.

— Ети, сынок, всех девок, что батька твой не доетил, — с хохотом приказал он.

— Уж заломает мой Любимушка берез да калиновых кустов! — визгливо смеялась Мария.

Как только сына унесли, Путила Изварович, хоть и устал с дороги, крикнул внести мешок и короб из сеней.

«Дары да подарки!» — смекнула Мария и заерзала в томлении по лавке.

— Гостинцы! — козой запрыгала Феодосия, которую прибытие брата отвлекло от давешних страданий.

Сперва гостинцы вручены были матушке, Василисе: иконка, писанная аж в Афоне и уложенная в деревянное вместилище с толстой склянкой, наполненной святой водой из реки Иордан, шерстяной платок и теплая панева из клетчатой ткани, непривычно, не по-тотемски, вышитая кубовой и свекольной нитью, иголки. За иголки Василиса подала сыну плату — чарку меду, бо иглы дарить — вещь опасная. Марии достались нарядный шушун из расписной ткани на лямках, ушитых толстым стеклянным бисером, домашние сапожки вишневой кожи, височные кольца с зернью и филигранью, такой же работы ожерелье и створчатые браслеты-наручи на рукава. Но перед тем Путила подал жене резное веретено из рыбьего зуба с янтарным шариком на грузе да серебряные иголки в чехольчике, чем насупил Марию. «А то мало за прялкой да кроснами сижу! Косу б еще да серп же не любимой дарствовал», — сердито подумала Мария. Но тут-то и пришел черед шушуна!.. А до чего же забавный подарок вручил Путила сестрице Феодосьюшке! Шелковый пояс, ушитый завитыми спиралью серебряными нитями, с подвесками на цепочках: крошечными, как для мышиной норки, ковшичком, гребенкой, ключиком, прялочкой, веретенцем, бубенчиком, уточкой-солонкой и другими вещицами.

— Девка уж, почитай, просватана, а ты ей все игрушки на куны меняешь, — ревниво толкнула в бок мужа Мария. — Поберег бы куны-то, чай, у тебя сын теперь!

— Олей! Олей! — прыгала Феодосия, то прикладывая пояс, то разглядывая малюсенькие причиндалы. — Ну и утварь мала! Как же ее выковали? Али серебряным же молоточком на золотой наковаленке? А гребешок — как истинный! Таким гребешком только мышат и причесывать! Али ресно да брови приглаживать?

Свиток шелку, багряного, с золотистыми перьями, и оплечье, расшитое кораллами и бирюзой, и те Феодосию меньше обрадовали, чем серебряные фитюльки.

— А тебе, батя... — Путила порылся в коробе. — Где же? Либо еще короб в сенях остался? Сейчас принесу.

— Али челяди нет, чтоб короба таскать? — возмутилась Мария.

— Сам хочу! Там у меня отцу вещные гостинцы припасены.

Путила поднялся и пошел к дверям.

— Сынок, — тревожно вопросила Василиса. — Али ты ногу повредил? Вроде косит тебя?

— Безделица! Кистенем маленько помахал.

— Да когда же, Господи? Али в Москве?

— Нет, уж на пути домой, — пояснил Путила из сеней. — Вот короб-то, стоит — дожидается, никуда не убег.

— Надо, Путилушка, коли рана есть, скорей изврачевати, — встряла Матрена.

— Мелочь! — отмахнулся Путила. — Ну, задел один зуб рыбий по стегну, я уж и забыл. А он-то надолго запомнит! Я ему синие-то зенки кровью залил. Черт с ним! Он уж одной ногой в земле. Батя, погляди, какой нож!

— Ну-у, мужики за ратное взялись, — протянула Мария. Разродившись сыном, она заметно осмелела в речах. — Теперь до утра про булаты баять будут.

— О-о, скрамосакс так скрамосакс, — оценил Извара Иванович большой боевой нож явно иноземной работы. — Таким искрамосает на начинку в пирог!

Глава семейства нарочно назвал нож старинным словом, только и оставшимся от некогда грозного оружия, что подвешивали к чреслам, как выразился бы отец Логгин, оризонтально к земле.

После ножа извлечена была невероятная булава: шишка, или, по-другому, набалдашник, в углублениях между ребер имел серебряные гвоздочки.

— Сей-то раз пожалел булаву, в коробе держал, бо на гостинец вез. А другой раз — не-е-т! Держитесь, скоморохи поганые!

— Какие скоморохи?.. — тихо вопросила Феодосия.

— Мы обозом уж к Тотьме подъезжали, а тут навстречу ватага, медведями да псами злосмрадно воняющая. Ну и помяли мы с товарищами им бока маленько. Так помяли, что на том свете лечиться придется!

Феодосия стала возле стола. Задрожали в длани, зазвенели мелко друг о друга забавные ковшичек, прялочка, веретенце да уточка-солонка, забренчал бубенчик.

— Феодосия! — отчаянно гаркнула Мария. И вскочила с лавки, разметав рукавами миски со стола. — Пойдем, позрим Любимушку! Али он плачет, а проклятая доилица дрыхнет?

Она схватила сродственницу за руку и потащила вон.

— Али мы басни слушать будем, али потчевать дорогого нашего Путилушку? — подхватилась Матрена. — Наливай, Василиса, сыну чарку меду!

Глава восьмая

СКАЗОЧНАЯ

— Сказывают, под Москвой есть такой Троицкий монастырь. А в ем медный горшок, — заворачивая пальцы кочедыком, дабы изобразить округлые бока сего мифологического горшка, принялся за новую баснь Путила. — Кладут в его каждый день с утра кореньев обычную меру. Ну там луку, репы, брюквы, петрушки, чеснока, моркови и всего, чего полагается для варева. А в обед начинают черпать и раздавати монахам, паломникам, блаженным, странникам и всем, кто в сиим монастыре случится, ну всем, кого черт принесет. И всегда варева исчерпывается ровно столько, сколько в сей день хавальщиков!

— Ну? — не поверил Извара Иванович.

— Ишь ты! — Василиса двумя перстами левой руки отерла заеды на устах, правой же поскребла под оголовником.

— Вот будто бездонный тот горшок, — выскребая ложкой собственную миску и сам зело дивясь, уточнил Путила.

— Ну, положим, накрошу я три репы и меру брюквы, сварю, — Мария нарочно обрисовала картину варенья собственными дланями, а не руками холопки, дабы выказать свою хозяйственную хватку. — А припрется хавать прорва батюшек. И всем хватит той репы? Это как же?

— И-и! И чего здесь дивного? — гордо отворотя нос в сторону, хмыкнула Матрена. Очень она не любила, когда кто-нибудь баял более дивные новины, чем она, благонравная вдова. — Иисус Христос накормил тучу хавальщиков тремя хлебами и пятью рыбами. А тут — репы котел! И ничего здеся дивного нет. Знай жижи тайком подливай да черпай!

— Ну, не знаю, баба Матрена, — недовольно промолвил Путила. — А только про тот горшок везде по Москве только и говорят.

— Казна государева тоже бездонная, — кинулась Мария защищать перед Матреной мужа. — Вона нас сколько едоков у царя батюшки, и всем-то он пищи даст. А ведь тоже народу всегда по-разному. То помрут все, изверги, то, наоборот, наплодятся неуборно.

Опровергнуть сий чудный дар царя Алексея Михайловича Матрена не посмела. И Путила взялся сказывать другую новину.

— А государь-то наш умен! — начал он от печки. — Корыстолюбым боярам не дает разгуляться, бо держит порядок! Не за бороду, так за елду на правеж приведет!

Начало новины всем понравилось. Слушатели с удовольствием переглянулись и вперились в Путилу, предвкушая череду комедиальных событий. Лишь Феодосия пребывала в своих мыслях. Персты ее то перебирали невидимые звончатые гусли, то складывались ноготок к ноготку, так что ваялось ожерелье розового бисера. А то и шепотала Феодосия неразборчивыми словесами.

— Повелел Алексей Михайлович проверить, как правят и волю его выполняют наместники в Уломской земле, — с удовольствием вещал Путила. — Ибо дошли до Москвы жалобы на неправые суды в Уломе. А сиживали там бояре Васильчиковы — отец и сын. Доложили царю, что правят Васильчиковы воровски и все больше в свою мошну.

— По-родственному! — с ухмылкой крякнул Извара Иванович.

И все тоже ухмыльнулись, де, мол, знаем мы эдаких поганых бояр Васильчиковых, не первый день пажить топчем.

— И попросил тогда смиренно Алексей Михайлович прислать ему из Уломы для врачевания горшок блох. Бают, блох этих как-то там настаивают на водке и опосля с осторожностью втирают в царские чресла.

Матрена важно качнула главой и сложила на грудях руки перевязью, дав понять, что метод сей лечебный действительно существует и ей, повитухе, знаком.

«Горшок примите мой, — отписал государь наш Васильчиковым, — а уж блох нижайше прошу изловить в короткий срок и выслать в Москву. Ибо, бают доверенные люди, что в Уломской земле самые целебные блохи государства Русского». Это царь, значитца, так псам тем отписал.

Василиса, Извара, Матрена дружно повалились на бок от хохота.

— Лих наш царь!

— Так и надобно с нашим народом, — промолвил высоким от смеха голосом Извара Иванович, — народ-то нынче лукав! Все бы самому лакомиться!

— Получили Васильчиковы указ и горшок, да так и повалились в шубах гонцу в ноги. Мол, смилуйся, добрый человек, как же мы блох изловим и в горшке удержим? Али оне будут сидеть там да дожидаться? На то она и зовется блоха, что скачет как ошалелая. Может, царь наш батюшка, благодетель, на клопов согласится? Гонец аж кровью налился. Да вы что, молвит, псы, может, ищо тараканов государю отправите от щедрот ваших?! Так-то вы на милость его отеческую отвечаете? Алексей Михайлович живота своего на вас не щадит, а вы блох пожалели? Васильчиковы переглянулись, за шеи подержались да стали золото взамен блох предлагать. Гонец ни в какую! И в тот же час убыл с пустым горшком и докладом Васильчиковых, что блохи в Уломе все перемерли по воле Божьей. А следом они, Васильчиковы, доверенного человека посылают, чтоб разузнал все доподлинно через своего человека в царских палатах. Тот человек и рассказал, как все было. Подали Алексею Михайловичу пустой горшок. Да еще прилгнули, де, мол, молвили Васильчиковы: «Уломским блохам царь не указ!» Государь, знамо дело, рассвирепел аки лев. И молвит грозным гласом, но с болью в душе: «Это как же псы Васильчиковы об народе моем заботятся, если даже блохи у них от бескормицы преставились? Это как же народ мой в Уломе без блох бедствует? Всяко было в землях русских при иных правлениях: хлеба иной раз недоставало, соли. Но чтоб блох?! Али мне за персидскими блохами гонцов за море посылать? Али так оскудела земля русская, что и насекомого царю для врачевания не сыскать? Повесить Васильчиковых! Но перед тем на правеж и выбить штраф!»

— Ну молодец царь Алексей Михайлович, прижучил воров! — вдарил себя по стегну Извара Иванович.

И жены дружно плеснули по ляжкам.

Феодосия подняла главу и обвела родню блуждающим взглядом: «Чего это смеются все?» Она уж битый час, с тех пор как Мария утащила ее из обеденных хором под предлогом плача новорожденного Любима, пребывала в смятении чувств. Любим спал как заговоренный, поэтому долго отсутствовать за столом повода не было. И Мария успела лишь нащипать Феодосию за бок да назвать «глупищей» и «дурной девкой».

— Ты чего себя в руках-то не держишь? Али хочешь, чтоб батюшка с Путилой прознали про твою затею на скоморошьи глумы взирать? Хочешь, чтоб догнали они с людьми скомороший обоз и зарубили всех до одного?

— Марьюшка, да ведь Путила сказал, что убил он скомороха синеглазого! — вцепилась в рукав сродственницы Феодосия.

— Ты слушай более! Мужик насчет баб и бийц завсегда соврет! Я так полагаю, что обругали они друг друга матерно вослед и разошлись. Почто скоморохам с тотемским обозом связываться? Чтоб наши мужики медведей ихних наетили?

— А глаза синие?!

— Глаза-а синие! — передразнила Мария. — А у кого глаза не синие? Покажи такого! Давай-ка приободрись, а то сейчас ты на образ как неподоенная! А ежели спросит Путилушка, чего затуманилась, отвечай, что томишься, бо сватают тебя за Юду, а ты боишься мужатицей делаться. Лги чего-нибудь-то, али учить тебя надо?

— Уластила Любима, сразу и присонмился, — медовым голосом пояснила Мария, когда обе вернулись в обеденные хоромы.

Золовка посадила Феодосию возле себя и принялась наливать ей меду.

Феодосия колебалась в мыслях, как на мосточках. То виделось ей с горестью, что Истома лежит на снегу в луже крови, неживой, али того хуже — стонет и зовет ее, Феодосию. То Истома лежал окровавленный, но в обозе, и глава его хмельная покоилась на коленях у голопупой плясавицы. «Ах, блудища!» — шевелила Феодосия губами и с ревностию сжимала перстами края душегреи. Но наконец Мариины медовые чарки подействовали, и Феодосия с облегчением измыслила, что скоморох ее жив-здоров, а окровавил брат Путила рыжего кукловода, да и то самую малость. Она судорожно вздохнула, расправила спину и подняла главу, бормоча: «А чего же смеются все? Али глумы веселые?»

— Скоро царю-батюшке и мышей не допроситься будет с такими-то разбойниками Васильчиковыми? — драматически вопросила Василиса.

Упоминание мышей весьма приободрило Матрену. Она вспомнила про летучих мышей и наконец-то смогла завладеть всеобщим вниманием.

— А како, Путилушка, не налетали на Москву летучие мыши?

— Какие такие летучие мышы, баба Матрена?

— А вот эдакие, — одернув полавочник под гузном, затеялась баить повитуха. — Налетают те мыши черной стаей прямо с небес и пьют из людей, каким случилось оказаться в полночь на улице, кровушку. Да пищат, да хвостами вьют! Спаси Господи!

— Это ты, Матрена, чего-то... — обронил Извара. — А елда в тех краях в стаи не сбивается? Девок не похотствует?

— Зря ты, Извара Иванович, меня, благонравную вдовицу, обижаешь. Мыши те день отсиживаются в пещерах, а како ночь падет, летят кровь пить.

— Да как же оне летят? — окончательно встрепенулась от своих мыслей Феодосия. — Ведь у них крыльев нет? Али мышь подкинешь, так она на землю не свалится?

— А как грешный дух блудодея Орефки над Тотьмой летал? — привела контраргумент Матрена.

Сей пример уел всех присутствующих. Все на время затихли, бренькая ложками в горшках.

— А како, Путилушка, девки в Москве одеваются? — неожиданно вопросила Феодосия.

— Тьфу! — с нарочитым омерзением ответствовал брат. — Что наводят московские бабы образа! Ну чистые рожи! Как у нас на масленицу чучело малюют, так оне по улицам лызгают. Набелены, набагрянены, начернены! Сами, без мужей, на торжища таскаются, торгуют себе всякую женскую дребедень.

Мария в протяжении всего хуления московских жен сидела с постным видом, скрывая удовлетворение, но при упоминании неведомых товаров не удержалась, глаза у нее загорелись.

— И какую пакость блудищи московские выторговывают, мужей не спросясь?

— Есть на Красной площади целый ряд лавок, где торгуют ароматные притирки из Востока.

— Да что же это за притирки? — подивились Василиса с Матреной. — Али елейные, от родимчика?

— Склянка замкнута затычкой, а в ей масло. Вроде деревянного елея. Но воняет розой, либо жасмином, либо лавандией какой. Черемухой тоже. Цветами, в общем!

— Да почто же это? — выпучила глаза Мария.

Путила ухмыльнулся.

— Притирать бабам в заушинах да... — Он мотнул головой, вспоминая что-то. — ...да, прости Господи, в лядвиях.

— В лядвиях?! — дружно выдохнули жены. — Цветами московскими?

— Гос-с-поди, срам какой! — охнула Матрена. И припечатала: — Озорство сие, а то дак и блуд!

— Да почто же у меня, добронравной жены, от межножия всяким клевером должно зловонить? — вопросила Мария, не упуская случая упомянуть о своем благонравии. — Али у меня там сеновал?

— Чего ты ко мне пристала? — отмахивался Путила. — Говорят, иным мужикам нравится...

— ...когда полынью из-под подола несет? — бушевала Мария. — Али грибами сыроежками?

— Тьфу! — дружно порешили жены. — Сие воня злая.

— От лукавого! — подвела итог дискуссии Матрена.

— А что, сын, бают в Москве об положении промыслов? — вопросил Извара Иванович. — Каково с податями? Не ослабят?

— А так ослабят, что не вздохнешь, — крушился Путила. — Ослаба нам, промысленникам, только на том свете будет. Знаешь, чего в Москве-то творится?

Путила кинул скорый взгляд на жен, как бы удостоверяясь, что уста те будут держать на заклепе, и грозным, но тихим голосом произнес:

— Чего думные бояре царю нашему, незлобивому и простодушному Алексею Михайловичу насоветовали?.. Сговариваются с богатым московским боярином, и он подает государю челобитную жалобу, де, мол, ворвались в его дом лихие, положим, тотемские люди и ограбили все подчистую на общий счет в пять тысяч рублей... И список прикладывает, где поименно перечисляет агаманты, перстни, ожерелья, серебряные чары да золотые кресты да всякое прочее добро.

— Ишь ты! Лихи врать московиты! — закрутил бородой Извара Иванович.

— От же сучьи сыны! — возмутилась Матрена.

— И чего далее?.. — шепотом промолвила Василиса, перекрестясь.

Путила с горечью усмехнулся.

— А далее Алексей Михайлович отдает приказ тотемскому воеводе найти своих разбойников да вернуть добро. В Тотьме, знамо дело, никто сих агамантов и крестов в глаза не видел. И тогда царь-государь велит вернуть кунами на общий счет в пять тысяч рублей. А воевода не балда, чтоб свою мошну трясти, он и велит собрать деньги с промысловых да дворянских людей. С нас, значит.

— А это где ж мы возьмем, — крякнул Извара Иванович, — коли сами с хлеба на квас перебиваемся?

— Голодному срать — только жопу драть, — подтвердила нищету сродственников Матрена.

— Да кого, баба Матрена, сие волнует? — вопросил Путила. — Боярам надобно казну пополнять, а мы крайние. Да, может, государь Алексей Михайлович ни о чем и не догадывается. Вернее всего, что бояре кривду ему лгут про грабителей, а он, заступник наш, и заступается по доброте своей.

Все слушатели на всякий случай как можно скорее согласились, что светозарный Алексей Михайлович в сих грабежных делах однозначно сторона обманутая.

— И часто такое творится?

— А уж Тверь, Реутов, Городище, Порожец так-то откупались. Того и гляди, до нашей Ростовщины в Заволоцкой земле дойдет эдакая скоморошина.

Феодосия при последнем слове, знамо дело, тут же прониклась своими любовными аллегориями и порывисто вздохнула, на что Мария пнула ее под лавкой.

— Надобно, Путила, повышать нам цену за соль. Чтоб на такой грабежный случай иметь запас, — измыслил Извара.

— Верно, отец, — поддакнула Василиса.

— Тем более что прирастаем мы, Строгановы, варницами, — поторопилась доложить Мария.

— Это как? — поглядел на отца Путила.

— Феодосию за Юду Ларионова, считай, просватали, — объяснила Василиса. — А у него варница!

— Ладное дело! — подвернул рукой Путила.

— То она и сидит как неподоенная, — зачастила Мария. — Не хочет от матушки с батюшкой в чужой посад ехать. Здесь-то она как оладушка в меду, ни плетки, ни полена не пробовала. А за мужем-то како еще будет? Не всякий муж, как мой Путилушка, добр да справедлив, бьет, так за дело. Иной будет драть как козу сидорову.

Мария не могла остановиться.

— Полно, девку нам напугаешь! — остановила ее Матрена. — В багрянец ввели. — А сама начала новую побасенку. На тему любовей, само собой.

— Ой, бабы! — отсмеявшись, укорил Извара. — Об чем у вас в голове мысли?

— А об чем бы баба ни говорила, кончится мандой, — заколыхалась Матрена.

— И-и! — тянула, не в силах уж смеяться, Мария. И по старой привычке хваталась за брюхо и поясницу.

Холопка метнула на стол горшок грибной похлебки и, отерев подолом, миску сметаны. Тут подоспели пресные рогульки с зажаристой манной крупой на обсыпке. Извлеклась украдом самой Василисой сиженая водка.

— Вот за этакие вещи, — Путила указал чаркой на водочную сулею, — в Москве изрядный правеж наводят.

— Али обыски в хоромах делают?

— Приходит в дом к богатому гостю али боярину подсадной человек и угощает принесенным вином. Как все в раж войдут, вино, знамо дело, иссякает. А выпить охота! Хозяин и велит извлечь из тайных кладезей самосиженую водку. Подсадной человек делает знак в окно, и тут же врываются в хоромы царские люди: «Ага! Пес! Водку сиживаешь сам? Нарушаешь царскую монополию на сий промысел? Под кнут!» Еле откупится всем добром боярин, да еще рад, что хоть живот сохранил.

— А что как на соль царская монополия будет?

— Тьфу на тебя, отец! — замахал руками Василиса. — Перекрестись!

— Да хоть закрестись тогда, — согласился с отцом Путила. — Вот архангельские промысли пугались, что на рыбий зуб царь введет монополию. Да на китовую ворвань.

— У кого что болит, тот о том и говорит, — согласился Извара.

— Ох, не могу одна в пологу! Нету милого дружка почесать брюшка, — завелась шутить Матрена.

— Будет тебе наговаривать на себя, — подъелдыкнул Извара. — А как же дьяк приказной из Леденьги?

— Какой дьяк? — всплеснула Матрена руками. — Тьфу на тебя, Извара Иванович!

— А-а! — сродственник погрозил пальцем. — Кабы не дьяково ремесло, у Матрены давно б заросло!

— О-ой, бес! — нарочито возмущалась польщенная Матрена. — Да я уж двенадцать лет благонравная вдова. Али стала бы чадцев повивать? В этой вещи жена нужна безгрешная.

— Глумлюсь, Матрена, не сердись.

— А чего мне сердиться? На сердитых черти воду возят. А я жена благодушная. Да, Мария? — ткнула Матрена в бок свою последнюю роженицу, дабы заручиться подтверждением благонравности. — Мария? Спит!

— И то время, петухи уж пропоют скоро.

— Ну, давайте по последней чарочке за мой возврат живым-невредимым, — предложил Путила.

— С возвращением, братец, — подняла Феодосия чарочку, в которой чуть плескалось на дне медового питья.

— А утром ни свет ни заря поеду к воеводе — на поклон с дарами московскими. Да опричь того на дело о бесовском зелье.

Феодосия поперхнулась и закашлялась.

— Что еще за дело? — удивились Василиса с Изварой.

— Да ведь по дороге скрутили мы торговца бесовским табачным листом, — сообщил Путила. — С товарищами кинули его в правежной избе. Эдаким самоправным держался, охабень расшитой, до земли, что твоя риза. Крест вон с Феодосьину пясть размером. Где-то он у меня в коробе брошен. С поганого и крест на себя надевать неохота. Обменяю после на деньги. Ничего, не сегодня, так завтра сему вору вместо узорчатого дубовый охабень наденут.

Путила широко зевнул.

— Пошел-ка почивать. Мария, жена, рассонмись, отведи мужа в горницу.

— А что за торговец? Али бродяга? — сиплым голосом вопросила Феодосия, глядя на тень Путилы на стене.

Тень пошевелилась и ударила Феодосию в висок черным кистенем.

— Хуже бродяги. Главарь скомороший. Актер, что ли?.. Пошли, Мария.

Глава девятая

ПЫТОЧНАЯ

— Кличут Иваном, родства не помню, — упрямо повторял Истома.

И качался из стороны в сторону, как баркас на черных осенних волнах. И гружен тот баркас был кулями с солью. И сыпалась проклятая соль из прорехи прямо на спину Истоме. Она, соль, ела мясное у Истомы. Он, скоморох, выдержал бы любой правеж, кабы не эта соль. Упасть бы спиной в воду, дабы вымылась, проклятая! Миски воды под баркасом сплющивались, наполнялись обручами, то и дело менявшими цвет, то свинцовыми с сажей посередке, то серебристыми с серым разверзтием... А это кто вдали раскачивается так же мерно на снегу? Титка! Титка... Товарищ. Титку, веселого любодея, беззаботного сочинителя срамных скоморошин, уж три дни грыз рак. Выпер внезапно из брюха. Скоморохи с восторженным ужасом глядели на Титкин пуп, из которого, мнилось, тщится прорасти дерево с огромными корнями. Когда вой Титки стал совсем уж невыносимым, Истома с иным скоморохом, кажись, гусляром Федькой, ссадили умирающего товарища в сугроб на обочине санной дороги, тянувшейся вдоль занесенной снегом реки. Титка принял сие решение товарищей без удивления либо протеста, словно так и полагалось. Он даже не прервал своей мучительной качки, пока Истома с Федькой усаживали его половчее в сторону от дороги. Отъезжая, Истома оглянулся. Титка, словно и не заметив, что сидит уж не в санях, а подле купы заиндевелой рогозы, обтрепанным обшлагом указывающей край берега, скрытого под сияющим в зимнем солнце снегом, качался в своем рыжем дворняжьем тулупе.

— Титка, легче от снега-то? — крикнул Истома.

— Легче, — с печальным удивлением промолвил Тит. — Вроде не печет брюхо.

— А мне вот соль в сукровицу насыпалась, — пожаловался Истома. — Где бы воды взять, вымыть? Титка, куда ж вода делась? Снег кругом... Разве сейчас зима? А как же баркас волнуется, коли лед? Али река не замерзла? Титка...

— Истомушка, это я, Феодосия.

Феодосия уж незнамо сколько раз звала Истому под вырубленной в стене темницы узкой щелью, в которую тотьмичи могли класть заключенным хлеб али другое пищное. Кормить воров и разбойников из казны не то чтобы возбранялось, но полагалось в Тотьме лишней тратой кун, так что редкие разбойники, ожидавшие в темнице судилища, питались лишь тем, что пропихивали в щель добронравные тотьмичи. Впрочем, оголодать разбойники не успевали: томили воров каленым железом али правили кнутом не более трех дней — тратиться на более длительный караул полагали нужным только в Москве, да и то при расследовании по важным государственным делам. Тотемский же воевода Орефа Васильевич, добрый боярин, лиходеям лишний день страдать не давал — суд вершил весьма скорый. Иной раз не успеют пострадавшие тотьмичи притащить вора да доложити про украденных пчел, к примеру, как Орефа Васильевич тут же на месте налагал улей с медом обратить в казну, а вора повесить на городской стене. И скомороха, изловленного с бесовским зельем, подвесил бы в тот же день.

Тем более что Орефе Васильевичу, ставшему обладате
лем трех кулей табаку, хотелось поскорее пустить отраву
в оборот и прикинуть, сколь выгодно торговать запре-
щенной зелейной травой? Но дело скомороха, упорно
называвшего себя Иваном, родства не помнящим, приняло другой поворот: не бесовским зельем внезапу за-
смрадило, а... страшно сказать... заговором. При первом
же ударе кнутом по лицу шапка, так крепко надвинутая
на лоб, что не скатилась даже в драке с купцами, низвергнулась Истоме под ноги, и под спутанным волосьем
обнаружилось клеймо — буквица «буки». Сиречь бунтовщик! И уж очень свежа оказалась сия азбука. Дикое мясо, которым проросло письмо, было еще парным. И цветом рубец бруснелый, что рак вареный.

Утром, как явился к Орефе Васильевичу Путила Изваров Строганов, да поклонился московскими дарами,
да доложил об изловлении разбойника, воевода повелел
приказному человеку начать правеж, дабы узнать имя
лиходея. Дурень через час доложил, дескать, все вызнал:
зовут вора Иваном, родства не помнит, сословие — сво-
бодный человек, скоморох. Воевода хотел было прибить
балду за эдакий доклад, да на тот день не было у него
другого палача, такое вот вышло недоразумение. Пришлось Орефе Васильевичу прервать беседу с Путилой
и самолично поехать к правежному двору. Располагался
двор перед порогом темницы, что прирублена была сзади приказной избы. От хором воеводы было сие, чтоб
кривду не солгать, шагов с десяток. Но Орефа Васильевич, как особа государственная, пешим ходом не пере-
двигался и сие расстояние неизменно преодолевал на се-
ром в снежных яблоках коне о двух верховых поодаль.

Скоморох, приверевленный руками к столбу, стоял,
повесив голову. На явление богато убранного коня, уг-
рюмого битюга с могучим всадником, шапкой, золотом
расшитой, сияющим на солнце, Истома измыслил от-
кликнуться во всю силу актерского дарования.

— Схватили меня тотемские гости по ошибке, — с драматическим надрывом возопил он, главы, впрочем, не поднимая, дабы волчьим взглядом не разрушить взятой на себя роли напрасного страдальца.

— Зовут как, пес?! — довольно равнодушно рыкнул воевода, всадив меж ребер Истомы каблук червленого, с серебряными накладками сапога, широкого, словно угнездился в сапоге сом.

— Иваном кличут, родства не помню, — нарочито безутешно проплакал Истома.

От пинка сом в воеводовом сапоге чавкнул и закусил вросший в тело большого пальца ноготь. Палец задергало, и раздосадованный Орефа Васильевич, дабы утешить боль, грузным вихрем развернул коня и всадил в ребра Истомы другой каблук.

— Ваньку ты на том свете валять будешь, а сейчас отвечай, чтоб лишнее под кнутом не стоять: от какого князя сбежал, холоп смрадный?

— Вольный человек, скоморох. Зовут Иван, родства не помню...

Последние словеса Истома промычал, ибо воевода, наклонившись с коня, вдарил ему по шее надетыми на четыре перста одутловатой, как вымя, руки скованными между собой бронзовыми кольцами.

— Как же так? — тихим смирным голосом укорил Истома. — Государев слуга, боярин, а за поясом кистень?

— Вольный? Уж не на Дону ли тебе вольную выписали?

— Свят-свят! На Дону отродясь не бывал.

Скоморох все еще уповал на роль случайного прохожего, что обнаруживает с великим удивлением, как злые люди подкидывают ему краденую мошну. С притворночистым взглядом ангеловзрачно поднял он главу к воеводе. Ах, лучше бы сего не деял!

Глаза их встретились. И не смог удержать Истома ярости в сердце. Лишь на миг потемнели золотые искры в синих зенках, но Орефа Васильевич сразу признал скомороха, что кричал дерзко на позорище. Красное его лицо налилось зловещей радостью.

— Как говоришь, Ваня? — ласково промолвил воевода. — На чужие кучи глаза не пучи? А свои навали, отойди да гляди?

Истома сделал приветливое дурашливое лицо.

— Верно, господин хороший, есть такая глума шутейная для веселья. Чтоб порадовать уважаемых высоких зрителей, отвлечь от кажинных забот.

— Ей... ей... для вящего веселья. А зовут меня Истома и покажу вам, чего не видели дома... Как же ты запамятовал имя? Нехорошо!.. Имя славное — Истома, а ты теперича от него открещиваешься? Ванькой безродным себя кличешь?

— Истома-то сиречь псевдоимение. Как бы сказать, кличка скоморошья, — умоляюще промолвил Истома, пряча взор, ибо был он столь волчьим, что тревожно запрядал ушами конь воеводы. — А по-крещеному Иван я и есть.

— Что ж, Ваня, побай-ка нам, за какие такие дела наградили тебя каленой «букой»? Небось яблоки на торжище украл? Али в питейном доме лавку сломал? Али гнезда птичьи разорял? — шутовским голосом вопросил воевода. И размахнувшись так, что затрещал в пазухах расшитый кафтан, обрушил на хребет скомороха удар четырех скованных перстней. — А может, со Стенькой Разиным разбойничал?!

— Иван я, родства не помню! — закричал Истома, дабы утерпеть боль, от которой почернело в главе, да не изрыгнуть на воеводу матерные лаи, да, самое главное, не выказать злобной радости от упоминания имени атамана. — Скоморох! Брожу по Руси да пою скоморошины! Ай, сестрице, дайте чернице!..

— Сейчас ты у меня запоешь аллилуйю красную, — промолвил воевода и кивнул палачу, бывшему и пытальщиком, и караульным в едином лице.

— А вот тебе, сучий потрох! — усердно принялся взмахивать кнутом приказной.

Ах, разве поддался бы вчера на тракте Истома Путиле, кабы встретились они один на один, с кистенями в пястях али просто в кулачной драке... Удавил бы сучьего сына, как скнипу на гребешке! И мотал бы Путила юшку на бороду, как сейчас он, Истома. Но в обозе Путилы неожиданно оказались огнеметные пищали!.. А ватага скоморохов хоть и борза, да имела лишь ножи за поясами и голенищами да кистеня с топорами. И когда, не захотев уступить дорогу гостиному обозу, выхватили по крику Истомы скоморохи ножички, выломали дреколье да спустили с цепей притравленных на кровь бродяг медведей и собак, гости принялись палить огнем. Страшный рев раненых медведей, визг плясавиц, огненные вспышки в зимних сумерках вызвали в актерских рядах смятение. Кое-кто ринулся через сугробы в ельник. И тогда Истома скинул с плеч невиданный заморский охабень, устрашающими неспешными движениями стянул рубаху и встал перед Путилой голым по пояс, с одним лишь огромным, усыпанным каменьями крестом на шее. Так стоял Истома на дороге, зная, что ничего нет ужаснее в рукопашном бою, чем разоблачившийся донага противник, ибо значит сие, что биться он будет до смерти. Путила дрогнул, и щегольской сапог его даже сделал движение, предшествующее если не позорному бегству, то дипломатичному отходу в сугробы. Но вдруг узрел гость на поясе Истомы рог для курения бесовского зелья. И мысль, что может он, Путила, изловить и доставить в приказ государственного преступника, придала гостю сил. Условленным криком он дал команду стрелять из всех пищалей. Сие, конечно, подлое дело — в кулачной рукопашной битве извергати пороховой огонь. Ну да ведь с курильщиком табака какой может быть честный бой?! Тут любые средства хороши. Раненный в стегно, Истома крикнул ватаге уходить, бо иначе лишился бы вовсе плясавиц, медведей и акробатов. Измыслил временно сдаться, дабы после разобраться с Путилой по-свойски. Скомороший обоз, изрядно потрепанный и лишившийся кулей с табаком, грозя кулаками, выкрикивая поздние угрозы и пожелания Истоме вскорости нагнать товарищей, съехал в сугробы, давая проезд саням купеческим.

Едва обозы разъехались и скрылись за черными елями, на синий в сумерках тракт, усеянный соломой и шапками, с карканьем опустилась стая воронов. Самый крупный неспешно подошел к окровавленной медведице и принялся меткими ударами выклевывать глаз. До кубовой темноты с карканьем долбило воронье кровавые комья снега и драло труп собаки, огромной и кудлатой, как мужичий тулуп. Охабень Истомы Путила после короткого раздумья подобрал и кинул на пленника — издохнет ищо по дороге от мороза. И превратится тогда Путила из государева верного слуги, скрутившего опасного разбойника, торговца табачным листом, в обычного бийцу.

Впрочем, у Истомы в запасе была своя легенда о кулях ароматного листа.

— Цяй сие! Цяй! — убедительным голосом докладывал он Орефе Васильевичу. И то смотрел вниз правежного столба, дивясь тому, как веретеном сходятся в утоптанном снегу и кажутся маленькими ноги. А то взирал на узкие лодочки расслоившейся древесины, бывшие в вершке от глаз. И не понимал, почему ему забавно, что одна из щелей напоминает овраг? Рану дергало и жгло, а древесные слои потрескавшегося пыточного столба, сдвигающиеся и расходящиеся, совершенные, без изъяна, как языки пламени, все не отпускали внимания Истомы. Он смотрел на вылущившуюся тонкую занозу: длинный седой волос обвил ее легкой петлей и развевался на ветру. — Чай. Питие такое. Чайный лист из Китая.

— Зелие? — ласково прищурив рыжий глаз, вопросил воевода, стараясь не выказать незнания. — И от каких же недугов?

— Сей лист напаривают в кипятке и пьют ввечеру, ибо он прогоняет сон и не дает усонмиться на всенощной. А везу сей чай для государя Алексея Михайловича, бо он зело любит стоять всю ночь в церкви да молиться об нас, грешных. Вот чтоб не сонмилось Алексею Михайловичу, и заказан лист в Китае через их китайского царя, — раздельно рек Истома.

Упоминание государева имени несколько осадило Орефу Васильевича. Он испытующе глянул на исполосованную спину скомороха и крякнул.

— И что же — чай сей более некому доставить, как клейменому скомороху? — с язвительной, но на всякий случай и попятной усмешкой вопросил воевода. Бо взяло воеводу некоторое сомнение: «Чем черти не шутят? Может, и чай...»

— А ты не подъелдыкивай, — внезапно развязным ясным голосом произнес Истома, ибо примнилось ему в гордыне, что тотемский воевода, кучей сидящий на коне, такой же кучей и мыслит. Ну разве может эдакая куча обхитрить его, скомороха? — Делалось сие нарочно через неважного человека вроде меня, ибо дума боярская измысливала навредить чайной привычке государя.

Истома нарочно выказал поганую роль думских бояр, любовь к ней тотьмичей была та еще! И полагал Истома, что никакой воевода не откажется подгадить думскому боярину, коли выпадет эдакий случай. Но задумка не прошла... Разве воевода глуп? Бывало, велит зачитать на торжище указ, вроде как думный, вчерась с нарочным полученный, сдать в казну холста, али гвоздей кованых, али по кадушке жира. И никто не ведает, что сей указ Орефа Васильевич самолично две ночи выводил пером, скребя коротко стриженную, как шкура тюленя, главу. Ну разве не мудр?

Поводив глазами, Орефа Васильевич вдруг привстал в стременах и оглушил Истому точным ударом кулака.

— Да как ты смел, пес, украсть самого государя чайный лист?!

У Истомы почернело в глазах и засверкали под веждами драгоценными каменьями искры.

Властный удар придал воеводе душевной крепости, и он вальяжно выпрямился, уперев кулак в стегно. «А ловко придумал, — победоносно ухмыльнулся он. — Коли сие чай, то передам с нарочным, что предотвратил кражу драгоценного китайского дара подлым скоморохом. А коли табак сие — пущу в оборот сам. А шута так и так в огонь. А пока доложусь для порядка в Вологду, мол, изловлен беглый холоп с букой. Не разыскивается ли таковой в наших краях?»

— В темницу, — кивнул Орефа Васильевич главой.

И поехал в приказную избу — диктовать дьяку доносную грамоту да отправлять в Вологду.

Истому сызнова ввергли в острог — бревенчатый сруб, вкопанный в землю, — где примерещился ему вдруг сидящий на берегу заснеженной реки мертвый товарищ, Титка. Под окошечком сруба ни жива ни мертва стояла Феодосия.

...В приказной избе порядок был, не подкопаешься! Вишневые косточки, служившие для счета, аккуратно покоились в колотых горшках, принесенных дьяком Агапкой из дому. Свечи и свитки бумаги лежали в шкапу, повсеместно уставленном мышиной отравой. Книги с записями грудились на лавке, загораживая сулейку с сиженой водкой и глиняную миску головок чеснока. Тулуп дьяка висел за его спиной, бо у дверей за него любили хвататься, валясь на пол, невежественные тотьмичи, сам же Агапка сидел на сундуке, в коем хранились перья и сулея чернил.

Несмотря на младой возраст и тощее тело, вид Агапки был суров. Особенно строго сходились его редкие брови к переносице в случае появления в дверях посетителя. Непреклонность в деяниях Агапки и в образе его установилась после изрядного правежа, имевшего место два лета назад, когда Агапка только что заступил на должность подьячего. Велено было ему, подьячему, начать переписывать заставку государева указа, бывшую всегда одной и той же. Суть же указа должон был выписать дьяк. Агапка, высунув язык от усердия, лихо принялся выводить по памяти: «Божиею милостию Царь и Великий Князь Алексей Михайлович, всея Руси Самодержец, Владимирский, Московский, Новгородский, Царь Казанский, Царь Астраханский, Государь Псковский и Великий Князь Смоленский, Тверской, Югорский, Пермский, Вятский, Болгарский и иных, Государь и Великий Князь Новагорода Низовские земли, Черниговский, Рязанский, Полоцкий, Ростовский, Ярославский, Белозерский, Лифляндский, Удорский, Обдорский, Кандинский и всея Сибирской земли...» И когда оставалось Агапке вывести всего ничего — «земли северные», вошла в избу молодая бабенка да и принялась, дура, отвлекать подьячего, кланяясь так, что гузно поднималось выше Агапкиной брады, да бормоча родство свое, мол, Фекла, Фетисова, дочь Лядова. Агапка, скосив зенки на поганую Феклу Лядову, благоухающую женским сладковонием, возьми да и впиши бездумно грешным пером: «...и иных многих лядвий Государь и Обладатель». Обтрусил грамоту песком, подул, обдав посетительницу запахом чеснока, да и подпихнул на стол дьяку, после чего сызнова уселся на сундук, подперев шапку рукой. Дьяк, не перечитывая написанного Агапкой, резво дописал указ и понес к Орефе Васильевичу на утверждение. Что там было в хоромах воеводы, доподлинно неизвестно, а только пробежал вскорости мимо окошка приказной избы к Орефе Васильевичу лекарь со склянкой пиявок, вызванный с английского двора, а ввечеру Агапку выволокли на правежный двор и примерно выпороли, посыпая спину солью. Так что теперь Агапка пером водил сосредоточенно, на розмыслы о бабах не отвлекаясь.

По явлении Орефы Васильевича Агапка, нахмурив брови, принялся, сопя, склеивать хрустящий кусок пергамента в трубку. По сему жерлу полагалось писать вкруг. Затем, когда эдакую исписанную пергаментную елду разворачивали, вписать в нея хоть буквицу не представлялось возможным. Так что подделать надиктованное воеводой не смог бы и сам черт.

— Экий у тебя тут дух, — дожидаясь склейки свитка, покривился Орефа Васильевич. — Тьфу!

На сей упрек Агапка только сильнее скосил глаза к свитку и громче засопел.

— Ты бы бздеть на двор ходил. Али ноги отвалятся? — не унимался воевода, довольно, впрочем, добродушно.

— Так ить чесночное коренье... От гузна на пёрст, а несет на семь верст, — пробормотал Агапка, плюнув на край не желавшего слепляться уголка. — Готово.

Он смахнул со стола таракана и деловито обмакнул перо в чернила, собственноручно намешанные на саже.

Закончив писанину, Агапка обтрусил донесение песком, подал на подпись Орефе Васильевичу, а затем уложил документ в задубелое кожаное вместилище. Футляр был принят гонцом в мешок из рогожи, и сей же час доверенный приказной человек да ездовой Тришка помчались в небольших вертких розвальнях, набитых сеном и медвежьими шкурами, по морозу в Вологду. Тракт от Тотьмы до Вологды был наезженным, бо двигалось по нему зимой пищных и промысловых обозов, как девок на гульбище на Красную горку, так что Орефа Васильевич прикинул получить ответ вскорости.

Когда толчея по приказной избе и правежному двору угомонилась, вконец замерзшая Феодосия принялась сызнова звать в окошечко Истому. Она уж думала пропихнуть в щель пироги и вернуться домой, дабы прийти на другое утро, как вдруг к узкому разверзтию припала жуткая личина — слипшиеся в крови волоса и жуткий глаз, точно такой, какой долго преследовал Феодосию, когда она впервые увидала, как режут корову. Феодосия отпрянула и соскользнула с дровяной приступочки на разъезженную тропинку. Взмахнув руками, едва удержалась на ногах и с ужасом поняла, что страшный кровавый глаз принадлежит Истоме.

— Господи, святые угодники, да что же сие такое? — плачущим голосом пробормотала она, цепляясь за бревна и взлезая вновь на плашку, приложенную под щелью.

— Истомушка, я это, Феодосия, — произнесла Феодосия в бок окошечка, не решаясь вновь взглянуть внутрь.

— Какая Феодосия? Не знаю никакой Феодосии. Коли хлеба принесла, так давай.

— Истомушка, — лия слезы, запричитала Феодосия, одной рукой выправляя из сумы пироги, а другой цепляясь за стену. — Чего же они с тобой сделали, что ты меня запамятил? Вспамятуй, любимый мой, как дрочились нежно с тобой всю ночь в моей горнице. Как молвил ты мне стихи. Как глядел твердь земную и небесную... — Феодосия говорила и говорила, все не решаясь вверзнуть очеса в щель.

Истома глядел наружу, в узкую полоску света, окутанную клубами пара. Но видел то пестрого, как пряник, разукрашенного битюга, то седой волос в занозе пыточного столба, то волочившуюся в пыли мускусную ляжку и темную ступню молоденькой башкирки. Али она Феодосия?

— ...как подарил чудную скляницу. Скляница, а в ней золотой плод, гвоздиками утыканный. Истомушка...

Неожиданно пар развеялся, и супротив оказались голубые, как узор на ханском шатре, глаза. И сразу утих гортанный крик башкирки, и выщелкнула свеча, освещая косы, причесанные с елеем, и белое, как головной сахар, тело.

— Феодосия...

— Что же ты пирог не берешь? — всхлипывала Феодосия. — А здесь — сбитень с медом.

Она пропихнула в щель, уложив боком, плоский лыковый туесок.

Истома взял туес, выдернул пробку и жадно выпил пряный горячий навар.

— Под шубой держала, чтоб не остыл. А пироги с яйцами.

Хмельной от меда сбитень в тот же миг достиг живота Истомы и разлился дрожащим теплом.

Скоморох негнущимися пальцами втащил пирог, едва удержав его, и жадно съел.

Феодосия, шмыгая носом, впихнула еще один кусок.

— А сие с малиной...

Еда, и особенно горячий сбитень, подействовали на Истому чудным образом. Вдруг перестало дергать раненое стегно. И мысли из равнодушных сделались ясными, четкими, как взмахи ятагана.

— Феодосьюшка, люба моя! Звездочка моя золотая! — жадным гласом тихо возопил в окошко Истома. — Только ты мне помочь можешь. Сам Бог мне тебя послал! Да только захочешь ли?..

Последние словеса скоморох промолвил с томлением, но упавшим голосом, а сам с холодным прищуром глядел в угол темницы, туда, где чернела дверь.

— Господи, Истомушка!.. Да за тебя жизнь отдам!

— Упроси караульного войти ко мне в темницу.

— Как же я упрошу?

— Дай кун.

— У меня нету при себе. Али домой сбегать? Но сегодня уж вернуться не смогу.

Перспектива остаться в остроге еще на ночь не привлекла скомороха.

— Да зачем такой светозарной девице куны? Ты же жена наилепая, али он устоит? За твое-то белое тело любой душу дьяволу продаст.

Феодосия растерянно замолкла. Верно ли она поняла, что должна со сторожем...

— Чего ж ты молчишь, любимая моя?

— Али... согрешить должна с им?.. — неуверенно вопросила Феодосия.

— Ох, мука мне сие слышать! — горько вскрикнул Истома. — Мука думать, что будет тебя кто-то другой ласкать! Ну да ведь сие лишь тело, а душой мы только друг другу принадлежим.

— Верно, Истомушка, сие только тело... — просветленным гласом промолвила Феодосия. — А потом что? Как тебя вызволю?

— Там видно будет, — промолвил скоморох.

А видно-то ему было уж сейчас. Как накинет он Феодосьин плат, натянет шубу, да и поминай как звали в темноте! Желание вызволиться так яро охватило Истому, что не подумал он даже про рост Феодосии — едва ему до плеча, крошечные сапожки — в его, скомороха, ладонь. И меньше всего заботило его, что станется с Феодосией, когда обнаружат ее в темнице вместо вора. В крайнем случае и придушить можно.

— Али мне прямо сейчас к пытальщику идти? — испуганно вопросила Феодосия.

— Когда сумерить начнет.

Феодосия оглянулась на небо.

Над бревенчатой стеной, отгораживавшей острог от улицы, там, где сходятся твердь земная и небесная, тянулась тонкая розовая рогатина заката.

— Уж скоро темнеть начнет.

— Иди тогда к караульному, — повелел Истома. И вздохнул: — Ох, не могу дождаться, когда поцелую твои уста медовые.

Глава десятая

ВОЛЧЬЯ

— Ей, Истомушка, ей! Так и сделаю... обману караульного... Феодосия хотела сказать «соблазню», но в последний миг осеклась и заменила грех блуда на несомненно менее тяжкое прегрешение обмана.

— Али этакого дурня не обведу вокруг пальца? — храбрилась она и негромко, но бурно смеялась. — Щурбан осиновый! Да, Истомушка? Стоеросина он, а не караульщик!.. Нашел кого сторожить. Ты воров караул, разбойников, а не добрых людей.

— Истинно, Феодосьюшка... Истинно, любовь моя... Скоморох отрывисто хохотал, усердно, хотя и требовалось на то усилие, поднимал рассеченные брови, распахивал и щурил вежды, двигал устами и носом и даже тщился напустить на окровавленный глаз томительную поволоку. Феодосия чувствовала, что оживление Истомы наносное, как ряска на темной трясине, но отнесла сию живость на его огорчение от того греха, каковой придется ей, Феодосии, содеять.

— Боюсь я, Истомушка, маленько, — все ж таки призналась Феодосия, отведя глаза в сторону, на стену острога.

Там она узрела и принялась разглядывать имя «Емеля», вырезанное на скате бревна неким тотьмичем. «Что за

Емеля? Али тот, что восставал ночами из погоста? — почему-то прибрела Феодосии мысль, совсем не относившаяся к делу. — Люди ему баяли: "Не броди, погости еще, где ухоронен, на то и зовется: погост". А Емеля: "Нет, нагостился уж. Жена меня заждалась". — "Не тревожься ты об жене, все у нее прекрасно: к гостю архангельскому совлеклась, живет-катается, как в меду оладушка". Ой, чего же это я?..» — Феодосия встряхнула головой и перевела взгляд с резаного «Емели» на сруб древа, пронизанный ожерельями колец, напомнивших ей девять твердей небесных.

То было совершенно в духе Феодосии — отвлекаться на всякую пустую пустяковину! Ну, твердь! Ну, космография! Тут человека невинно оклеветали, а на твердях-то никому и дела нет!..

— Али ты сомневаешься? — не дождавшись дальнейших разъяснений Феодосии, скрывая злое нетерпение, вопросил Истома. — В любви нашей сомнение имеешь?

— Что?.. Ох, Истомушка, — расслышав наконец вопрос, попавший в самую суть ее сомнений, вздохнула Феодосия. — Все ж таки нелегко на эдакий срамной грех идти...

— На грех? — с жаром вскричал скоморох. — Ты могла подумать, что отправлю тебя на грех?! Али грех спасти от смерти невинно оклеветанного?! Господи, да сие — во спасение!

— Во спасение?.. — едва дыша, так что из уст даже не вырвался пар, повторила Феодосия.

— Иудифь входила к Олоферну и ложилась на ложе к нему во спасение, — убедительным голосом промолвил Истома.

— Иудифь!.. — обрадовалась Феодосия. — Как же я запамятовала? — Она радостно рассмеялась. — Ох, вот что значит вовремя обратился ты, Истомушка, к Богу. Он сразу и ответ дал! Иудифь...

— И сказала Иудифь в сердце своем: «Господи, Боже всякой силы», — не давая себе остановиться, дабы не запнуться в тщении вспомнить нужные слова, торопливо зачастил Истома. — «Призри в час сей... э-э... в час сей на дела рук моих к возвышению Иерусалима, ибо теперь время защитить наследие Твое и поразить врагов, восставших на нас!»

Словеса «поразить врагов» показались Истоме очень к месту, и он щедро возвысил их голосом.

— Поражу... поражу... не сомневайся, Истомушка. Смогу...

Феодосия вскинула глаза к щели в стене, но стыд грядущего деяния не позволил ей поглядеть на любимого, и она лишь скользнула взглядом по темному провалу, из которого ей, к вящему ужасу, привиделся ошкуренный бобер, каковых с дюжину висело днями в крытом дворе строгановских хором.

По лицу Феодосии пробежала рябь мелких движений: испуганно вздрогнули брови, собрались, но удержались слезинки, подрожали губы, и вырвался прерывистый тихий всхлип. Не промолвив более ни словечка, Феодосия разжала онемевшие пальцы, по которым сразу побежали мелкие мурашки, сползла с плашки и, еле-еле переступая сапожками, едва живая, испуганно поводя глазами, но не оглядываясь, побрела вдоль темного высокого частокола — вершить грех во спасение.

«Блуд сей во имя любви», — услышал бы Истома, доведись ему прислушаться к тому, что шептали губы Феодосии.

«Нищему не подай, а воину дай», — неизвестно почему вдруг всплыло у Феодосии. И сии словеса ее приободрили. «Караульщик — тот же воин, ему дать не грех, дабы...» Что именно «дабы», Феодосия не придумала, ибо завернула уже за угол острога, прошла по тропинке и встала идолом пред дверьми, обводя невидящим взором засаленную руками плашку возле кованой скобы, могучие железные петли-навесы, лысый веник для обметания сапог, замерзшую в нелепой позе рогожу и глиняную миску с застывшим содержимым неизвестного назначения под порогом. Все имело вид сизо-кубовый, ибо сумерки совсем уж сгустились.

Сморгнув, Феодосия принялась набираться духу. Бормоча молитву, оглянулась окрест — не видит ли кто ее? Посмотрела на двор. Из задка тянуло отхожим. Страшным призраком чернел на расстоянии пыточный столб. Двор был пуст. Отсутствие самовидцев, или, как выразился бы краснословный отец Логгин, очевидцев, порадовало Феодосию. Она стянула расшитую меховую рукавицу, но не вдарила сходу в двери, а пробежала тихими перстами по огубью, ланитам, задержалась на виске и, не сразу решившись, стукнула наконец пястью в дверь. Стук был слабым, и Феодосия, не сознаваясь себе в сем, наполнилась тайным упованьем, что не будет услышана стражем. Но неожиданно дверь открылась так споро, словно караульный Палька стоял за притвором и того и ждал, как придет к нему муженеискусная девица Феодосия и сотворит блудные любы.

Из-за дверей на улицу вырвался теплый застоялый дух.

— Здравы будьте, — неожиданно для себя, низко поклонившись, охрипшим голосом произнесла Феодосия.

Паля с сомнением озрил поверх плеча Феодосии двор, ища сопровожатых, и, не обнаружив таковых, уставился на нее.

— Уж так мороз лют, — ни к селу ни к городу промолвила Феодосия. — Заулком шла, так мерзлых воробьев лежали целые сугробы.

Паля поглядел на небо, ища остатки воробьев, и шмыгнул носом.

— И было б и хуже, — неизвестно что имея в виду, ответствовал он.

— Не пустите погреться в остроге? — трясущимся гласом промолвила Феодосия.

Караульный бараном вперился в Феодосию.

Он признал дочь солепромысленника Извары Строганова и соображал: чего ей понадобилось в сей час в его избушке? Али подал какой пес челобитную, что он, Паля, не подтапливает к утру печь, морозя разбойников? Леший знает!

— Да там ить занято, — дивясь, но тем не менее весьма ровным голосом пробасил Палька. — Табачник нужду етит.

— Нужда волю етет, воля плачет да дает? — стараясь казаться ровней стражу, с деланным весельем промолвила Феодосия. И самым завлекательным образом улыбнулась, блудно приоткрывая рот. Но тут же заморгала и потерла кончик носа перстами.

«Али етись пришла?» — прикинул Паля, слывший известным баболюбом. Впрочем, он бабам силком под портища не лез — на его государственной должности оне, блуди, сами приходили, дабы расплатиться простой платой за возможность послабления заключенному в острог сродственнику. «А за кого же Строганиха елду держать надумала? В остроге один скоморох, боле никого нет. Видать, спутала. Видать, ееного сродственника в Вологду увезли, а она сюда приперлася. Ишь ты, медовая какая!». Прикрывшись дверью, Паля поерзал рукой, одергивая рубаху.

— Чего-то я в толк не возьму... — Паля почесал языком изнутри щеки.

— Толк-то есть, да не втолкан весь, — весьма похабным, как ей казалось, смехом ответила Феодосия. И сжалась сердцем: «Господи, неужели я сие дею?»

«Ну точно, блудить... — уверился пытальщик. — Ишь ты... Вот тебе и боярыня!»

— Служите с Божьей помощью? — вопросила Феодосия. — Государевы интересы блюдете?

Ах, сам черт бы не разобрал, почто она сие спросила? «Или нет, не блудить?» — Паля поелозил в бороде.

«Что же делать? Какое слово молвить? Али брякнуть, мол, не желаешь ли, Палюшка, со мной полюбиться?

Ой, Господи!» — лихорадочно перебирала в голове Феодосия и, сама того не замечая, тонко воздыхала.

Впрочем, Паля истолковал вздохи сомнений Феодосии как похотливые стоны. Но — э-эх, сучий потрох! На лавке в его избе уж полеживала портомойница Фенька. Баба сия была старой Палиной зазнобой. Когда-то приперлася она в острог за послаблением мужу Ефимке: он, скнипа худая, намалевал на доске праматерь Еву с винной сулеей в одной руке и со стаканом в другой и расплатился сим творением в питейном доме. Отец Нифонт возьми да и зайди в сие злачное место. А там на стене — нагая баба с хмельным питием. Сперва отец Нифонт решил, что рукотворный образ — Фенька-портомойница, уж очень неохожими грудями схожа. Пригляделся, а вкруг виногр̀ады едемские и надпись с двумя-тремя ошибками: «И увидела жена, что вино хорошо для пития и что оно приятно для глаз и вожделенно, потому что дает знание; и взяла скляницу и пила; и дала также мужу своему». «Неужто Магдалена, до того как покаялась?» — удивился отец Нифонт. А пьющие и поясни: «Ева»! Ох, досталось Ефимке на правеже! Уж он вопил под розгами, что вино — творение рук Господа нашего и потому изображать его не есть грех. Уж он призывал Христа в свидетели, прося еще разок обратить воду в вино — без толку: продержали в остроге трое суток, пытая нещадно. А после воевода опустил Ефимку мордой в ушат с помоями и промолвил: коли слышит тебя Христос, пускай обратит сии ополоски в вино. Коли будет так — пей сие вино до дна и катись на все четыре стороны. Ефимка в помоях и захлебнулся. А Фенька от пытальщика отсохнуть так и не смогла. Вот и в этот морозный вечер явилась украдом в караульную избу с питием и миской закуски — нарезанной ломтями редькой, луком и кислой капустой, облитыми постным маслом. Кабы знать заранее, погнал бы Паля Феньку в шею! Но теперича содеять сего никак нельзя, ибо Фенька из обиды растрезвонит о ночной гостье по всей Тотьме. Да какое по Тотьме — до Вологды доберется да еще наворотит сверх того придумок. Как бы Строганов шею не наломал! Дочке его что — отоврется, мол, Паля силой принудил, а ты с кормовой должности кубарем скатишься!

— Служу... — ответствовал по размышлении Палька и отечески добавил: — Шли бы вы, Феодосия Изваровна, домой, а то как бы волки вас не изодрали в потемках.

— Я волков не боюсь, — дрожащим голосом ответила Феодосия.

— Ежели у вас дело какое — с утра приходите, — еще строже промолвил Паля. — Давайте-ка до ворот вас доведу.

Паля поспешно вышел на крыльцо, притворил дверь и, поминая мороз, пошагал по двору мимо пыточного столба к воротам. Феодосия мертвым шагом, с невидящим взором, как заговоренная, покорно пошла вослед пытальщику.

«Истомушка, не захотел Господь принять моей женской жертвы, — лия слезы, просила прощения Феодосия. — Видно, не смогла растопить его душу, не поверил Он моему горячему желанию. Прости ты меня, проклятую! Напрасно ты меня полюбил и мне доверился!..»

Когда частокол острога остался позади, Феодосия принялась подвывать в голос. Дороги она не видела, как не видела и сверкающего морозными алмазами черного неба. Перед очами языками метались багровые и желтые всполохи. В черноте улицы, не отставая, летел над дорогой, слева от Феодосьиного виска, ошкуренный бобер с ошметками бурой шерсти на кровавой морде. В голове молотило, словно проломила Феодосия лбом твердь небесную. И лился по всей внутренней жиле поток лавы, как если б Феодосия чародейским образом оказалась на вершине намалеванного в книге отца Логгина Везувиуса и жерло огненного нарыва прошло через ее нутро. Преисподний огонь жег насквозь от маковки до пяток. Того и гляди, шубу спалит! Повалиться бы Феодосии в сугроб, но она сугробов не видела — огонь глаза застил. Бухнуть-ся бы охваченной пламенем Феодосии в колодец, но сте-ны хором и изб, частоколы, тыны, башни, ворота, ко-лодцы норовили отпрянуть при виде Феодосии да увер-теться назад, страшно хрустя снегом. Так что не только колодцев, но и колокольни не заметила Феодосия!

Как то обычно бывает, когда после драки непременно машут кулаками, пытаясь восстановить справедливость и повлиять на исход событий хотя бы мысленно, Феодо-сия нашла скомороху тьму оправданий, толкуя их неве-домому судье.

— Истома табак курил, что было, то было. Но закаял-ся и бросил! Аз самовидицей была: обнял меня Исто-мушка и поклялся изринути рог и траву в сугроб на веки вечные! Коли и оказалось в обозе бесовское зелье, так принадлежало оно другому скомороху, худому. И не ско-мороху даже, а случайному путнику, напросившемуся в обоз. Его кули были.

Объяснение получалось очень ладным, или, как под-твердил бы отец Логгин, логичным. И непонятно, поче-му Истома не сказал сие на следствии? А ежели сказал, почему Орефа Васильевич не принял сих аргументов во внимание? Ведь все так самовидно!

Улицы были пусты. Сугробы синели вдоль черных бревенчатых улиц. Сучья деревьев в садах были усижены замерзшими до стука черными и алыми птицами, словно мертвыми яблоками. Россыпи птичьих комков лежали на верхушках сугробов под соснами. Хозяйственные то-тьмичи с вечера выставили на дворы вокруг хлевов со скотиной усиленные караулы холопов, вооруженных ду-бьем и колотушками, бо в эдакий лютый мороз немину-емы были волки. Правда, холопы большей частью гре-лись в овинах, полагая, что до полночи волки в Тотьму не пожалуют. Самые хозяйственные горожане даже уб-рали от собачьих будок миски с водой, ибо в ядреный хо-лод от вылаканной воды собаку льдом разрывает на кус-

ки! Мороз стоял такой лютый, что дворовые псы молча-
ли — ни один не тявкнул с цепи, заслышав в ледяной тишине скрип шагов Феодосии. Лишь когда Феодосия, не
думая о дороге, но по многолетнему внутреннему наитию свернула по улице к своему концу, вдруг страшно завыла и тут же оборвала голос огромная собака по кличке
Разбой на купеческом подворье. Феодосия вздрогнула.
Огненные языки улетели прочь. Жерло огнедышащего
Везувиуса извергло лаву в последний раз. Чернота рассе-
ялась до кубовой синевы. И вдруг поодаль, на повороте
дороги, встал Истома. Вернее, его самого Феодосия не
видела из-за темноты. Но глаза!.. Светились мучительным огнем глаза Истомы. Феодосия, не веря, протянула
дрожащие руки:

— Истомушка!.. Ты ли это? Оченьки-то у тебя какие
страдальные... Намучили тебя? Напытали? Да как же ты
вырвался-то? Прости ты меня Христа ради, что не смогла тебя вызволить...

Светящиеся точки приблизились. Почему-то Истома
стал на четвереньки. Феодосия сделала шаг, торопясь
помочь Истомушке — видать, пытальщик Палька перебил ему ноги. Вдруг в ледяной тишине со страшным
треском раскололась береза. Феодосия вскрикнула, от-
прянув. И увидела, что стоит перед ней волк, сверкая
холодными глазами странного бело-зеленого цвета.

«А где же Истомушка? — подумала Феодосия. — Али
волк его задрал?»

Из-за поворота беззвучно приблизилось несколько
теней, сопровождаемых крошечными, словно ночными
кладбищенскими или болотными, огнями. Стая волков
стала позади вожака и замерла, ожидая приказа окру-
жить добычу.

Глотку у Феодосии перехватило тугим ремнем. Она
попыталась было шевельнуть ногой, но та как приросла
к земле. В голове с ужасным воющим звоном лопнул чу-
гунный колокол, и Феодосия сделала покорный шаг на-

встречу волку. И когда вожак уже изготовился к прыжку, из-за изгиба кубового полотна, устилавшего улицу, вдруг загрохотало, зашумело, закричало, залаяло, загорелось огнем.

— Вон она!

— Живая!

— Пали их!

— Ату!! Трави!!

— Феодосия Изваровна!

Последнее, что услыхала Феодосия, был крик брата Путилы:

— Беги, Федоська! Стрелять буду!

— Невиноватый Истома, не его зелье, — жалобно сказала Феодосия Путиле и упала на дорогу.

Где-то вверху закрутился золотистый, словно свежеоструганный вихрь. Перелившись парчовой волной, вихрь выстроился струнами гуслей, всполохи стали серебряными, а потом налились голубым, засвежели розовой зарей. «Али карусель на девятую?» — удивленно подумала Феодосия. Деревянную карусель каждое лето устанавливали на Государевом лугу на девятую неделю после Пасхи. И разлетались вокруг перекладины вихри разноцветных лент, закручиваясь веселым смерчем. «Ах, нет, сие не карусель, то крутится в небе Истомушкин крест. Не кружи... Не кружи... узреют... догадаются...» Оказалась вдруг Феодосия в темных сенях, освещенных лишь рубином догорающих лучин, стояла, склонившись над дорожным коробом Путилы, умещенным на лавке. «Крест, — шептала Феодосия. — Где же крест? Ежели тот самый, значит, Истомушку пленил Путила. Нашла... Нет, не может быть!.. Разве мало таких крестов на свете? Господи, да за что же ты меня наказываешь? Зачем содеял так, что именно брат мой погубил Истому? Знаю, что за любодейство... Ну так разверзни меня, грешную, а Истому не трогай. Нет его вины, то я его на грех соблазнила».

Глава одиннадцатая

СВЕТОЛИТНАЯ

— ...ты отцу Логгину, прости Господи, внимай больше, он тебе от усердия не такого наречет, — громким шепотом артачила неслышимому собеседнику повитуха Матрена. — Он вчерась что пред алтарем доложил? Сие, говорит, случился... как бишь?.. слово-то эдакое пакостное, на пердеж похожее... Ой, стара стала, ничего голова не держит... Мираж! Вспомнила-таки ж! Встал вот эдак, с ученым видом, волосьем тряхнул, по псалтырю перстами щелкнул и речет: «Стали мы самовидцами редкого явления, сиречь миража». В аере, дескать, чего-то там преломилось, видения какие-то дальние, чуть ли не из самой Москвы, и сия природная картина вознеслась в небеса в самый раз над Тотьмой. Бабы ему: «Хоть режьте, батюшка, а то горело огнем в Тарногском посаде, а то и в Лихоборах! Сперва бруснелое зарево на шеломле поднялось... А потом желтым как зашаяло, как зашаяло!.. И синие огни напоследок забегали». Отец Логгин так это поморщился, шеломель особо ему не понравился, поправил, дескать, «горизонт» надобно выражаться. И пожар начисто отрек. Уперся, прости Господи, как елда в новые ворота. Мираж, и все тут! Вострономия! Бабы перешептываются, мол, погоди, попрут через седмицу в Тотьму тарногские погорельцы, будут побираться, всю

Тотьму объедят, вот тогда узришь мираж! Отец Нифонт тут же случился, так и вовсе глупое речет: «Сиверское светолитие». Де, мол, на Сивере, у Белого моря наши тотемские купцы многократно зрили сии небесные северные сияния. Хотела изречь: пить бы купцам меньше надо сиженой водки, чтоб сияний не казалось. А коли кажется — креститься да каятися. Да в церкви оскверняться не захотелось. И стою, молчу, только дивлюсь: темный же народ! Одни бабы, окромя пожаров, ничего не видали, другой поп вострономией своей етит...

— Астрономией, баба Матрена, — тихо поправила с одра Феодосия.

Сверкнула тишина.

— Опамятовалась! — рывком поднялась с лавки повитуха, торопясь возликовать первой.

Уж она и так сидела, как скобами примолотённая, на задки сцать не бегала, нужду терпела, аж брюхо раздуло, дабы первой уловить миг, в который очнется Феодосия, да крикнуть об том и тем самым подтвердить ценимое и оберегаемое ею от посягательства звание вестницы, приносящей добрые новины.

— Очнулась! — вслед Матрене, буквально на ее «...лась!», но все ж таки попозже, охнула Василиса.

— Рассонмилась, — подняла брови Мария.

А Парашка крикнуть не посмела, только раззявила рот.

И все кинулись к одру. Парашка, чья дислокация на лавке у двери оказалась самой выгодной, случилась возле ложа первой, за что и была крепко торкнута в бок Матреной.

Жены сидели в Феодосьиной горнице с вечера, и вот к третьим петухам Феодосьюшка очнулась.

К слову сказать, Феодосия пробудилась давно. Но в первый же миг ее ожгло воспоминание о давешних событиях. Ужас случившегося обрушился на нее, как рухнул прошлым летом подгнивший студенец на холопа

Стеньку, собравшегося его вычерпать. И придавленная этим ужасом, Феодосия тихо лежала, словно пытаясь недвижностью обмануть действительность, как обманул один тотемский мужик медведя, притворившись мертвым. Феодосия даже придержала дыхание: вдруг да пройдет горе-сухота стороной?! «А может, все сие было сон?» — уговаривала она себя, не открывая глаз, дабы отдалить момент, когда таки придется окончательно проснуться и принять весь ужас свершившегося. Но, как часто бывает, когда в важный момент своего живота человек вдруг отвлекается на сущую глупую мелочь, вроде шевелящего усиками на травине возле глаз мураша: «...вот живет же муравей всего одно лето и не страдает от сего, почему же мне мало прожитых своих сорока?» — так и Феодосия ни к селу ни к городу вдруг огласила ошибку бабы Матрены, обозвавшей астрономию, сиречь космографию, вострономией.

Феодосию дружно усадили в подушки. Парашке хоровым криком велено было бежать за ушатом для сцы. «Да передай пищное нести, дура!» — крикнула ей вослед Мария, которой самой алкалось сделать хозяйственные распоряжения, но не хотелось покидать места возле одра сродственницы, дабы не пропустить каковых-нибудь интересных событий.

Когда, еще таясь от сидящих на страже сродственниц, Феодосия услыхала про северное сияние, под веками у ней сразу вскрутился давешний крест, который приняла было она за праздничную карусель. «Значит, сие было сиверское светолитие, а не Истомушкино нательное распятие? — удивленно подумала Феодосия. И вдруг ожгла ее радостная мысль: — Что как и волков не было? И окровавленный бобер в щели острога — лишь тяжкий бред? Вопросить бы Матрену...» Именно в сей миг и встряла Феодосия с астрономической поправкой в баяние повитухи.

Сродственницы наперебой издавали ликующие возгласы: слава тебе, Господи, живая! О том, что произошло с Феодосией, как она оказалась ночью на улице, никто не вопросил, ибо Матрена все уже авторитетно разъяснила. По единодушно принятой версии повитухи, Феодосьюшка пошла одна-одинешенька к вечерней службе в Спасо-Суморин храм. Почему одна? Холопы поганые, ленясь выходить в мороз, отвертелись разными, якобы важными, делами от робких просьб молодой хозяйки. (Холопы, попавшиеся под руку, были, кстати, уж выпороты.) А се... Пошедши она одна. Отстояла службу. Вышла уж в сумерках. И на подходе к своему концу услыхала вой волков. Побежала Феодосьюшка со всех белых ноженек другой улицей, дабы обогнуть кровожадную стаю, но заплутала в потемках. А волки уж совсем подступают!.. На протяжении этого рассказа, сопровождаемого повитухой жуткими примерами задирания волками младенцев и девиц, Василиса утирала набегавшие слезы, а Мария хваталась дланями то за одну, то за другую соблазнительную для кровожадного зверья часть тела, схороненную под тучным навоем рубах и душегрей.

Между тем обихоженную Феодосию покрыли шерстяным покрывалом, а на него угнездили обширную миску каши с изюмом, малиной и медом с воткнутой серебряной ложкой. Преодолев внезапно подступивший легкий набег тошноты, Феодосия принялась за кашу. Есть ей не хотелось, но она надеялась переключить внимание Матрены от ее, Феодосьиного, здоровья на волков. Были али привиделось? А коли привиделось, то и все остальное — сон? Пока Феодосия размышляла, как бы половчее подвести беседу к ночным событиям, Матрена с удовольствием возобновила баснь о заблуждениях отцов Логгина и Нифонта, а также тотемских баб относительно пестротных огневых всполохов, заливавших тотемское небо. Надобно сказать, что северное сияние было в Тотьме редким явлением. Даже Матрена, с ее обширным кладезем разнообразных событий, не могла припомнить и слыхом не слыхала ни об каких сиверских светолитиях. А посему дугу переливающихся парчовым алтабасом кровавых, золотых и голубых струй разъяснила по-своему. В версии повитухи выходило, что в ночь от мороза раскололись небеса.

— Небеса треснули? — недоверчиво переспросили Василиса с Марией.

А Парашка свалилась с лавки, отчего все вздрогнули и сказали:

— Тьфу, щурбан кривоглазый!

— А как же из них ничего не вывалилось? — с набитым ртом воскликнула Феодосия. — Кабы треснули, так в прореху повалились бы звезды, лучи, воды? Ей?

Матрена зело оскорбилась сомнениями жен и некоторое время, тишину которого нарушали лишь легкий постук Феодосьиной ложки об миску да шмыганье Парашки, обидчиво поджимала губы и раздергивала сборки паневы.

— А береза?! — наконец торжествующе воскликнула она. — Береза от мороза раскололась? Аж сверху до самого комля!

— Сие — да, — согласились Василиса с Марией.

К березе под предлогом расчистки проезда тороватым Изварой Строгановым уж были спешно посланы два холопа с топорами, каковые и срубили ее подчистую на дрова.

— Да что береза, — нарочно потускнив голос, произнесла Матрена, но по ликующему ее виду было ясно, что она приберегла некий сокрушительный довод и лишь драматическим образом выдерживала паузу перед тем, как извергнуть самый огненный шар басни. — От лютого мороза в Соляном посаде разорвало новехонький железный котел! Четверых солеваров на месте прибило...

Насчет четверых Матрена прилгла — лишь одного солевара ранило, но бабы донесли, что убило насмерть, а повитуха для лепоты словес вдохновенно приумножила потери в четыре раза.

По докладу Матрены, осколок улетел на колокольню да там ударил в колокол. Сторож Устин рассудил, что внезапно сам собой раздавшийся колокольный гул — божественный знак. Взобрался на колокольню, глядь — а небеса-то огнем пышут! Он, что худая тотемская баба, решил, что сие кровавое зарево от дальнего пожара, устроенного татарцами. Да и вдарил в набат! Да еще орет с колокольни: «Спасайтесь, люди добрые!» Насилу его с колокольни стянули. До сей поры, говорят, сидит в питейном доме, запивает пережитое.

Повествуя, Матрена то заводила руки, указывая траекторию полета котла, то хватала в пясти невидимую елду и вдаряла в колокол, то клевала себя в лоб сжатыми в куриную гузку перстами, изображая скудоумие церковного сторожа Устьки. Но все сии картины были лишь предтечей основного рассказа — о расколовшейся от мороза небесной тверди.

Феодосия слушала, лихорадочно измысливая, как втиснуть в басни повитухи вопрос о волках и их ночных жертвах. И уж порывалась было спросить напрямую, но каждый раз осекалась, что тот вор, на котором шапка горит.

— Треснула твердь аж до седьмых небес, — крестясь, вещала Матрена.

— А как же хляби не разверзнулись? Дождя не было? — с сомнением вопрошала Феодосия.

— А как же дождю быть, если от мороза все воды застыли? — парировала Матрена. — Лед примерз к тверди. Слава богу, сей ледник не обрушился! Всю бы Тотьму раздавил! Ить мы в эту ночь на волос от погибели были...

Жены вытаращили глаза, дружно повернули головы к образам и перекрестились.

— Слыхала я, такой ледник свалился на иноверцев в горах Африкии, — красно баяла Матрена.

— А светолитие? Что за сияние на небе было? — спросила Феодосия. — Али звездочки в дыру посыпались?

— А сие был Божественный огонь, — торжественно промолвила Матрена.

— Божественный огонь? — восторженно повторила Феодосия. — Господь нам, грешным, лучинами светил?

— Лучинами? — усмехнулась Матрена. И свысока, насколько позволял ее малый рост, обвела слушательниц глазами. — Сие лился райский свет! Из самого рая! Но длилось сие чудо недолго, ибо Господь испугался, что в прореху вывалятся на землю ангелы али другие какие обитатели райских кущ. И содвинул края небесной тверди.

В жаркой горнице повисла счастливая тишина, наполненная нежным хрустальным звоном низвергающихся с небес самоцветных огней. Жены сидели с просветленными лицами.

— Баба Матрена, — звонким шепотом нарушила тишину Феодосия. — Как ты думаешь, к чему сие чудо произошло? К добру?

— Да, к чему? — подхватилась Мария.

— Уж не к худу! — воззрилась Матрена на образа.

Феодосия завернула губы к языку, боясь засмеяться от счастья.

«К добру! С Истомушкой все разрешится... Отпустит его воевода с поклоном, простите, мол, Истома, за случившуюся ошибку, примите от меня драгоценный дар в извинение да не хотите ли под венец с девицей Феодосией...» — выстраивала она дальнейший ход событий, выбирая из каши сладкий изюм.

— Коли к добру, так Путиле еще одного сына нарожу? — промолвила Мария. И подняла узорную бровь.

— Али жито хорошо уродится? — предположила Василиса — Да Феодосию замуж выдадим?

— Выдадим! — закрутила головой Матрена. — Ох, пропьем девку! Выменяем за куны хорошему купцу — доброму молодцу...

169

Феодосия сияла. И уж в мыслях стояла под венцом, облитая, как житом небесного урожая, влюбленным взглядом жениха Истомы.

— Матрена, ты не знаешь, котел-то у Шарыниных или у Власьевых лопнул? — с тайным удовлетворением вопросила Василиса.

— У Власьевых, — уверенно ответствовала повитуха.

— А так им и надо, Власьевым, это их Бог наказал, — сказала Василиса. — Они, ироды, соль продают подмоченную да с каменьями. А покупатели опосля обижаются на всех тотемских, мол, лиходеи в Тотьме и гости, и солевары.

— А ведь я слыхала ночью, как лопнул котел, — вдруг припомнила Феодосия. — Я думала, это у меня в главе от страха какая жила лопнула и загудела. Значит, сие был котел...

— Напужали тебя волки? — ласково пробасила Матрена. — Напужали нашу красавицу. Чуть не съели невесту! Хорошо, отец с матерью снарядили холопов с колотушками да топорами... Теперь долго жить будешь.

— А Путилушка пищали снарядил да показал дуракам, как стрелять огнем. А то ведь постреляли бы вместо волков башки свои дурьи.

— Верно, Путила тебя, доченька, и спас, — подтвердила Василиса. — На дворе три волчьи шкуры висят.

— Мясо Мухтару кинули, так что завыл, что завыл!.. — подала от дверей голос Парашка. — Боится волка-то, и живого, и мертвого...

— А после сожрал? — вопросила Василиса.

— Сожрал, — подтвердила Парашка. — Аж рычал, как жрал.

— Так чего ж ты, щурбан, баешь не к месту? Иди передай, чтоб пироги несли, — распорядилась Василиса. — Даром, что ли, всю ночь черемуху парили? Мы с Матреной до третьих петухов глаз не сомкнули, глядели, чтоб мука да ягоды со двора не ушли.

Пироги с черемухой любила Феодосия, для нее и были затеяны. Черемуху и калину с осени запасали у Строгановых корзинами. Сушили в печи, а коли осень стояла золотая, то и на вольном воздухе, приставив девчонку гонять птиц. Затем сухие ягоды перемалывали в жерновах в муку. Мешки с ягодным порохом хранились в особом коробе, и когда случалось Феодосии проходить мимо приоткрытого кладезя с ягодными коробами, она непременно заходила туда и стояла, страстно вдыхая сладкий дух. С вечера черемуховая мука, по распоряжению Василисы, была заварена в горшках кипятком, залеплена крышками и уставлена в глубь печи, где и парилась до превращения в душистую начинку для пирогов. Тесто было затворено после возвращения с вечерни, так что к трем часам ночи оно выходило и было готово совлечься с обсыпанными колотым сахаром ягодами.

— Когда же вы успели, с пирогами-то? — благодарно промолвила Феодосия. — И меня искали, и тесто творили?

— Да что ты, чадце? Тебя мы еще прошлой ночью с Божьей помощью обнаружили да в дом внесли. Это вторая ночь пошла, как ты в беспамятстве. — Василиса всхлипнула и утерла слезу. — Вся горела, вся жаром пылала, как скирда.

— Вторая ночь? — охнула Феодосия. — Две ночи и весь день пролежала? «Как же Истома лютый мороз перенес? Жив ли? А что как его уж освободили? Где же он голову приклонил? Али в лесу? Волки да медведи... Волки! Что как не привиделись ей в ночи его глаза? Что как серые разбойники его задрали?»

— Кабы ты лежала! Металась все, боялись, скатишься, тело свое белое зашибешь, весь пол вон овчинами устлали. Сегодня под утро только и угомонилась, — драматическим тоном протрубила Матрена и, словно учуяв мысли Феодосии, припомнила: — Да все шумела: «Волки... волки...»

— Волков упоминала? — севшим голосом вопросила Феодосия и отвела взгляд на стену, где промеж бревен легко колыхалась, отбрасывая косматую тень, тонкая прядь пакли. — Может, я еще чего бредила?

— А более ничего, — авторитетно заявила Матрена.

— Нет, более ничего, — торопливо закрепила утверждение Мария. И перевела разговор: — Что, баба Матрена, сильно волки в округе дел натворили?

Матрена подтянула к себе обсыпанную зажаристой манной крупой ржаную рогульку и с удовольствием оседлала своего любимого конька — правдивые новины.

— С Песьих Денег прибежала баба, вся растрепанная, распоясанная, как есть расхристанная. Ей люди говорят: чего ж ты, баба бесстыжая, простоволосой тащишься? А она плачет: «Насилу живая ушла от медведей!» Да и рассказала, что в Песьи Деньги в самую полночь пришла целая свора медведей. Голодные, как волки! Как пошли по улицам, как в овинах да в хлевах заревели коровы, заплакали телятки, как захрипели на цепях псы... Добрые-то хозяева, у кого частоколы крепкие, спаслись, а черноты да голытьбы много те медведи порвали да сожрали. Одного мужика в колодец сбросили. Девку чуть девства не лишили. Всю ночь рев да стон стоял. Утром песьевцы, кто посмелее, вышли на улицу. Святый боже! Голые обгрызки рук да ног на дороге валяются, на сугробах кишки висят...

Жены в ужасе принялись креститься.

Парашка спешно подтянула с пола грязные ноги, опасаясь явления медведей в горнице.

— Баба Матрена, я сейчас сблюю! — выдавила Феодосия.

К слову сказать, про кишки Матрена живописала от себя, однако не сомневалась, что картина разорения Песьих Денег была именно такой.

— Хуже Стеньки Разина медведи похозяйничали! — сожалея о тошноте Феодосии, не позволившей продолжить рассказ, подытожила повитуха.

Чего не прилгнула Матрена, так того, что лютые морозы сотнями изгнали из вологодских лесов волков и медведей-шатунов, так что стаи зверья достигали торжищ, окруженных стенами городских кремлей, а уж окраины и хутора были опустошены подчистую. На отшибе деревеньки Етейкина Гора мужики нашли схоронившихся в печи бабусю с двухлетним чадцем. Мать его, семнадцатилетнюю бабусину дочь Варьку, волк задрал прямо среди бела дня, когда вышла она на улицу от великой нужды: зарезать курицу. Известно, что в тотемских землях скотина, прирезанная бабой, в пищу идти не могла, как зело нечистая. Мать Вари ругалась с дочкой, дескать, чего голодом сидеть, зарежь курицу сама — никто об том, окромя Бога, не узнает. А Бог далеко, есть ли ему время в эдакий мороз за каждой Варькой с курицей следить? Но Варвара, благочестивая жена, второй год бедствовавшая без мужа, уперлась и ни в какую: грех! Неделю сидели голодом, а потом пошла Варварушка на улицу попросить первого встречного етийгорца мужского звания прирезать птицу. Тут ее самое волк и прирезал. Мать увидала из-за забора и в ужасе залезла с внуком в печь, где и сидела два дня, опустошая горшок вареных кореньев.

— А из Вологды в Тотьму ночью прибыл санный обоз, — сменила тему людоедства Матрена. — Четверо розвальней и крытые сани. Один возница, который сидел на головных санях, в дорогу припас туес водки и весь путь к нему прикладывался. Тем и спасся. А все, кто был в санях, — все до единого! — замерзли насмерть. Так и въехали на торжище идолами! Возница: «Тпру!» — еле языком от мороза шевелит. Сани встали, за ними четверо розвальней ткнулись. А никто не подымается. Сидят, белыми зенками щерятся. Добрые люди им: «Эй, чего сидите, гости любезные, али жопы приморозили?» Молчок. Люди подходят, зрят... А в санях сидят да лежат упокойники!..

Последние словеса Матрена произнесла густым шепотом.

— А-а! — басом вскрикнула холопья Парашка.

— А-а! — вскрикнули, подскочив, господские жены.

— Пошла прочь, дура! — закричала Мария. — Напугала!

— Тебя бы медведям-то заломать, умовредную, — накинулась на Парашку Василиса.

— И чего дальше? — спросила Феодосия. — Кто в санях был?

— В головных санках оказался нарочный гонец с секретной грамотой, — сообщила Матрена.

Откуда ей было известно про секретную бумагу, жены не спросили: Матрена знает все!

— И чего в грамоте? — не сомневаясь, что и содержание доподлинно известно повитухе, вопросила Феодосия.

— А в бумаге сей сообщалось, что скоморох Истома, сидящий под стражей в остроге и называющий себя Иваном, родства не помнящим, есть не кто иной, как наипервейший сподвижник разбойника Стеньки Разина, можно сказать, его кровавая десница... — в особо торжественных случаях Матрена могла изъясняться и высоким слогом — Андрюшка Пономарев!

— А как же узнали, что Истома и есть тот Пономарев? — еще не осознав всего смысла услышанного, удивленно спросила Феодосия. — Али в секретной грамоте его внешность описана?

— Внешность не описана. Не велик принц — описывать его еще! Потому что и так ясно, что этот Истома разбойник Андрюшка и есть.

— И что же теперь с ним будет? — Сквозь образа, и стену, и улицу до самого торжища прозревала Феодосия щель острога.

— А ничего, — зевнула, перекрестя рот, Матрена. — Казнят нынче в полдень. На Государевом лугу сожгут да повесят.

Феодосия разжала персты.

С колен покатилась, страшно грохоча, пустая миска. Она проломила стену горницы, разворотила бревенчатый частокол, развалила стену Тотьмы, смела высокие берега Сухоны, расплескала море-окиян, разбила твердь небесную и обрушила поднебесный мир, погрузив землю во тьму на веки вечные.

Глава двенадцатая

КАЗНЕННАЯ

— Неплохо изладилось? — Молодой древодель задал сей вопрос не для ответа, а дабы затеять беседу о своем несомненном мастерстве.

Его напарник, несмотря на широкий нос, имевший вид разношенного лаптя, что придавало владельцу зело балагурный образ, норов имел скорее угрюмый, чем веселый. Он не разделял радостного возбуждения собрата, охваченного профессиональным восторгом от мысли, что ему доверили возводить помост для казни не любодея какого-нибудь, изловленного на посадской бабе, а самого сподвижника Стеньки Разина! Сия радость так и перла из древоделя. Звонко и нарочито небрежно стуча топором, он, невзирая на треснувшую от мороза нижнюю губу, то голосил веселую песнь, то вслух комментировал работу, то помахивал инструментом, демонстрируя легкость обращения с ним. Струги, тесла, скобели — все, что надо и не надо, притащил древодель в торбе из толстой кожи. А сколько раз бодро отбегал детина в сторону, дабы издалека оценить возводимую конструкцию. И все с шумом, все с азартной суетой. Тьфу!..

— Эх, я в Москве видал помост так помост! — мечтательно говорил молодец утром, когда древодели впотьмах достигли Государева луга, где воеводовы люди уже с ночи жгли костер, чтоб разморозить землю под вкапывание столба. — На эдаком помосте хошь — режь, хошь — руби, хошь — чего хошь делай.

Старший товарищ, исполненный хмурого внутреннего достоинства, лишь сурово сморкался и молча шевелил губами.

— А? Каковы ступени? — указал молодой топором на вытесанные им в бревне широкие уступы. — Ничего изладились? На такой ступеньке и с девкой вдвоем усидишь, не свалишься.

Напарник угрюмо сплюнул, бросил взгляд на свежую лестницу, по которой предстояло завести на помост разбойника, и еще ожесточеннее застучал топором, вырубая паз.

Сколько казненных построек возвел он за свою жизнь! И пытошные да правежные столбы, и плахи для отрубания членов и голов... Одних срубов для сжигания ведьм и богоотступников было им самолично излажено не менее трех дюжин! Особой гордостью древоделя была постройка для колесования, о чем он неизменно вспоминал в минуты особого душевного расположения. Но сегодня древодель был хмур и озабочен. Загвоздка состояла в том, что воевода Орефа Васильевич до сей поры не мог решить, как лучше предать смерти скомороха и вора Андрюшку Пономарева? Поэтому древоделям на всякий случай пришлось и вморозить в землю столб, и заготовить сруб, и начать возводить помост: кто его знает, каково будет распоряжение воеводы?

А приказ все не поступал.

Более всего Орефа Васильевич опасался обвинений в мягкости судебного приговора в отношении государственного преступника. Честно говоря, казнить разбойника такого высокого звания Орефе Васильевичу предстояло впервой. Посему он охвачен был думами, как поступить наилепнее: вырвать ли пуп? залить ли в глотку железа? посадить на кол? Зрелище должно было вменить тотьмичам крепкую веру в неотвратимость наказания и наполнить гордостью за крепость и справедливость судебной системы Тотьмы, которую практически во едином лице представлял Орефа Васильевич. Практически — потому что иной раз суд вершили духовные отцы города. И сегодня, радея о воспитательном моменте, на казни должен был выступить отец Логгин, но само следствие и забота о казнении целиком лежали на плечах Орефы Васильевича.

— Али кишки вырвать? — уперев кулак в бороду, ломал голову Орефа Васильевич. — Али медведями растерзать?

Отец Логгин поморщился.

— К чему эти языческие страсти? Слава Господу, у нас здесь, в Тотьме, не Древний Рим, чтоб рвать разбойников львами.

— А как же при Иване Грозном? И за ребро подвешивали, и по горло в землю закапывали, и свинцом заливали? Негоже старые расправы забывать, они нам дедами заповеданы.

— Согласитесь, Орефа Васильевич, многое, в том числе и способ казни, имеет свойство устаревать. И Иван Грозный с его ребрами не исключение из сего правила.

— Уж услыхал бы он тебя, отец Логгин... — ухмыльнулся воевода. — Висел бы сейчас, за муде крюком подцепленный.

Отец Логгин нервно сморгнул, неискренне рассмеялся и дернул бородой.

— Да уж... Но ныне, слава Богу, наместник Господа на земле царь Алексей Михайлович, государь добрейший, сторонник гуманных методов. Посему полагаю, что в русле сего...

Отец Логгин слегка заплутал в речи и остановился, дабы собраться с мыслями.

«Эка красно бает! — восхитился в сердце Орефа Васильевич. — Что елдой выводит!»

— Казнение, — промолвил наконец отец Логгин, — должно быть в русле христианских традиций. Сожжение — идеальная вещь. Огонь — от Бога. Божественный огонь... Неопалимая купина... Надобно будет ввернуть, кстати, про купину...

Отец Логгин прочистил горло, репетируя красную речь:

— Того сына Своего, кто несправедливо оклеветан наветами, Отец наш спасет от огня. Но ежели богопредатель истинно виновен, то огонь вспыхнет с божественной силой... Кстати, Орефа Васильевич, недурная мысль — усилить пылание. Не знаете ли, чем возможно усилить Божественный огонь?

— Да чего его усилять? Затрещит разбойник как миленький! Али не видали вы, как плоть горит? Скирдой вспыхнет говно разинское, прости Господи!

— Кашу, Орефа Васильевич, маслом не испортишь. Огоньку никогда не помешает. Чтоб, значит, до небес пламя вилось.

— Можно и до небес, — согласился Орефа Васильевич. — Но тогда народ не увидит, как этот сучий потрох корчится. Почто же лишать людей такого удовольствия?

— Сие истинно. Тем более... принимая во внимание ваш богатый опыт... Может, масла подплеснуть, так это, незаметно?

— Серы кинем, — предложил Орефа Васильевич. — Уж запылает! А вони будет... Пороху можно подсыпать для треску.

— Замечательно! Вонь — это прекрасно, — обрадовался отец Логгин. — Этакое преисподнее злосмрадие.

Орефа Васильевич сидел с довольным видом.

— Значит, так и порешим, — подытожил отец Логгин. — Богоотступника предаем огню. А как вы полагаете, Орефа Васильевич, обставить процесс казнения?

— От острога гниду поведем пешим ходом на цепях...

Поморщившись при упоминании гниды, отец Логгин промолвил:

— На цепях — это замечательно.

— Дьяк зачитает указ...

— А в какой момент произнесу гневное обличение, так сказать, вверенным мне правом от Господа?..

— Опосля дьяка, — прервав витиеватую речь батюшки, пояснил воевода. — Надо же огласить народу судебное решение. Мол, предать огню...

— Понятно, понятно... Что ж, все логично, все замечательно... Я уж на утренней службе помянул про казнь, полагаю, что и прочие духовные особы посвятили сегодняшнюю службу сему же...

— Еще б не посвятили! — ухмыльнулся Орефа Васильевич. — С Орефой Васильевичем шутки плохи. Всем попам велено было объявить об казни на заутренях. Да и на торжище дьяк с утра оглашает... У меня здесь, в Тотьме, с нашими разбойниками порядок такой: хоть живой, хоть мертвый, хоть елдой подопрись, но на казнь обязан явиться! Увидишь, отец Логгин, бабы не только чад, так и грудных младенцев притащат!

Известие о поимке тотемским воеводой Орефой Васильевичем опасного государственного преступника Андрюшки Пономарева действительно было объявлено утром во всех храмах, церквах и часовнях Тотьмы. Особо ликовали тотьмичи, за прегрешения отлученные на различные сроки от посещения храмов, и тотьмички, не смевшие входить в святые стены из-за месячных кровей: те и другие стояли под окнами и дверями либо за воротами, дабы не пропустить каких-либо событий городской жизни. Такое вящее дело, как казнение, само собой перечеркивало запрет.

Наконец, когда способ казнения был выбран, Орефой Васильевичем был послан гонец, известивший древоделей о том, что понадобится не сруб и не плаха для четвертования, а помост для сожжения.

В полдень на Государев луг дружно пошагали тотьмичи. Был луг наречен Государевым в честь приезда в Тотьму царя Ивана Грозного, когда на обширной раздольной пажити были возведены царские шатры. С того гостевания прошло уж почти сто лет, но в Песьих Деньгах до сих пор жила древняя старуха, самовидно зрившая, будучи девкой, как грозной и светозарной молнией пролетела великолепная царская свита, как встала, взрыв землю, как вышел из тяжелой кареты червонного золота государь, обвел грозным взором пажить и подданных ему жаворонков, пошевелил плечами и прошел к кустам, в которых схоронилась бабка Домна, бывшая тогда черногузой девчонкой. Там Иван Васильевич могучим ударом всадил в землю роскошный посох и, подняв тяжелые одежды, вдарил в кусты светозарной сцой. Видение сие произвело на бабку столь неизгладимое впечатление, что она в тот же день растрезвонила об государевых удах по всей Тотьме, за что и была приговорена к отрезанию языка. Но случилось то чуть позже, когда самовидица договорилась до того, что сообщила тотемским бабам, будто елда царская совсем не царских размеров, меньше даже, чем у батюшки церкви Вознесения отца Философа. Взволнованный сравнением не в пользу государя, отец Философ ходатайствовал об вырывании поганого Домниного языка, что и было совершено через три дни. Надо сказать, что безъязыкую девку сразу охотно сосватали в кузнечный посад, и муж ее, дед Гурьян, до самой смерти молился за здравие государя Ивана Васильевича, благодаря его за мирную жизнь без бабьего крика и болтовни. Но перед лишением языка Домна сообщила тотемскому воеводе еще некоторые обстоятельства, ставшие ей известными из кустов. Так достоянием общественности стали слова государя, чей сапог провалился в пышную кочку: «То — тьма!» Иван Васильевич, объезжавший сиверский край в поисках места для запасной столицы, имел в виду, что места сии чересчур далеки. Но воевода приказал величать город, носивший тогда имя Тодма, Тотьмой. Луг с той поры стал именоваться Государевым, и справлялись на ем праздники и важные мероприятия. Такие, как сегодняшнее казнение.

Ох, лют же стоял мороз! Тулупы тотьмичей, в клубах пара деловито шагавших на луг, от стужи глухо стучали, как орехи в торбе, рукавицы гремели железом, и страшно, как цепи разбойника, скрипели сапоги и валенки. Состоятельные горожане ехали верхом, были веселы и в предвкушении всевидного справедливого зрелища радостно приветствовали друг друга. Холопы же тащились хмуро, глядели все больше под ноги и горевали об казнении сподвижника Стеньки Разина, радевшего, как известно, об всеобщей воле. И все вместе, кто вслух, кто в сердце, известными словесами поминали мороз. «Здорово, Семеновна! Мороз-то стоит, что Федотова елда». «Ишь, пар валит, как из бабьей дыры». Жарко было лишь ребятишкам, глазенки которых горели любопытством. Тычки и окрики матерей не могли прервать беспорядочной беготни юных тотьмичей. Отрочата всю дорогу смеялись, хватались за полы чужих тулупов, норовя повалиться в снег, и с ликованием теряли шапки. От предвкушения зрения казни чадам было жутко и радостно. Что как превратится разбойник в черта?! Что как разверзнется под ним Государев луг, открывая путь в котлы с серой?! Что как раздастся вой и стон?! А именно такие версии высказывались с вечера за печными закутами, где хоронились отрочата, слушая беседы родни после ужина. А сколько страшных басней было рассказано звонким детским шепотом на полатях!.. О, Господи! Спасибо тебе, что послал Ты юным чадам своим такое упоительное и воспитательное зрелище!

В середине шествия шла Феодосия, сопровождаемая толпой холопок. Мужчины семейства ехали верхами, Василиса с Матреной — в санях. С почетом, в новеньких резных санках, укрыв ноги медвежьей шкурой, алкалось ехать и Марии — когда еще будет случай продемонстрировать землякам богатство и важное положение? Но удовольствие испортила Феодосия. За ней нужен был присмотр. И, пыхтя от злости, Мария пошла со сродственницей пешим ходом.

С того самого часа, как Матрена походя объявила в горнице Феодосии о казнении скомороха, Мария напрочь забыла не только имя Истомы, но и сам факт существования на Руси театральных представлений. О каком таком скоморохе-разбойнике речет вся Тотьма?! Ах, как жаль, что она, Мария, жена благолепная, сиднем сидит в дому, ждет-пожидает Путилушку и знать не знает ни о каких скоморошьих позорах. Сперва, правда, была у нее мысль расспросить Матрену об казнении, но по быстром размышлении она решила не поминать лишний раз черта, дабы не оказался он за плечами и не подвел своей чертовской рожей Марию под монастырь. И все утро Мария деловито домовничала, не глядя никому, даже кошке, в глаза, словно опасаясь встретить испытующий взгляд и услышать вопрос, на который придется отвечать... Уж как она торопила время казнения, дабы вместе с подлым скоморохом сгорел синим пламенем и ее грех! Уж как наряжалась, давая понять, что сожжение разбойника для нее праздник!..

Из ворот Мария вышла вместе с Феодосией и с неудовольствием узрела, что придется ей тащиться пешим, поелику поганая свояченица — жаль, что волки ее не задрали! — идолом прошла мимо саней. Мария побоялась взглянуть Феодосии в лицо, но ежели б взглянула, то узрела, что было оно неподвижно, лишь странно подрагивали узорные брови. Каменный вид сродственницы наводил Марию на некие подозрительные догадки, развить которые, впрочем, она не решилась даже в своем тайном мыслении.

Состояние Феодосии было, как выразился бы книжный отец Логгин, неоднозначным. Посередке души вспухло и нагноилось бессильное отчаяние. Выражалось оно в жгучей жалости к Истоме и волочившейся вослед мысли. «Господи, — думала Феодосия, — как долго мне еще жить до смерти! Как же буду столько лет мучиться без Истомушки?» Охваченная отчаянием, она между тем бездумно подмечала всякую безделицу. То вдруг думалось ей, глядя на клубы пара над головами тотьмичей, что сия картина похожа на то, как если б все тотьмичи сели и поехали на луг на печах, пыхтя дымом из труб. То мелькала мысль о щелочке в расколовшейся от мороза тверди, через которую продолжал низвергаться лютый холод, от чего жгуче было дышать. То вздрагивала она от смеха шедших рядом тотьмичей и охватывалась надеждой, что казнение будет отменено, а иначе почему так радостны мужи, жены и особенно чада? А то вдруг солнечным лучом пронзала Феодосию мысль, что и вовсе сожжен будет не Истома, а другой, настоящий Андрюшка Пономарев, и все Матрена напутала! Но по подходе к торжищу случилось вдруг в шествующих странное волнение: мгновенно, словно соучаствовал в сем ветер, толпу просквозила струя жуткого восторга. Причина волнения была еще невидима и неслышима, но уже ощутима. Как если бы увидели тотьмичи на дороге простоволосую бабу и принялись поджидать необычного дела, кто опасливо, а кто с удивлением. И замерзшим снегирем упало сердце Феодосии. И вырвалась и улетела прочь из души вера в чудесное спасение Истомы и ее, Феодосии. И уже знала она, что впереди идущие узрели, как вывели из острога в цепях Истому, и слезы заструились по ее щекам, мгновенно замерзая ледяными тесемками. Толпа вдруг стала. Затем подалась по сторонам. И вдруг расступилась — и прямо перед Феодосией развернулась ужасная картина. С видом суровым, выказывая театральное озлобление и опасность своей службы, стражники вели на цепях... Но Истома ли сие был? Ох, нет, не он! То шел в цепях истерзанный, но от того еще более озверевший волк. Взгляд скомороха был столь ненавидящим и кровавым, что редкий тотьмич не отвел боязливо зениц, устрашенный быть проклятым. Жены в ужасе утыкали лица чад в подолы своих тулупов и шуб, опасаясь сглаза. Все дружно крестились. И лишь самые отчаянные мужи, скрывая страх, плевали под ноги разбойнику и бранили вослед. Но не боль истерзанной пытками плоти терзала Истому, а ненависть к черни, к тотемскому воеводишке, каковых еще недавно десятками жег и вешал он, Истома. Высоко мерил себя Истома и низко всех остальных, прах под сапогом его. И оттого особо терзала его сейчас невозможность утолить жажду мести и напитать алкание крови за то изощренное унижение, какому подверг его, государя тысяч волжских подданных, заетенный сиверский мужик Орефка Васильев. Ах, напрасно полагала Феодосия, что в ночь перед казнением Истома вспоминает ее. Нет, все долгие ледяные часы скоморох с наслаждением представлял себе самые страшные муки, которым он, Истома, подвергнет воеводу. Он страшно хохотал в тишине, вырывая и наматывая на пясть кишки Орефы Васильевича, рычал, ввергая пылающим жаром... Ох, не будем об сем, ибо ни к чему знать сие тотемским чадцам...

А что же за нижайшее унижение измыслил Орефа Васильевич вору? Балда балдой был тотемский воевода, а удумал изрядно! Еще с вечера приказал напоить разбойника проносным зельем, каковое было отчуждено у тотемской зелейницы, чье имя любезно подсказал отец Нифонт, в промежутках между наказаниями поганой колдуньи бравший у нее лекарства.

— Ужо обосрется! — по-детски радовался Орефа Васильевич, признавшийся в деле отцу Логгину.

— Уж вы шутник, Орефа Васильевич, — мелко потряс головой отец Логгин. — А что как не к месту случится? Али платье кому изгваздает?

— А коли случится, так тем лучше: тем сильнее будет отвращение и злоба к разбойнику.

— Мысль мудрая, — похвалил отец Логгин.

— А ты, отец Логгин, полагал меня с глупостью?

— Как можно! И в мыслях не было! Еще только сбираясь в путь на тотемскую ниву, слышал аз об вас множество восхищенных похвал, изреченных зело уважаемыми людьми...

— Будет врать-то, — добродушно прервал Орефа Васильевич. — Восхищенные того и ждут, чтоб глотку мне перерезать.

— Да что вы, Орефа Васильевич! Не знаю, что толкает вас на эдакие мысли...

— Да не дождутся! — вновь прервал воевода. — Особенно теперь, когда самолично изловил опасного государственного разбойника.

Прав оказался воевода. Злосмрадный, ведомый на цепях Истома вызывал невольное отвращение. Тотьмичи с жадным ужасом глядели ему вослед и терзались тошнотой.

«Истомушка... Что же они с тобой сотворили? — в сердце взвыла Феодосия, когда оцепленный зверь поравнялся с ней и Марией. И сжала крест, спрятанный в рукавице. — Прости ты меня, поганую!»

Надеялась Феодосия каким-нибудь чудесным способом передать крест Истомушке, но скоморох только скользнул по ней налитым кровью взглядом, словно дым, что обдаст неосязаемо, оставив лишь запах гари.

«Напустил вид, что не знает меня. Не захотел выдать любви нашей, меня спасая», — всхлипнула Феодосия.

— Будет, Феодосья, будет стонать, — прошипела в белую щеку свояченицы Мария. — Двум смертям не бывать, а одной не миновать. Все там окажемся, кто раньше, кто позже.

Но Феодосия ее не слышала.

Быстро ли, медленно ли, а в положенное время пестрая процессия достигла Государева луга. Простор его сиял, как серебряный оклад, начищенный к празднику клюквой. Дерева вкруг белели новеньким льняным портищем. А свежесрубленный помост желтел, словно яичко. Подле помоста, напуская на себя равнодушный вид, горделиво постаивал молодой древодель. Впрочем, Феодосии, обведшей потухшим взглядом знакомый луг, показалось, что не белизной сияет он, а напротив, вместе с деревами осыпан тусклой мучной пылью. Помост же зияет гнойной раной.

Изрядно прошло казнение. Особо великолепен был отец Логгин, с жаром напомнивший тотьмичам, как зрили они скоморошьи позоры, наущением самого дьявола исполняемые разбойником Пономаревым! Тотьмичи почувствовали себя зело виноватыми и дружно каялись. Но вину за искушение скоморошьими позорами возвели на вора, так что в миг, когда палач поджег кучу хвороста в ногах Истомы, толпа возопила в буйном ликовании:

— Пали его, ирода, проклятого!

Заверещали дудки. Ударили барабаны. Затрещал хворост. Пламя взвилось до небес. Донесся звериный вой.

Феодосия стояла идолом. И лишь когда ее ноздрей достиг запах жареного мяса, согнулась вперегиб и подхватила горсть снега, дабы не дать извергнуться блевотине.

— Пойдем-ка, Феодосьюшка, — подхватила ее подскочившая Матрена. — Пойдем в сторонку. Блюй здеся, ласточка моя, блюй на здоровье. И чего тебе вдруг тошно сделалось? Кабы не знать, что девица ты муженеискусная, девства не растлившая, так решила бы, что очадела ты.

Словеса сии Матрена произнесла шутейно, полагая развеселить Феодосию.

Феодосия выпрямилась и поглядела на повитуху долгим измученным взглядом.

Матрена недоверчиво глянула в лицо сродственницы, свела зенки к носу, соображая, вновь присмотрелась к Феодосии и звучно охнула.

— Да неужто ты чужому парню доверилась? — схватила она сродственницу за рукавицу.

Крест Истомы вонзился в ладонь Феодосии.

Ах, креста на нем, воре, не было!

Глава тринадцатая

СВАДЕБНАЯ

— У меня что же, чадце будет? — произнесла вдруг Феодосия, всю дорогу от Государева луга до поворота к своему концу не промолвившая ни слова.

Повитуха, для которой новина об растлении Феодосией девства стала похлеще зрелища казнения, продышалась, залезла под оголовник перстом, дабы утереть пот, и деловито вопросила, обмысливав известие и свои действия:

— Коли только целовалась с Юдой, так ничего не будет, а коли согрешила в манду, так могла и очадеть. Как дело-то было?

— Согрешила, — едва слышно ответила Феодосия.

И пугающе медленно поглядела на колодец, от гребней льда казавшийся дворцом из сказки о Морозе Ивановиче. Матрена перехватила взгляд.

— Да ты что, Феодосьюшка? Ты чего на студенец-то глядишь? Али в уме повредилась такое думать? Экий грех — была девкой, стала женой! Грех — пока ноги вверх! Опустил — Господь и простил! Девкой убыло — бабой прибыло. Пойдем-ка домой, согреемся, узвару горячего выпьем, все обсудим, все изладим.

Матрена осторожно охапила Феодосию и повела к хоромам, да все новыми присловьями, должными убедить девицу, что грех ее хоть и грешный грех, но не таков, чтоб до смерти убиваться.

— Все кругом грех! — приговаривала повитуха. — Не так встал, не так сел, не так глянул — все грех. Помирать, что ли, теперь? Помолилась, перекрестилась, али ты не знаешь? Не согрешишь — не покаешься, не покаешься — не очистишься. Богу один раскаявшийся грешник дороже сотни праведников...

— Баба Матрена, правду говорят, что из незаконных чад бийцы родятся? — горестно спросила Феодосия. — Ой, Господи-и-и...

— Да какое же незаконное твое дитя? — раскинула руки Матрена. — Завтра сосватаем тебя за Юду, а послезавтра свадьбу изладим. Днем раньше мужу дала, днем позже, кто узнает? Юда, черт нетерпеливый, небось не станет на торжище орать, что принудил тебя раньше срока?

— Никто меня не принуждал... — став перед узорными тесовыми воротами, обреченно промолвила Феодосия. — Не мать велела, сама захотела.

— Знамо дело, сама захотела, — молотя в ворота, с пониманием кивнула Матрена. — Тишка, отворяй! Заснул, пес?! Сука не захочет, кобель не вскочит... Молодым завсегда охота... И хочется, и колется, и матерь не велит...

Ворота раскрылись.

— Дрых, пес? — возмутилась Матрена холопу.

— Как можно?

— Али хмельное хозяйское жрал? — покрикивала Матрена для порядка. — Чуть не уморозил хозяйку молодую.

— Простите Христа ради, Феодосия Изваровна... — отступив, принялся кланяться Тишка, без особого, впрочем, усердия, поскольку знал добрый нрав молодой госпожи. — Торопился, да лапти в сенях под порогом примерзли, насилу оторвал...

— Прости-и-те! Лапти примерзли, так нагим бы бежал, авось мудей бы не отморозил. Апостолы святые босыми

ногами ходили, а нашему Тишке сапоги червленые подавай. Тебя бы, лешего, на одном столбе с разбойником
разинским подпалить надобно было. Скажи спасибо,
что Феодосия Изваровна тишайшая нравом, кротко-
терпица наша, а я б тебе по хребтине-то прошлась ба-
тогом!

— Есть моя вина, виноват, а как же не виноват?.. — как
полагается, привычно бормотал Тишка, закрывая ворота
на засов и придерживая пса Басурмана. — Бейте меня,
хоть убейте, коли надобно...

— Ты хозяйку-то издалека должен был с частокола
зрить и заране за воротами наготове стоять... — шумела
Матрена, уже оставив позади Тишку и войдя в сени, а затем в жарко натопленную обеденную горницу, густо на-
полненную сытными запахами. — Никак щи?

— Щи, — подтвердила Парашка.

— Ну уж щи, хоть муде полощи! — обругала Матрена
и Парашку заодно. — Пошла прочь! Иди на двор, кара-
уль, хозяева следом сейчас приедут усталые.

Парашка кинулась прочь.

Повитуха любила похозяйничать в отсутствие Василисы, дабы упрочить свое положение в стане холопов да
и самой себе доставить удовольствие. Но сейчас она криком снимала напряжение, в какое повергло ее внезапное
известие о тягости Феодосии. Впрочем, еще по дороге
с Государева луга Матрена все обмыслила и выработала
свое мнение: от скандала никому лучше не будет, и в первую очередь ей, Матрене, а коли честным пирком да за
свадебку, так вскорости повьет она, Матрена, еще одного строгановского наследника, упрочив свое доброе положение в семействе. А прибьют Извара с Василисой
девку до смерти али заставят зелием изгнать плод, тогда
Матренины услуги не понадобятся. Стало быть, надобно
все толком разведать и Василису убедить-умаслить не
серчать на дочь. А от Извары и вовсе скрыть грех: меньше знает, крепче спит.

— Садись, Феодосьюшка, давай-ка я тебе шубу разовлеку, оголовник сниму, — принялась ласково обихаживать сродственницу Матрена.

Феодосия, сидя идолом на шубе, снятой повитухой, вдруг глубоко вздохнула и заупокойным голосом произнесла:

— Посягнуть в брак с Юдой не могу. Поелику согрешила не с ним. Не его чадо у меня в брюхе.

Матрена выпучила глаза и растопырила руки.

— Да как же это?

Впрочем, замешательство ее длилось недолго, иначе это была б не Матрена.

— А кто об сем знает? Никто!

— Я знаю... — сказала Феодосия.

И завернула подол шубы на колени, словно пытаясь закрыться от всех горестей, что обрушились на нее в последнюю седмицу.

— А ты знай про себя да сери под себя, — подскочила Матрена к Феодосии и понизила голос, как бы давая понять, что тайна сия останется тайной. — За язык тебя никто не тянет?

— Как же могу обмануть Юду? Сие подло.

— Ах, наивна ты, Феодосьюшка, простодушна. А Юде не все одно? Чей бы бык ни скакал, а теленок — наш! Это чадо не его, так следующее его будет. За такое вещное приданое, как за тобой дают, — соляные варницы! — и с десятком отрочат замуж возьмут! Юде еще и лучше: значит, не пустоцвет берет, а плодоносную жену! На роже у чадца не написано будет, чьего он семени. Кстати, Феодосьюшка, с кем же ты любы сотворила?

Последние словеса Матрена произнесла игриво.

— Кто был, того уж нет, баба Матрена, — ответила Феодосия. — Пошел прахом по ветру... дымом над рекой...

— Ну, не хочешь, не говори, — согласилась повитуха.

— Баба Матрена, как же об чадце объявлю? Стыд какой...

— Об этом ты, Феодосьюшка, не переживай. На то есть у тебя баба Матрена. Сейчас мы всё обладим по-умному.

Матрена не успела поведать свою стратегию, поелику в хоромы ввалились Василиса с Марией, толстые от праздничных шуб, с побелевшими на морозе бровями, тут же покрывшимися бисеринками влаги. От обеих валил пар.

— Упрела, — зычно сообщила Мария и упала на крытую ковром лавку, перекрестившись на то место, где висели образа. — Парашка!

— Али обед готов? — с мимолетным крестным знамением в красный угол вопросила Василиса, рассупонивая неохожую шубу. — Извара Иванович поехал прямиком на варницу, велел туда прислать пищного. Парашка! Щей хозяину в горшок!

— Погодите Парашку звать, — замогильным голосом, или, как выразился бы отец Логгин, гласом дельфийского оракула, протрубила Матрена. — Тут почище щей вещь случилась. Феодосия очадела!!

У Василисы с плеч свалилась шуба. Мария чуть не свалилась с лавки. А Матрена, сама же напугавшись, клацнула зубами.

Феодосия зажмурилась.

— Но только ты, Василисушка, дочку смертным боем не убивай! — заголосила повитуха.

Василиса очнулась, крикнула: «Ах ты, блудь поганая!» и, оглядевшись в поисках подходящего орудия убийства, в конце концов кинулась к Феодосии с намерением действовать одними лишь перстами.

— Говори, кому дала?! — плача, завопила Василиса, вцепившись в косы Феодосии.

Феодосия втянула голову в плечи, закрыла лицо рукавом и тоже завопила.

Мария забегала по горнице, томимая желанием поучаствовать в расправе, но не решилась вцепиться в сродственницу. На всякий случай, действуя на оба фронта, она вопила: «Да как же ты так, Феодосьюшка?!» да «Ой, мама, что же вы делаете, ведь вы руки себе переломаете!». И забегала то с одного бока, то с другого, дабы наиболее полно обозревать события.

Матрена, налюбовавшись произведенным эффектом, всколыхнулась и ринулась выступить в роли жертвы, понесшей в войне наибольшие потери. Она втиснулась между Феодосией и Василисой и стоически приняла на себя несколько ударов и скребков ногтями. Когда побои достигли нужного количества, Матрена оттолкнула случившуюся рядом Марию и азартно заголосила:

— Ну! Ну! Не торопью на девку, не по две вдруг! Ишь насели, как черт на попадью! Василиса, чего ты вцепилась ей в волосья, как рак?! Али девка виновата, что Юда ее ссильничал? Дитятко наше во хмелю была! Девка пьяна́я — манда чужая.

— Баба Матрена, чего ты кривду баешь? — пискнула Феодосия. — Какая пьяная?.. Какой Юда?..

— А ты молчи! — прикрикнула повитуха. — Твое дело теперь молчать да к свадьбе готовиться. Василиса, да погоди биться, всю рожу мне расцарапала... Давай-ка лучше решать, как девку замуж выдавать будем? Это теперь твоя первостатейная задача. Али ты не мать?!

Василиса, тяжело дыша, последний раз ткнула Феодосию в голову и схватилась за сердце.

— Вот паршивка! Сблудила-таки! Да когда хоть ты успела? Где? Из горницы не выходила! Все пряла да вышивала...

Василиса уже явно примеряла роль матери невесты и торопилась отрепетировать лозунги об рукодельных достоинствах дочери.

— А чего тут хитрого? — утирая взмокшее лицо, подала голос Матрена. — Коли девка захочет, сквозь замочную скважину даст.

Наконец все успокоились. Вновь, громче прежнего, крикнули Парашку, которая, сунувшись в двери по первому зову, узрела битву, правда, не успев расслышать причины, и юркнула назад, в сени, — опасалась, что ей на поле брани достанется более всех. Накрыв стол и турнув холопку за двери, жены принялись спешно планировать свадебные действия. Феодосия участия не принимала, лишь порывалась защитить доброе имя Юды, но всякий раз Матрена пинала ее под столом. Улучив момент, когда повитуха натуго заняла рот пирогом со стерлядью, Феодосия поспешно промолвила:

— Согрешила не с Юдой и об том обязана ему доложить.

— Час от часу не легче! — простонала Василиса. — Как это не с Юдой? А кто же сей любодей?

— А человек сей...

— Да не все ли равно теперь? — быстро перебила Феодосию Матрена. — Было да сплыло. Уплыли скоморошьи муде по вешней воде.

Мария вынула изо рта кусок пирога и уставилась на Матрену:

— Чьи муде?..

— Тебе больше всех знать надо, Мария! — отбоярилась от точного ответа повитуха. — Теперь об свадьбе думать надо.

Потом повернулась к Василисе:

— Василисушка, ни об чем не переживай, баба Матрена все изладит. У бабы Матрены закон такой: уж хоть раком встать, а молока достать! Я хоть и не сводница, а сама охотница, а сосватаю Феодосьюшку любо-дорого.

Словеса про охотницу были произнесены Матреной нарочито шутливым тоном, чтоб окончательно разрядить обстановку.

— А коли Юда узнает, с каким приданым невесту берет?.. — тревожно вопросила Василиса.

— А чего Юда? Экой царь-государь! Иван Марье не указ: кому хочет, тому даст. Юду напоим допьяна, спать уложим, а наутро скажем, что запамятовал он, как жену молодую продырявил. Али калины у нас в запасе нет?

И Матрена подмигнула Феодосии.

— Алое портище мы завсегда сыщем, — заверила повитуха присутствующих. — Феодосия у нас девка без изъяна, хоть и с дырой теперича. В колодце тоже дыра, а вода — свежа. Да за те варницы, что вы за Феодосьюшку даете, любой принц аглицкий ласточку нашу посягнет в брак, да еще кланяться с присядкой будет.

При сих словах Матрена не поленилась вскочить и изобразить поклоны гипотетического заморского жениха.

Василиса приободрилась и даже подбоченилась.

— И то верно, Матрена, — заносчиво сообщила она, — мы доченьку свою не с переметной сумой в мужнин дом отдаем. Одного скота туча тучная, не говоря о холопах! А уж жита, соли — сто кулей. А то иную девку выпихнут из семьи за ворота, а приданого — манда, да веник, да алтын денег.

Мария заводила глазами и запыхтела, приняв намек на свой счет.

— Целая-то манда дороже сундука денег, — пробормотала она. — Коли вы обо мне намекаете, так за мной хоть варниц и не давали, зато с Путилушкой я девкой легла и опосля венчания.

— Будет тебе, Мария, — добродушно промолвила Матрена. — Никто об тебе не речет. Ты у нас жена добронравная. И приданое за тобой зело вещное дано. Тут спорить нечего. Давайте-ка лучше уговоримся, чтоб рот на заклепе держать, бо лишние разговоры никому не добавят добра. Слышишь, Мария?

— Когда я лишнее болтала? — возмутилась Мария.

— Вот и добро. Василиса, а тебе советую, как повитуха многоопытная, и Изваре Ивановичу ничего не сообщать. Зачем ему ненужные заботы? Сегодня Феодосия очадела от ско... от скорого греха али завтра, какая разница? На все воля Божья!

В миг Матрениной запинки Мария вздрогнула и искоса поглядела на Феодосию. Мысль, что сродственница могла каким-то неведомым образом сблудить с Истомой, и следствие по этому вопросу неминуемо выведет на нее, обожгла Марию. И она торопливо промолвила:

— Давайте побожимся и поклянемся самым страшным заклятием, что никому ничего не скажем про Феодосьин грех. Чтоб меня Бог громом поразил, чтоб меня волки разорвали, чтоб меня лешаки уволокли!

— Чтоб мне провалиться в преисподнюю, чтоб у меня руки отсохли, — перекрестилась Василиса.

— Чтоб мне язык вырвали, — заверила Матрена.

(Надобно сказать, самое удивительное, что никто из жен не нарушил клятву!)

На следующий же день повитуха, ни на понюшку не отступившая от порядка сватовства, несмотря на спешность, изладила сговор между купцом Юдой Ларионовым и продавцами девичьего товару, то бишь Строгановыми. Юда Ларионов, по явлении Матрены в его хоромах среди ночи, хоть и выглядел несколько ошалевшим, и на лицо даже Парашке показался схожим с редькой, согласился обвенчаться и сыграть свадьбу в ближайшую же субботу, то бишь опосля завтра. Завершив к обеду следующего дня чин сватовства — в чем повитухе не было равных, — вечером Матрена с Марией и двоицей девиц-подружек повели Феодосию в баню.

— Некому калину заломати, некому кудряву заломати, — громко распевала Матрена на дворе по пути в баню, давая понять прохожим и проезжим тотьмичам, ежели таковые случились бы за частоколом строгановских хором, что невеста ожидает свадьбы в непорушенном виде — с девством, целехонькая. — Ох, просватали девку-у! Ох, уезжать теперь ласточке нашей в злыдний мужнин посад!..

Василиса, стоявшая на высоком резном крыльце, перекрестилась вослед: «Господи, хоть бы забрал Юда из нашего дому это лихо...» Но тут хозяйский взгляд Василисы привлекли две холопки, с болтовней тащившие кули с мукой, и она охватилась заботами об предстоящих всенощных хлопотах: готовить угощенье к свадебному пиру!

— Куда куль-то прете?! — завопила она с крыльца. — Али на дворе дежу ставить будем?!

Всю ночь и утро субботы строгановские хоромы были озарены кострами. Зажаривали на вертелах барашков и поросят. В необъятном, как Матренина утроба, котле на тагане варили говядину. В огороде жгли огромные костры, дабы согреть на небесах от лютого мороза починших сродственников, ибо известно, что явление упокойников на свадьбе совершенно ни к чему. В кухонной хоромине пекли свадебный каравай размером с тележное колесо, изукрашенный тестяными узорами, цветами и зайцами, солнцем и рыбами. От пирогов, прикрытых холстинами, дух шел не только по двору, но и по всей улице, проникая в церковные стены, так что на заутрене отец Логгин, сглатывая слюну, прочитал облизывающейся пастве обличающее наставление о чревоугодии. Две дежи затворили не для пирогов и хлебов, а для молодых: Феодосии и Юде предстояло сидеть на них, укрытых шубами, ради плодовитости. С утра не обошлось без битья поганых холопов: Парашка рассыпала солоницу соли, а Тишка, паразит, запряг в свадебные сани двух кобыл. Хорошо, вездесущая Матрена вовремя заметила отсутствие в упряжи коня, а то рожать бы молодой одних девок! Собрав в себе остатки сил, Матрена самолично двинула кулаком в Тишкин загривок. Наконец одна кобыла была заменена на резвого коня, а за воротами приготовлены кучи соломы, дабы молодые проехали через огонь, и поставлен наизготовку холоп с кремнем. Матрена кинулась в дом — наряжать невесту.

— Уморилась! — помахав в лицо дланями, сообщила Матрена и, оттерев Марию, взялась за дело. Уж она вздевала на Феодосию шерстяные юбки, уж напяливала красно-золотые душегреи, уж взбивала рукава — чтоб казалась невеста дородной, здоровой, а не тощей неплодью. Лицо Феодосии Матрена вдохновенно набелила мукой, нарумянила клюквой, брови навела углем. Феодосия равнодушно сносила все и даже не взглянула в поднесенное Матреной серебряное зеркало, а стояла недвижно посередь горницы, как соломенное чучело, что обряжают к Масленице. Наконец, облачив поверх в крытую расшитой тканью шубу, Матрена гордо представила невесту на суд зрителей, каковые в изобилии толпились в сенях, на дворе и за воротами. Возле свадебных саней уж в нетерпении дожидался Юда. Завидев Феодосию, он оторопел — то ли от красоты ее, то ли от толщины, то ли от алых щек, брусневших сквозь свадебное покрывало.

Матрена, не желавшая и тут никому уступить, сама кинулась усаживать невесту в сани, палить солому, сыпать жито, озирать дорогу, дабы не появился на ней кто-нибудь, могущий сглазить свадьбу, — знахарка-зелейница, поп али сани с упокойником.

Наконец свадебный кортеж тронулся в путь.

— Обвенчали и еть помчали, — несколько упреждая события, промолвил случившейся рядом полоротой бабе Тишка, оглядел небо, словно ожидая дождя, и по-хозяйски затворил ворота.

Венчание прошло своим чередом. Отец Логгин был неподражаем, ревниво велел сохранять в браке целомудрие, чем очень озадачил присутствующих тотьмичей, и, совершенно увлекшись, похвалил невинность невесты, пожелав ей, поелику возможно, чадеть святым духом, а не плотским грехом. Юда в недоумении уставился на отца Логгина, но прервать таинства венчания не решился. Феодосия стояла с потухшим взором, что —

с ловкой подачи Матрены — было отнесено всеми на боязнь девицей первой брачной ночи.

Феодосии казалось, что все это не с ней... Словно тень она и зрит со стороны — то с полу, то со стены, а то и сверху — на самое себя, Феодосию Строганову. Вот увидела она, вознесясь над толпой, как вывели молодых из церкви, обсыпая кунами и житом. Как привезли в дом и усадили за столы на дежи с опарой. Как наелись и захмелели гости и принялись сыпать двусмысленными глумами. Как Феодосия беспрерывно плакала, отчего свадебное покрывало стало темным и тяжелым. Как упоила Матрена Юду допьяна. И как повели молодых в брачную горницу и ловкая повитуха, загородив задом одр, тишком подсунула под перину белоснежное портище с алым пятном, а затем самолично разоблачила Феодосию и, громко комментируя свои действия, осмотрела тело — не спрятала ли молодая в укромное место иголку либо свеклу, дабы изобразить утром признаки лишения девственности? Никаких тайных приспособлений ни в руках, ни в волосах молодой жены не оказалось, что и было сообщено гостям.

Едва добравшись до ложа, Юда рухнул на перину и, пошарив возле себя в поисках жены, заснул, бормоча и всхрапывая.

Феодосия сидела на лавке и слушала, как в доме пляшут и поют. Когда топот и крики затихли, она вытащила из-под перины испачканное кровью портище и положила возле Юды.

С рассветом Феодосия разбудила мужа. Он сперва мычал и брыкал ногой, не в силах разлепить веки. Но вдруг вздрогнул и резко сел на одре. Оглядел Феодосию, портище с пятном. Почесал за ухом.

— Али заспал? — удивленно промолвил Юда и потянулся к Феодосии.

Та отвела его руку и произнесла ровным голосом:

— Юда Ларионович, посягнула я в брак не девицей. Девство свое растлила во грехе. И взял ты меня с приданым: брюхата. На сем портище — не моя кровь. Хочешь, выгони меня вон со двора, хочешь — убей до смерти. Все приму без сожаления, ибо грешна перед тобой и белым светом.

Взгляд Юды прочертил невидимый квадрат, упертый одним углом в пол, а другим в потолок, по пути сделав растерянные остановки на образах, свече и животе Феодосии. Ах, кабы не любил он Феодосию... Убил бы сейчас, и делу конец! Но громоподобное признание Феодосии Юда воспринял как еще одну препону на пути обладания вожделенной женой, и оно только усилило алкание Юды.

Внезапно в сенях послышался веселый шум, разгульный топот, и в двери замолотили. Не дожидаясь ответа, в горницу ввалились самые крепкие гости во главе с Матреной.

Феодосия опустила голову.

Юда бросил на нее взгляд, пошарил по одру и молча протянул Матрене рубашку с алым пятном.

— Заломали нашу березу, наш калинов цвет! — во всю ивановскую заорала повитуха, перекрестилась и подмигнула Феодосии.

Глава четырнадцатая

ПРОМЫСЛОВАЯ

— Осторожно, княгинюшка молодая, не обвариться бы вам! — отеческого вида розмысля появился из полога дыма и пара, убедившись, что молодая жена солепромысленника Юды Ларионова не просто заглянула в ворота варницы, а собирается обойти внутрях. — Мужа ищете? Так его здесь нет. Поехали в кузню, со скобами поторопить.

— Со скобами?.. — Феодосия закашлялась, клуб серого дыма почти накрыл ее. Но, помахав на лицо дланями, чихнув и сказавши: «Ой, Господи, сажа какая!» — Феодосия разговор не прервала: — Али для сундуков скобы?

— А это смотря кому какое добро уберечь надо, — с ухмылкой произнес еще один голос, и в клубах пара появился посадский мастеровой с деревянной лопатой в руках. — Иная скоба и бабе подойдет.

Молодица вспыхнула. Ах, на воре шапка горит!.. Мастеровой и знать не знал про грешное ее любодейство со скоморохом, а Феодосии показалось, что вся Тотьма об том прознала.

— Ты, Агапка, язык-то попридержи, пока тебе его не урезали, — чересчур уж грозно, так что даже Феодосии стало ясно, что сердитость происходит из подобострастия, осадил посадского пожилой розмысля.

202

— Да я имею в виду корыто скобами подправить али ушат.

— Хайло закрой, говорю! — еще грознее осадил Агапку старик. И с хмурой приветливостью пояснил Феодосии: — Нет, хозяйка молодая, не для сундуков. Варницу ремонтировать. Вы бы ступали домой, а я Юде Ларионовичу доложусь, что вы приходили, искали его.

— Да не к мужу пришла. Хочется на варницу взглянуть. Никогда не видела, как соль промысляют. Вы бы мне показали?

— Ох, не знаю. Не понравится Юде Ларионовичу... Велит меня сварить на обед заместо рассола! — добродушно поупирался розмысля.

— Не велит! — заверила Феодосия. — Я на обед ему уж щей с бараниной приказала.

— Щи не без шерсти... — не удержавшись, вроде как сам себе, промолвил неугомонный Агапка. И втянул главу в плечи: мол, знаю, что ни к селу ни к городу встрял, да удержаться не мог — скучно, слово не перемолвя, соль цельный день лопатой отгребать.

— Ну, тогда ладно!.. — сделав вид, что не расслышал очередного Агапкиного перла, весело промолвил розмысля Феодосии, но по лицу его было видно, что ладно будет далеко не всем.

— Вот благодарствуйте! Это — чего? — указала Феодосия на огромную железную сковороду, укрепленную над невероятных размеров костром.

— А это мы у чертей позаимствовали. Они на сей сковороде грешников жарили, — раздался из дыма голос неунывающего Агапки.

— Погодите, хозяйка дорогая, — пожилой тяжело шагнул в клубы пара. Послышались звуки чинимой короткой расправы и упоминания «манды болтливой», которую Агапке сей же миг заткнут «осиновой елдой».

Феодосия засмеялась. Не над Агапкиным битьем, нет! Распотешил ее вдруг Агапкин веселый нрав, так напоминающий Истомин. Феодосия усмеялась впервые с того дня, как был казнен Истома. И потому тут же осеклась.

Через мгновение розмысля вынырнул наружу и, тряхнув с удовлетворением головой, доложился:

— Кается! Прощения просит. Ну да чего с него взять? Мужик сиволапый. Теперича можно производить осмотр варничного хозяйства. Чего бишь вы вопросили, Феодосия Изваровна?

Провожатый упорно величал семейство хозяев по отчеству, невзирая на опасность быть подвергнутым правежу за неподобающие положению титулы: не Извара Иванов, а Извара Иванович, не Юда Ларионов, а Юда Ларионович.

— Ой, да не величайте вы меня, как княгиню! — отмахнулась Феодосия. — Вопросивши: сие чего такое?

— Сия сковорода хоть и похожа на адскую, но не она.

— Не црен ли? — наконец призналась в некотором знании вопроса Феодосия.

— Ей! Црен. Да вы уж знаете в солеварении?

— На словесах только. Юда Ларионов мне книжку дали, «Роспись, как зачать делать новыя трубы на новом месте», так я маленько почитала, чего смогла. Про црен вот запомнила.

— Книжки, значит, читаете? — удивленно промолвил розмысля.

— По складам, — заскромничала Федосья. — Аз-буки-веди.

— Живете-он-покой-аз, — прибавил, промелькнувши в дыму, Агапка. Он был мастер составлять глумы и срамы, перечисляя названия букв. Вот и сейчас, не удержавшись, составил из буквиц потешину.

— Я тебе дам жопу, дай только добраться! — крикнул в его сторону розмысля. — Ах, пес! Не слушайте, Феодосия Изваровна. Сам с ним потом разберусь.

— Да оставьте его. Весельчак, что тут возьмешь? — махнула рукой Феодосия. — Книжки читать от скуки взялась. Целый день одна в дому, словом перемолвиться не с кем. Юда Ларионов впотьмах уезжает, впотьмах приезжает, круглый день на варнице, просолился уж весь до костей...

Феодосия тихо вещала, вышагивая рядом со своим провожатым.

И то правда. С тех пор как после свадьбы переехала она в мужнин посад возле Соли Тотемской, жизнь ее стала зело одинокой. А оттого не было препону черным и страшным, как шкура медвежья, мыслям об Истоме. И если что и давало силы перенесть мучительную кончину единственно любимого человека, то мысли об чадушке, Истомином продолжении на этой земле.

Феодосия вспомнила, пригорюнившись, как покинула отчий дом в слободе, родной с детства, как глядела, сидя в санях, недвижным взглядом вдоль дороги. Будь она не в горькой сухоте, непременно наполнилась бы душа от зрения Тотьмы благостью и лепотой. Ведь позрить было на что! Величава и одновременно живчива была Тотьма. Дивный город! Могучая деревянная крепость, возвышавшаяся на крутом насыпном холме над Сухоной, многочисленные башни — Воротная, Тайнишная, Троицкая, Рождественская — вырастали перед глазами путников, прибывших летом кораблями, а зимой — обозами, как сказочный град небесного царства. Небось, глянь кто на Тотьму с месяца, так увидал бы на возвышении еще горячий, с парком, духмяный высокий курник — и с яичной начинкой, и с курой, и с говядиной, и с кашей, и с рыбой. Обильная чудными церквами и соборами, богатая колоколами, что творили потрясающие звоны и благовесты, и диво дивное — железные часы с боем, — все сие приятно поражало многочисленных гостей и путников. Английские торговые гости, что открыли в Тотьме множество контор и дворов, только «Оу!» и покрякивали, замерив украдом на глаз ширину рукотворного рва, окружавшего крепость. И выходило у энтих козлобородых гостей в потешных гологузых портках, что ров-то пошире ихнего лондонского будет! И чуяли опасливо гости иноземные, что во рву скроется ихняя кирха вместе с колокольней! Великолепны были палаты на подворьях Спасо-Прилуцкого, Николо-Угрешского, Спасо-Суморина — всех и не перечесть! — монастырей. Держали сии монастыри в Тотьме осадные дворы, дабы осуществлять соляной и иные промыслы. А чтоб барыши монастырские не прошли случаем мимо казны царской, тут и земская изба угнездилась: всяк вываривший из глубоких соленых ключей да вывезший соль земли в чужие края платил здесь налоги да пошлины. И выходило по писцовым книгам, что в лето в Тотьме промыслялось никак не меньше ста тридцати тысяч пудов соли. А коли взять во внимание, что в деле податей тотьмичи государя норовили наеть да объегорить, то соляного товару было, пожалуй, и поболее. Чудным украшением всех построек были железные изделия: витеватые решетки на окошках, стрельчатые дверные навесы и петли, такие возжелал бы и Господь в свои палаты! Даже гвоздь каждый украшен был по головке тотемским кузнецом то бутоном, то шишечкой. Сие железное рукоделие тотемским железоделам было в баловство: как на один-то црен выкуешь до шести тысяч заклепочных гвоздей, так опосля для хором фигурные гвоздочки смастерить — одно удовольствие...

С гвоздями-то такая история была. Кузнец Пронька-блудодей ради веселых глумов возьми да и выкуй для соляного монастырского амбара гвозди с мудями на шляпке. Меленькие эдакие муде, с пчелку размером, однако ж рассмотреть можно. А се... Братия пришла гвозди забирать, да брат Филоний изделие к глазам поднес и обомлел.

—Это чего же такое? — вопросил брат Филоний. — Али срам?!

— Ох-ти мне! — глумится Пронька. — Ошибочка вышла! Сии гвоздики не для вашего монастыря, отец Филоний, а для палат матушки Фавиады, оне просили гвоздочки особые, чтоб играючи всаживались.

Монахи заржали, закрестились, а отец Филоний возьми да и дай глумам ход: доложил об Пронькиной выделке куда следует. Сперва проорал приказной дьяк тотьмичам, что приколочен будет мерзавец Пронька сими гвоздями за уши. Бабы посадские в рев. Да на счастье Пронькино полюбовница воеводина упрекнула тотемские власти в жестокосердии и ночью вымолила послабление. Так что Пронька и не пострадал вовсе: уши без него приколотили на сосновое древко посередь торжища. Он теперь без ушей ходит, но все одно довольный: сперва-то было мнение воеводы, что гвоздями Проньку надобно примолотить за муде.

С тех пор Пронька на шляпках выковывает одне лишь яблочки да землянички. Но это, конечно, когда сработаны црены. А на одну такую сковороду шли до четырех сотен кованых листов железа, как их называли тотемские солевары, трениц. Потому-то кузнечному посаду, мимо которого ехала Феодосьюшка в мужнины хоромы, и конца не было. Стоял над ним звон и пыхтение, шел из ворот дым, сияли внутрях огненные зарницы и шипели аспиды. Жар шел от посада, как от бабы, что ворочается в томлении в пологу. Черти-железодели беспрерывно ковали крепежные скобы, крюки, колуны. Бо колунов на тотьмичей не напасешься, едят они их, что ли?! Правду сказать, для одних только костров под солевыпарочные сковороды рубили мужики до десяти тысяч сажен дров! А еще были посады древодельные, где промысляли мастера лодки, баркасы, сани и подводы — возить соль до Сухоны, грузить на корабли али везти обозами в Москву. По пяти сотен кораблей проходили по Сухоне за лето! До тысячи саней и телег собирались в обоз соляной либо рыбный! Казалось, вся Тотьма приведена в перемещенье. И это невероятное движенье более всего поразило Феодосию. Но не та явь, к которой привыкла она уж давно, — вереницы холопов и работников, несущих и везущих к берегу Сухоны кули с солью, рожью, шкурами, — а сама суть безостановочного живота. Феодосия страдальчески озирала усердное копошенье тотьмичей, и странные мысли овладевали ею. «Истомы не стало, а живот продолжается, как ничего и не случилось. Вон бабы посадские навели брови сажей и идут до колодца, хохочут. Портомойницы тащат портища на речку полоскать, перемигиваются с мастеровыми, алкая блуда. Все живет в веселии. Словно и не отлетела душа Истомушкина. Стало быть, одного человека убыль не значит ничего? А — двоицы? Тоже пустое? А троица коли упокоится? Сотня? Тысяча? А ведь любая смерть — Божьим промыслом. Значит, и вся Тотьма, Его волей будучи умертвленная, не есть горе? А всей земли население? Что как всех Господь смертью накажет? Неужели и тогда Сухона течь будет, а соляные ключи — бить? Пренебрежет ли Господь гибелью всего сущего али не пренебрежет? С какого же числа человек ценен становится? И почто тогда создавал Он человека, коли, как куклу соломенную, в костер смерти бросает?» Ох, как же вредны были привычки Феодосии все обмысливать! Все горе ее, вся юдоль земная от этого проистекали. Но что верно было в Феодосьиных размышлениях, так мысль, что не присматривает Господь толком за тотьмичами али присматривает спустя рукава. А они, на Бога надеясь и свято блюдя Его законы, меж тем не плошали. Уж сколько народу Божьим промыслом забирал государь из Тотьмы! Баба Матрена вспоминала, несколько сот семей и непорочных девиц (на девство, правда, их никто не проверял, но тотьмичам нравилось вспоминать, что девки все были муженеискусными) силой переселяли в Мангазею да на Енисей. Ох, рев стоял! Девки непорочные должны были стать женами переселившихся в Сибирь казаков да всякого беглого сброда — воров и разбойников, и рыдали оне, расставаясь с тотемскими своими женихами. В голод и мор становились деревни и посады пустошами, но вновь населялись неунывающими тотьмичами. Потому что обитатели берегов Сухоны крепки духом и обильны на любовные услады. Бабы тотемские плодовиты и веселы до мужиков, ханжеством не страдали, плясок в коленца не чуждались, в самую горечь находили радость жизни, наполнены были природной страстью, и потому нарождались маленькие тотьмичата как грибы после дождя. И быстро наполнялись посады людьми, обселялись вновь пустоши. И если по правде, а не по фарисейской напускной кривде, то гербом Тотьмы должен бы быть не черный соболь на золотом полотнище, а золотая елда возле черного соболиного подчеревка...

В морозной тонкой пелене двигались сани Феодосии. Она глядела окрест страдальчески раскрытыми глазами, и намерзали на ресницах скляные слезинки.

Вдоль Сухоны тянулись крепкие, как грибы-боровики, амбары; часто, как на гребенке, стояли избушки

с лодками и снастями, крошечные, как ульи, баньки, кладези со ржаными снопами и кулями зерна; от кладезей рыбных разило тинной воней. Потянуло смрадной воней и от кожевенного посада, где промышляли тотьмичи юфть, козлы, черные и белые кожи, лосиные шкуры да соболей. Звон стоял над переулком кадышей — сколачивали те кадушки для дегтя и смолы, говяжьего жира и пчелиного воска. Смолу из Тотьмы вывозили тысячами бочек, так что древоделы без дела не сидели. Питейный дом обдал бранью, видами желтой сцаной наледи на углах и упившихся тотьмичей. Один из них стоял на снегу почти нагой, в одном портище и калигах, да, качаясь, бессмысленно вопил срамную скоморошину, выкручивая перед рожей дланями:

— Дают ему бабы гороху, а он просит черного моху!..

В груди у Феодосии оборвалось, словно лопнула верева и рухнула в темноту полная рассолу бадья. В выю, в самую яремную ямку вошел кол осиновый, не давая ни вздохнуть, ни вскрикнуть.

Ах ты, бражник поганый, почто напомнил ты Феодосьюшке песни на торжище?!

— О-ой, Господи-и! — втягивая словеса в гортань, простонала Феодосия и рухнула на куль с периной.

Правивший санями холоп Филька осторожно оглянулся на Феодосию и, хлестнув лошадь, потряс бородой:

— Эк убивается. Да уж... При муже жить — эт-та тебе не при отце с матерью в перинах перекатываться...

Феодосия заливалась слезами всю оставшуюся дорогу до новых своих хором.

Первые дни прошли в равнодушных хлопотах по хозяйству, запущенному без женской руки: Феодосия с девками-холопками устилала горницы половиками, полавочниками, протапливала выстывшие светелки, обряжала кухню, разметала паучину из темных углов, гоняла из сундуков молие. Изладив по дому, садилась Феодосия рукодельничать: кроить крошечную рубашечку, обшивать повивальники для чадца да вышивать малюсенькие рукавички из мягкого сафьяна. От всего этого, особливо от шитья рукавичек, отговаривала Феодосию баба Матрена, пугая сглазом. Но Феодосия отчего-то была уверена, что непременно разродится в положенный день чадцем и будет то чадце мальчик. Феодосия уж и имя ему придумала — Агей. Агейка, Агеюшка, Агей Истомин. А еще сшила Феодосия шелковый мешочек для скляницы с красно-рыжим, чудным плодом внутрях. Мандарин брякал, коли скляницу пораскачивать колокольчиком, — в бока его были воткнуты блошиные крошечные металлические гвоздики с круглыми шляпками. А еще Феодосия читала. Сперва перечла затрепанный склад толстых, как льняной холст, Матрениных заговоров: на любовь, на встречу, на любы, от тоски, от сухоты, — чего только не можно заговорить словом! Потом обнаружила Феодосия у Юды в деревянной расписной крабицс чертежи и пару книг. Одна — об составлении розмысленных чертежей, а другая — о бурении скважин в соляные пласты. В наставлении по черчению Феодосия, приоткрыв рот, изумленно узнала про радиус и угол. Дивясь, ощупала Феодосия угол покоев, сдвигая длани по стене, пока не сошлись оне в самом деле в одну линию, измерила меркой радиус подаренной Истомой забавной склявицы. И так заинтересовал ее книжный соляной промысел, что в один из дней, строго проследив за приготовлением челядью щей с бараниной и пирогов с томлеными ягодами к обеду, Феодосия решилась сходить позрить варницы. Оставила сани с Филькой возле крайнего соляного амбара, поглядела удивленно на столбы пара да дыма, от которых защипало глаза и запершило в горле, и прошла в ворота варницы, где и встретилась с балагуром Агапкой и серьезным розмыслей.

— Давайте посмотрим сперва, как скважина устроена, — предложила Феодосия розмысле, когда они вышли из топившейся по-черному варницы на свежий морозный воздух.

— Тогда направо поворачивайте. Осторожно, не спотыкнитесь!

Рабочие, коих было на разных работах не один десяток, завидев хозяйку, начинали действовать особенно картинно, четко и справно. Не только и не столько потому, что желали предстать перед Феодосией в самом выгодном свете, а оттого, что хотелось им показать важность своей роли в сложном процессе солеварения, наполниться гордостью за свой труд. Редко выпадал рабочим случай возвеличиться своим трудом. Разве только в праздник, когда шел мастеровой с чадами вдоль острога и озирал с высокого берега Сухоны огромные дощаники с великими парусами, что развевались на воде и в небе, как рукава белоснежной ризы Господней.

— Ишь, нашу-то соль везут! — сурово, скрывая гордость, указывал мастеровой отрочатам. — Лучше тотемской соли не сыскать.

Здоровались рабочие с Феодосией издалека, с поклонами, но сразу было видно, кто — мастеровой посадский, а кто — раб холопий. Мастеровой хоть и кланялся чуть не в пояс, но глазами зыркал, да и работы не прерывал. Холоп же стаскивал кудлатую шапку и отводил глаза в сторону, словно боясь взглянуть на хозяйку. И кланялся вослед, вослед...

— Хороша... — перемигивался мастеровой с подручным. — Вот бы этакое яблочко надкусить хоть разок.

«Худой снасти не достать сласти», — мыслил холоп, даже в тайных помыслах не алкая хозяйку для люб — так благоуханна и далека она была от рабского живота. Побоялся бы подступиться раб несчастный к Феодосии, пуганный и вековым битьем, и неискусным своим мужицким уменьем. Если и воспринималась она женой, то только Юды Ларионова. Даже в мыслях занять его место холоп не смел. И взглянуть с любострастью на госпожу не седмицей сухояста грозило, а битьем до смерти.

— ...Скважины всяко делаются, — пояснял розмысля. — Эта вот — колодцем. Вырыли колодец четыре аршина на четыре.

— Квадратом? — утвердительно вопросила Феодосия.

— Истинно. А глубиною — до появления воды. Энтот вот — с три аршина глубиной. Обшили его бревенчатым срубом, как обычный колодец. А теперь низвергли туды матку, али матицу, кто как молвит. Главную, в общем, трубу, первую. Она самая большая, все равно как в улье матка.

— Трубу широко выдолбили? С каким радиусом? — деловито спросила Феодосия.

— Про радиус не знаю, — хмыкнул розмысля, — а дыра в ей в локоть. Эту матичную трубу внизу колодца закрепили мы четырьмя бревнами, дабы стояла крепко...

— В замок закрепили? — уточнила Феодосия.

— Ишь ты!.. В замок, верно. Забили глиной по бокам, чтоб не шаталась труба, а теперь ведем бурение.

Феодосия взглянула на мастеровых. Полураздетые, с голой грудью, от которой валил пар, они молча, сжав зубы, вращали толстое древко. Вот снизу послышался особый звук, и мастеровые поволокли другое древко, вроде колодезного журавля, но толще, вверх. Внизу его оказалась огромная бадья с железными зубьями. Феодосия догадалась, что именно эти зубья и выгрызают скважину. Рабочие рывком вывернули бадью из колодца и, издав натужный утробный звук, вывалили из бадьи кучу глины да, несмотря на мороз, тяжелой жижи. Опорожнив кадыш величины такой, что в ем уместилась бы повитуха Матрена, мастеровые вновь опустили зубастое хайло в матичную деревянную трубу и принялись вращать шест. Делали они это с молчаливым остервенением — так волк рвет добычу, дыша впалыми боками.

— Господи Боже мой, — сочувственно промолвила Феодосия. — Сколько же они надрываться будут?

— Пока весь грунт до рассола не выберут.

— Али без перерыва? — поразилась Феодосия.

— Как же перерываться в мороз такой? Застынет грунт в трубе, вся работа псу под хвост.

— Так что — и ночью бадью ворочают? — ужаснулась Феодосия.

— Знамо.

— Впотьмах?

— Почему впотьмах? Костер палим.

— Господи, да почему же лошадь не впрячь шест крутить?

— Да какая лошадь такую работу выдержит, Феодосия Изваровна? Лошадь на такой работе отборным овсом надо кормить, а холоп кореньев вареных похлебает, хлеба из корья да чеснока для духу — и знай ворочает. Да вы об них не переживайте, Феодосия Изваровна, они молодые, сутки бадью опорожняют, а потом еще баб посадских кувыркают!

И розмысля, сделав украдом страшное лицо, тряхнул бородой мастеровым — мол, чего рожи угрюмые? Те смекнули и живо сделали глумливые лица да выкрикнули лихие крики, вроде как подбадривая себя и хозяйку: работа идет бодро, работа спорится, не жалоствитьтесь, молодая хозяйка! Но в груди Феодосии затеснило, и в скорбной грусти поднялись брови.

— А далее что? — сосредоточенно вопросила она розмыслю.

— А далее поглядим мы уже готовую скважину.

Мужики молча поднимали и опускали журавль, вытаскивая на поверхность бадьи рассолу, и выливали содержимое в глубокое деревянное корыто.

Феодосия попыталась заглянуть внутрь.

— Велико корыто, хозяюшка? — хмыкнул один из мастеровых.

— Как у тещи широко! — подмигнул товарищу рабочий.

— Цыц, срамословники! — прикрикнул розмысля. — Пойдемте далее, Феодосия Изваровна.

Вдоль частокола тянулись глубокие деревянные лотки — сосновые полубревна, схваченные железными скобами и обручами, по которым бежал рассол в варницу. Рабочий ходил вдоль лотка и глядел, как бы не застрял ток, не полился рассол наземь. Ежели где стопорилась и бурлила соленая река, мастеровой пропихивал затор, прочищал лоток. Феодосия углядела страдальчески, что руки рабочего разъедены солью до язв.

— Иногда по трубам рассол идет, иногда — по лоткам, это не столь важно, — пояснял розмысля.

Черная закопченная варница, облитая наледью, показалась Феодосии утопленником, что вытащили как-то при ней из полыньи на берег. Из ворот варницы и из-под крыши валил грозовой дым.

Феодосия решительно вошла внутрь, не глядя, где ступить дорогими малиновыми сапожками. И сразу стало трудно дышать, словно изринулся на лицо пар от брошенной на банную каменку воды. Только каменка та была с рудничную гору размером.

— Здесь четыре водолива, по которым рассол течет, — пытаясь разогнать перед Феодосией дым и пар, прокричал розмысля. — Рассол должен прибывать без перерыва, день и ночь.

Феодосия все более хмурилась.

— Сколько же бадей рассола поднимают из колодца те рабочие? — тревожно спросила она.

— За сутки пять сотен.

— Да ведь она огромная, не то что ушат?

— Три ушата, Феодосия Изваровна. А иначе нельзя, иначе выварка встанет. А без соли живот остановится. Вы, зрю, распереживались очень, а мастеровым работа в радость. Их на всех-то варницах больше сотни, и каждый за год пять рублей заработает. Товары на них купит, в питейном доме повеселится... с деньгам-то, сами знаете, хозяин — барин. Куны есть — Иван Иваныч! А без кун кто ты? Черносошной мужик.

У Феодосии нестерпимо защипало от дыма и соленой пелены глаза, да так свело, что аж личину перекосило и слезу вышибло. Она быстро вышла на улицу и вдохнула до ломоты в ребрах морозного воздуха.

— Господи, да это подземелье адское!.. — пробормотала она. И, отдышавшись, поблагодарила розмыслю: спаси вас Бог за обход, за сказ.

— Да не за что, Феодосия Изваровна. Вам спаси Бог, что не побрезговали работы обозрить.

Феодосия торопливо прошла к саням и толкнула закостеневшего от мороза Фильку:

— Домой!

Доехали быстро — господский двор стоял невдалеке, за сосновой рощей, шагом туда ходу раз-два и обчелся. Но положение господское не дозволяло Феодосии бродить сахарными ноженьками, сапожки мять. Феодосия вошла в хоромы в смятении. Черно было в зеницах, сумрачно на душе. Виды черной варницы, изъеденные солью руки рабочих, их отрешенные лица наполнили тоской. В ушах стоял скрип необъятной бадьи, треск огромных костров, аспидное шипение цренов.

— Господи, почто в муках таких живет человек посадский? — упав на колени перед домашним алтарем, закрестилась Феодосия. — Али от греха? Пожалеешь ли ты, Господи, несчастных тех, если я за них страдать буду? Усмирять плоть, не потакать желаниям? Отец Нифонт рекши, что можно вымолить пощаду за других. Прошу тебя, Господи, прими мое смирение за их муки.

Долго еще бормотала Феодосия, расспрашивая Господа, как конкретно может она усмирить свою плоть ради варничных страдальцев.

Сказать правду, более всего боялась Феодосия наказания за свой грех чадцу в утробе, но произносить вслух опасалась: почто лишний раз Богу напоминать о любострастном прегрешении? Он хоть и зрит все, но тоже небось об чем-то и запамятовать может. Забывает же иной раз об ином тотьмиче: живет жена али муж девяносто лет, уж просит смерти, а Боженька никак вспомнить о них не может. Вот и решила Феодосия, сама себе в том не признаваясь, даже, возможно, об том и не догадываясь, выпросить прощение беззаконному чадцу Агеюшке, молясь о спасении и облегчении потуг солеварочных рабочих.

Она принялась хлопотать с молитвою. Кормила смиренно мужа Юдашку щами и пирогом, провожала его до ворот, держа за сапог в стременах. А вечером легла на сундук в светелке. Юда, пошарив жену на одре, сыскал ее лежащей на верхнем этаже, в комнате для рукоделия.

— Ты чего это, жена, здеся делаешь? Пошли-ка.

— Я здесь почивать буду.

— С чего это?

— Среда сегодня. Для любодейства — грех.

— Будет тебе! Али я тебе не муж?

— Не пойду! — неожиданно сурово ответила Феодосия.

— Али мне холопку звать при живой жене? — оскорбленный ее тоном, зло бросил Юда.

— Уйди, насильник злой! — вскричала Феодосия. — Воздержавшись в среду, и пятницу, и святую субботу, и светлое воскресенье, запишется ангелом в книгу добрых деяний. Либо запишет ангел сатаны в книгу злых деяний.

— В собственной жене нет греха, — промолвил Юда.

— Среда сегодня! Святая среда!

Юда схватил Феодосию за ворот душегреи и сволок с сундука.

— Ну, так будет тебе в середу с переду, а в пятницу — в задницу!..

— Господи, помилуй! Господи, помилуй! Господи, помилуй! — принялась восклицать Феодосия.

Широко раскрыв глаза, она истово исторгала свое «Господи, помилуй», пока Юда, овладев со злобой женой своею, не бросил ее лежать на полу.

Глава пятнадцатая

ДИСКУССИОННАЯ

— Аер, видите ли, звонкий, и звездочки дрожат!.. — Отец Логгин возмущенно пошевелил перстами, изображая, как именно подрагивали звезды в морозном небе. — Что сие есть, как не аеромантия?!

— Да-а... уж... аер... хм... гм... — Отец Нифонт издал различные солидные звуки и принялся поправлять крест на животе.

— Дондеже, прости Господи, в лоб посохом не вдаришь этакой бабе сущеглупой, все будет веровати в каждый чих! — возмущенно трепыхал власами отец Логгин.

— Пф-ф-ф... — Отец Нифонт, отступившись от креста на чреве, принялся разбирать и одергивать рукава рясы.

Праведный гнев отца Логгина вызвала проскурница Авдотья, которая, встретя в шесть часов утра батюшку у дверей церкви и отмыкая замок, сдуру возьми да и скажи, мол, звезды дрожат, стало быть, мороз крепчает и волки сызнова, как на той седмице, набегут стаей на Волчановскую улицу да подерут собак. Отец Логгин констатировал прогноз Авдотьи как в чистом виде богомерзкое воздуховолхование, или, как выразился он книжно:

— Как можешь ты, жена подлая, прямо под стенами святыми гадать на основании атмосферных явлений?! Дать бы тебе ключом вот этим в скранию!

Авдотья испуганно прикрыла дланью ближайший к батюшке висок, опасаясь, что отец Логгин приведет угрозу в исполнение, и запричитала:

— Уж чего такого, батюшка, и рекши? Господи, помилуй! Али мороз — от дьявола?

— К просвирам сей день не прикасайся, грешница! Ты бы еще в стенах святых аеромантией занялась! Зелья бы наварила на паперти, прости Господи! Птиц принесла да собак навела!

Отец Логгин наконец отомкнул замок и помчался по церкви, полы его овчинного тулупа и подол рясы не поспевали за ним.

Авдотья тихо подвывала:

— Батюшка-а... Ведь об вашем животе страдала, как бы вас волки не растерзали.

Отец Логгин резко развернулся, совершив грех становления к алтарю спиной без предварительного моления, и саркастически произнес:

— Еще того не легче! Авдотья ход моего живота предопределяет! Прямо не Авдотья, а дельфийский оракул, прости Господи. Быть мне волком задранным али от глупости вашей удар в кровяную жилу принять — то Богу решать! А не тебе ворожить! Твоего ли разума дело с предсказанием лезть? Ты молись, так святые угодники тебе все расскажут в своих откровениях, коли будет нужда, без всяких звезд.

— Батюшка, да ведь волхвам-то звезда путь к младенцу Иисусу указала, — всхлипнула Авдотья.

— А-а-а! — возопил отец Логгин. — Вселукавая баба! Потворница! Кощунница! Ведунья! Баальница смрадная! Зелейница! Вон! Три месяца тебе сухояста и по сто поклонов поясных!

Упоминание глупой Авдотьей библейского эпизода более всего прогневило отца Логгина, поскольку поставило батюшку впросак. Как втолковать дурной бабе разницу в звездных событиях? Та звезда была Вифлеемской.

А эта — тотемской. Ну, есть разница?! Та звезда вела к пещере, в которой агнецы в стойле стояли. А Авдотье дай волю, псов в святую вертепскую пещеру наведет!

Мысль о псах, несмотря на то что была его собственной, еще более прогневила отца Логгина.

Собака полагалась зело нечистым животным среди тотьмичей. Мог тотьмич в гневе обругать соседа «козлом душным» и помириться вскоре за чаркой меда, но облаять «псом смердящим»!.. Сим словесам прощения не было. Мог иной тотьмич в мор великий кошку сожрать, а из шкурок кошачьих так и вовсе принято было женам и чадам рукавицы шить, но пса съесть! Да скорее тотьмич землю грызть будет, чем осквернится мясом собачьим. Вот какими добронравными были тотьмичи! Спаси Бог, если отрочонок какой по младенческой глупости запускал в ворота церкви щенка. Закрывалась церковь и с долгими молитвами вновь освящалась. Поляки и литовцы, захватившие Тотьму в 7121 году, измываясь над горожанами, запустили в Богоявленский собор псов бродячих — надругались над святыми стенами. Тотьмичи со слезами крест целовали, моля Бога об очищении стен. Десятки тотьмичей отважно бросились в баталию с псами и убивали их, рыкающих, со счастием в сердце. И бысть покусан в той баталии смиренный тотемский нищий Тишка. И принял Тишка бешенство. И бродил седмицу, а затем лежал на гноище, истекая слюной и бредя и лая. И уверовали тотьмичи, что взял Тишка все дьявольское псовое бешенство на свою душу и очистил тем самым стены оскверненного собора. По смерти Тишки был он единодушно наречен тотьмичами и церковными властями блаженным, святым. Тщением всех горожан возведена была на месте гноища, на котором упокоился нищий, Тихонская часовня. Имела она славу излечивающей от бешенства.

Впрочем, обо всем этом отец Логгин не ведал, поскольку прибыл в Тотьму через шесть десятков лет после тех событий. И потому гнев молодого батюшки был направлен исключительно на аеромантию.

Отец Нифонт же не выказал особого рвения в осуждении Авдотьи. Меньше всего отцу Нифонту, несшему службу почти тридцать лет, хотелось дискутировать с молодым энергичным коллегой. Алкалось отцу Нифонту покоя. Если какие мысли и пускал он в главу, так о том, не уменьшат ли в сей год размер церковного корма? Не согрешит ли средняя дочь с рыбарем Васькой, уж больно зачастил тот с рыбой на двор к отцу Нифонту? В общем, отец Нифонт желал дослужить в покое, философски размыслив, что коли Богу не удалось исправить грешников тотемских, то уж ему, отцу Нифонту, тем более надрываться бессмысленно. Жаркие теологические дискуссии отца Логгина отец Нифонт не поддерживал. Но и не спорил. А свое участие в диспутах выражал многозначительным хмыканьем и солидным молчанием. Слушал, с легкой грустью вспоминая, как когда-то таким же увлеченным отроком прибыл в Тотьму. И в глубине души даже желал отцу Логгину повышения и перевода в епархию на вышестоящую должность: молодой пастырь порядком утомил отца Нифонта своей активной верой в перевоспитание тотьмичей. Вот и сейчас, делая вид, что слушает отца Логгина, опытный батюшка меж тем про себя прикидывал: хватит ли семейству редьки и репы до весны? И лишь потому, что урожай сих корнеплодов зависел именно от атмосферных явлений, отец Нифонт открыл рот и изрек:

— Довелось мне слышать, что при дворе государя нашего Алексея Михайловича караульным стрельцам вменено зрить погоды бденно и излагать подьячим, дабы те писали об том в особый список. А некий книжный грамотей тот список изучает и измышляет, каково будет: ведро али безведрие? Ибо плодовитость репы, редьки и хрена, да и выезд государев зависят от ненастья али настья.

Отец Логгин взвился:

— Извините, отец Нифонт! Авдотья — это, извините, не государь наш. Царь Алексей Михайлович зело прозорливо делает, что следит за ветрами и огненными столпами, опасаясь недорода али бескормицы рабов своих. Но Авдотья-то по ветрам и морозам га-да-ет! Не далее как на той пятнице рече мне: «Вороны-то молчком сидят, ох, ищо морознее станет! Озимые вымерзнут». «Ах, — говорю ей, — сама ты ворона худая! Каркаешь, что в главу глупую взбредет. Разве вороны урожай и, стало быть, хлеб наш насущный нам посылают? На то Божья воля, и от ворон тут ничего не зависит. Хоть каркай оне, хоть пляши вприсядку. По тебе, дуре темной, так и манну небесную вороны посылают? Что сие есть, как не птицеволхование?» И добро бы холопка старая была, так ведь добронравная проскурница! Ох, много еще пахать нам на ниве тотемской! Много доносить слова Божьего до паствуемых. Бо у них одна репа на уме!

Отец Нифонт крякнул и спешно подтвердил:

— Да уж...

— Не хотят в толк взять, что не в репе с хреном счастье. А в том, чтоб в душе армония была, чтоб в мыслях — аркадия.

Что приятно было в отце Логгине, так то, что всякие книжные словеса он рек без натуги, словно с детства ими эдак изъяснялся. «Аркадия» та же. Другой дурак брякнул бы: райская страна невинности. А из уст отца Логгина чисто ученое слетает: ар-ка-ди-я! И со всяким словом так было. Где кузнец Пронька изрек бы «елда», а отец Нифонт — «уд срамной», там отец Логгин непременно произносил по-гречески, по-научному — «педагоген». Первое время тотьмичи отца Логгина, конечно, недопонимали, но недопонимали с удовольствием: лепота какая в словесах! «Педагоген»... Детородный! Ишь ты... От одного названия суть действа меняется! Елдой чего станешь делать? Только блудить. В крайнем случае —

подъелдыкивать. А педагогеном детородным скокотать не станешь. Бо он не для утех, а для плодовитости.

Тихо щелкало в печи, шумела, закипая, вода в котле — на тот случай, если принесут крестить младенца, пахло елеем, ладаном и ржаным хлебом, который отец Нифонт положил возле печи, дабы оттаял с мороза. И, честно говоря, отец Нифонт придремал маленько, не роняя, впрочем, главы. Возможно, не смежи он веждей, дальнейшие события повернулись бы по-иному. И не пылать бы через год срубу на Государевом лугу... Впрочем, если учесть, что на все воля Божья, то выходило, что заснул отец Нифонт не случайно, а именно Его провидением. Тут некая любопытная жена по имени Феодосия непременно принялась бы размышлять: всякого ли человека сон от Господа? Или иные сами собой засыпают? Неужели у Боженьки хватает времени еще и веки каждому грешнику смеживать?! Когда и успевает? Совсем, наверное, не спит... В общем, именно оттого, что батюшка придремнул, на зов из служебной каморки вышел отец Логгин.

— Чего там? — вопросил отец Логгин звонаря Тихона.

— Каятися пришедши. Вас дожидаются.

Хотя Тихон говорил о посетителях во множественном числе, возле сеней стояла одна жена. Тихая, как птаха на гнезде. И пахнущая медом, как травы едемские.

— Феодосия... — смутился отец Логгин.

И сам удивился своему смущению. И тут же напугался его, смущения своего. И дабы прогнать страх, вдруг давший понять о глубинных страстях юного отца, сгустил мысли и словеса, Феодосии предназначенные.

— Натощак пришла? — строго произнес отец Логгин и, не глядя на кивок Феодосии, суровым шагом пошел к поставцу с книгой, крестом и покрывалом. Когда Феодосия встала рядом, отец Логгин бросил взгляд на нее и поразился, как же изменился ее облик. В глазах, что прежде блистали весенними веселыми ручьями да летними дождинками, зияла полынья, да такая страшная, словно бросился туда не один утопленник. Впрочем, отец Логгин любил наставлять горевавших: в горе паствуемый более склонен припасть к Богу, чем в глупой радости. Когда человек возопиет слово Божье — когда на одре болезнью свален али когда девку тискает? То-то же!

Будь отец Логгин не так молод и не с такими бы трудами сдерживал свои юные и такие естественные возжелания, то исповедовал бы Феодосию, не нагнетая страстей и не воздействуя так яростно на неокрепший ум пятнадцатилетней жены. Но отцу Логгину хотелось доказать самому себе, что не волнуют его заушины, пахнущие медом, и учесанные с елеем косы. А если и волнуют — то виновата в том Феодосия, и поступить с ней за это надо как можно строже. Так чадо бьет оцарапавшую его кошку, которую он же и таскал за хвост! И потому вместо служебного минутного отпущения грехов отец Логгин налетел на Феодосию коршуном. Что ответил бы отец Нифонт на рассказ Феодосии об том, как овладел ею муж в святую среду? Надул бы щеки и порекомендовал: коли муж не против, то воздержаться от смешения в среду, а коли против и зело нетерпелив, то не препятствовать ему, прочитав опосля покаянную молитву. В общем, поступай хоть так, хоть этак, только молиться не забывай. Отец же Логгин разразился целой тирадой в адрес Юды. И восхвалил смирение Феодосии, ее желание как можно реже грешить с мужем. А лучше, как поняла Феодосия, и вообще не грешить!

— Святая жена Ольга, когда возжелал ее муж в святую субботу, отрезала себе нос, дабы стать для мужа омерзительной и избегнуть тем самым любострастного греха! — пламенно вещал отец Логгин.

Взгляд его пылал.

— Святая жена Ириния отрезала себе губы, когда возалкал ее муж целовать с похотью, со вложением языка в уста. Праведница Олегия бросилась со стены, спасаясь от блуда мужа в афедрон. Боговерная Ярослава...

Отец Логгин вещал и вещал, принося в жертву Богу носы, уши, длани, косы и даже лядвии святых жен.

Феодосия слушала, широко раскрыв глаза, внимая сердцем.

— Ложе жене для чадородия Богом даны, а не для злострастия. Коли ты уж очедела, то и смеситься нет нужды. Наоборот, добронравная очадевшая жена имеет отдельный одр в других покоях, дабы не искушать мужа и тем самым не вводить его в грех.

(Здесь отец Логгин молвил явную отсебятину. Не было в вопроснике для исповедания епитимьи за смешение с брюхатой женой. Не запрещалось сие и не считалось за грех.)

— Так и сделаю. На одр только для сна всходить буду. И одр тот устрою постным, жестким. Лавку полавочником покрою, вместо взголовья полено положу, чтоб не нежиться в праздности. А то и на полу придремлю, чтоб страдать и во сне, как Господь страдал!

— Истинно! Сперва одна жена укротит свои плотские позывы, потом — вторая. А там, глядишь, и наступит всеобщая армония. Фиваиды в Северную Аркадию! И наградит Господь тотьмичей великим даром — совокупляться без сладострастия. Дабы не порождать связанных с ним страстей, любодейств и иных грехов. А отчего — нет? Осеменяются же плодоносящие дерева и овощи без стонов и блуда? Вот и человек к этому должен стремиться.

— Отче, как многия люди страдают днем и ночью, так аз буду круглосуточно постничать, — пообещала Феодосия, вспомнив об непрерывной выварке соли.

— И всегда в главе держи: в тот момент, когда ты плоть нежишь, в тот самый момент твою долю страдания другой человек принимает!

Феодосия представила, как тяжелеет бадья с рассолом в руках мастерового Агапки в тот миг, когда она, Феодосия, празднословит. Как гуще становится дым над варницей и неподъемнее лопата с солью, когда она, Феодосия, сладкие меды кушает.

— Ежели один гребец весло потихоньку бросает, то, значит, другому двойная тяжесть, — словно читая мысли Феодосии, грозно вещал отец Логгин. — Коли ты сладко съела, то, значит, другой горького сухаря погрыз. Коли ты каши с бараниной вкусила, то другой — лепешку из лебеды.

Впрочем, перечисления яств вызвали у отца Логгина бурление в пищной жиле. Так что он бросил сии примеры и перешел к другой теме.

— Что же ты не покаешься, дочь моя, в старом своем грехе? Кто таскал куклу Христа на торжище? Али не ты?

— Аз есмь...

— Что же тебе в голову взбрело? Погоди, не отвечай. Сам отвечу: один богомерзкий проступок непременно тянет за собой следующий. Совершила ты грех зрения скоморошьих потех на торжище и тем дала дьяволу повод полагать тебя в его стане. И он, смрадный искуситель, тут же твоими руками еще более великий грех совершил — изготовил деревянный щурбан с обликом Христа и заставил тебя носить его над глумливой толпой.

— Нет, батюшка, нет! Сие — не от дьявола. Спасти хотела Господа нашего от смерти на кресте! Хотела, чтоб он жив остался!.. Разве дьяволу хочется того же? — с большим чувством промолвила Феодосия.

— Именно! Именно! Дьявол только того и желает: чтоб Христос не принял мук на кресте за грехи наши.

— Да как же?

— Иисуса распяли за грехи наши. А коли не распяли бы, то, значит, и грехов за нами нет? Бражничают тотьмичи, любодействуют, разбойничают, а все это не грехи? А так, детские безвинные шалости? Так какое ты имела право Христа спасать?

— Отче, но ведь все в руках Божьих. Значит, и спасала я Иисуса по воле Божьей? — осенилась Феодосия.

— Не могло быть такой Его воли. Христос должен, обязан был принять смерть! А иначе... — отец Логгин замешкался, не находя аргументов. — А иначе...

На языке у него вертелось: «А иначе все учение наше ложно?» Но мысль эта отца Логгина ужаснула. Он перекрестился и произнес:

— А иначе не было бы креста! И что бы тогда высилось на главах наших церквей? Что бы мы носили на теле? Как осеняли себя крестным знамением? Ведь крест сиречь один из краеугольных камней веры.

— Да-да, истинно, — сраженная силой сего доказательства, пробормотала Феодосия. — Что же высилось бы на главах церквей, коли креста бы не существовало?

— Хм... — сказал отец Логгин, которого тоже заинтриговал вопрос: чем возможно украсить главки храмов, кроме креста? «Фигурой петуха можно было бы, — задумался он, — бо петель криком тьму распугивает, рассвет провозглашает. Львом неплохо было бы, дабы показать, что православие — царь религий. Хотя...»

— Отче, а нельзя ли солнце на главки укрепить? — предложила Феодосия.

— Солнце?! — в ужасе воскликнул отец Логгин. — Да ведь солнце без креста суть языческий символ! — И замер: о-о-о! В ересь ввергся он, представив на маковке часовни льва али петеля.

Он срочно произнес «Господи и Владыко живота моего» и четырежды поклонился.

Глядя на него, и Феодосия зашелестела молитвы.

— Батюшка, все поняла и каюсь. И в следующий раз, ежели случай такой и подвернется, Христа спасать не буду. Пущай себе висит на кресте на радость людям.

— Истинно, дочь моя, — согласился отец Логгин. — Пускай православный люд с умилением в сердце радуется, зря Иисуса, муки принявшего.

— Отчего зрить муки полезно? — удивленно спросила Феодосия, вспомнив казнь Истомы.

— Ежели бы лицезреть страдания было вредно, то государи московские не стали бы столько народу жечь и вешать, — уверенно пояснил отец Логгин. — Не зря прозорливые наши цари казни совершают принародно, а не украдом. Сие урон грешникам.

— Отче, ведь муки самым лучшим людям насылаются? — вдруг с надеждой спросила Феодосия.

— Истинно. Страданиями Бог награждает любимых сынов своих.

«Олей! О! — обмякла Феодосия. — Значит, Истома тоже любимый сын Его. И не мог он быть разбойником, торговать табачным зельем. То наветы были. И смерть его чиста. И глядит он сейчас на меня из небесного царства, а не из ада».

— Благодарю тебя, Господи! — по лицу Феодосии побежали слезы, тихие и кроткие, как смерть коровушки.

Отец Логгин сделал удовлетворенное лицо. Но тут же пригрозил:

— Коли в ближайшее время тотьмичи не прекратят грешить разнообразно, то вздыбится земля над Сухоной и извергнутся из нея пеплы и газы, потечет огенная река из расплавленного железа и схоронит город.

— Батюшка, как сие возможно? Неужто из самого ада огонь потечет? — не поверила Феодосия.

— Тому уж есть примеры. Извергался железный огнь на грешный город Помпеус. Из горы Везувиус вырвались тучи смрадных газов...

— Отче, так у нас здеся гор нет, — с надеждой сказала Феодосия.

— Вспухнет гора, как грыжа, а потом лопнет, как чирей!..

Внезапно отец Логгин поднял перст и радостно сообщил:

— Ага! Ведь бысть у меня в книге образ сего дьявольского огня. Сейчас принесу.

Батюшка помчался в каморку и вскоре явился с победным видом. В руках он держал пухлую книгу. Отец

Логгин полистал фолиант и торжественно продемонст-рировал Феодосии раскрашенную гравюру.

В пламени свечи Феодосия увидала серую гору с дыр-кой и черным дымоходом на верхушке. Справа от горы изображена была куща зеленых дерев. А из дымохода, который отец Логгин эффектно назвал «жерло», лилась брусняного, как кровь, цвету река! Она заливала чудные дома с плоскими крышами и голых людей, в ужасе бегу-щих вниз, в сторону Феодосьиного подола.

Сие доказательство возможности изрыгания под-земного огня на Тотьму оказалось для Феодосии неопро-вержимым. Усомниться в том было бы столь же неле-по, как усомниться в существовании лешего или бан-ника. Феодосия мелко задрожала. Мысль, что из-за неисправимых тотьмичей огонь может залить острог, и церкви, и хоромы, и братика Зотейку, поразила ее. Сонм различных чувств разом охватил Феодосию, как если бы окружили ее лучники и так же разом вонзили в нее стрелы. Сердце ее пылало верой, душа горчила утратой и несправедливостью мироздания, в висках стучало от порывов изменить свой собственный жи-вот, поджилки дрожали, и ликовал дух от мысли, что отныне все грехи тотьмичей будет брать на себя она, Феодосия.

Отец Логгин захлопнул книгу, а перед глазами Фео-досии все еще стояла гравюра. Она вгляделась в рису-нок. И тут же задалась вопросом — совершенно неумест-ным в сей момент!

— Отче, почему на рисунках всегда дальние вещи од-ного размера с ближними? Ведь вдали человек меньше. Вот как-то вышивала у окна, да и поглядела в ушко игол-ки на улицу. Так в ем, в ушке, корова поместилась и две овечки. Я потом над сим размышляла и сама своим умом дошла, что месяц не с блин размером, а никак не мень-ше, чем изба. Просто он далеко от взора нашего и пото-му кажется маленьким.

Феодосия горделиво поглядела на отца Логгина, ожидая восхищения.

Но отец Логгин посмотрел на Феодосию весьма снисходительно.

— Сие явление сиречь перспектива. Еще греки (отец Логгин благоговел от всего греческого) знали, что увиденное нами вдали сокращается в размерах. Но греческие философусы доказали: то лжа. Ведь мы-то знаем, что дом вдали такого же размера, как и вблизи. Так зачем же рисунком обманывать зрителя? А?!

— Не знаю... — растерянно ответила Феодосия.

— Что как на иконе эдакий зело умный рисовальщик изобразит перспективу и получится, что Иисус на заднем плане будет меньше дьявола не переднем?! Прости Господи!

— Это не есть хорошо, — согласилась Феодосия.

— Еще Платонус подтвердил, что изображенное в перспективе ложно и призрачно. Изображать надо не видимое, а знаемое! — последнюю фразу отец Логгин произнес с напором, так что Феодосия восхищенно решила, что сие изречение — его собственное.

Но дух любознательности не отпускал ее.

— Отче, но ведь на рисунке человек изображает не настоящий предмет, а лишь его образ. Отчего бы и не использовать перспективу как приукрашение? Приукрашают же на рукоделии петуха али цветочки?

— Цветочки... Эх, ты... — со вздохом рек отец Логгин. — Приукрашать живот надо не на рукоделии, а в действиях своих и помыслах. А в действиях разве тот грех, что совершен был раньше, становится меньшим по размеру? Не-е-ет!

— Истинно, — согласилась Феодосия. И больше уж в дискуссии не вступала.

Засим отец Логгин отпустил мелкие прегрешения Феодосии и наказал усмирять похотствующую плоть всеми возможными способами.

Феодосия вышла из церкви та и не та. Так зайчик из серо-коричневого становится белоснежным, а это значит, что ожидает его другая жизнь: в холоде, голоде, на ветру, но в ожидании весны. Такой весной для Феодосии было рождение чадца. И ожидать ее, весну, Феодосия была твердо намерена в постничестве и затворничестве, в любви к Богу. Она хотела было по привычке крикнуть Фильку с санями, но тут же перекрестилась и пошла пешком, держась за сани голой рукой. Филька, не дерзнувший остаться на месте возницы, слез и также пошел рядом с санями. Шли они около часа, ведь любимая Федосьина церковь была далековато от новых хором Феодосии в слободе солепромысленников. И хотя возле дома Юды была церковь, Феодосию тянуло в свою, родную с детства.

Отец Логгин проводил отъезд, вернее, уход Феодосии тайным взглядом из оконца в церковных сенях и резво прошагал в служебную каморку, тщетно стараясь скрыть профессиональное удовлетворение. Впрочем, отец Нифонт крепко сонмился и того не смог бы увидеть. Поэтому отец Логгин нарочно несколько раз шумно задел печь, стол, дабы отец Нифонт проснулся. И когда сие удалось, отец Логгин пробормотал как бы себе самому:

— Неплохо, неплохо...

— Об чем ты, отец Логгин?

— А? Что? Да так... Сам с собой рассуждаю об чудесном перерождении одной суетной жены в покорную рабу Божию. Аз уверен, что сей же день скинет она все искрометные бисера, сафьяновые сапожки и прочие атрибуты разжигания мужской похоти и облачится в скромные черные одежды. А ведь недалече еще бысть она суетливой, болтливой, веселой женой. Тем дороже дар Господу! Ему приятнее, когда приходит к нему бывшая грешница. И дорогу эту указал ей с Божьей помощью аз, отец Логгин.

— Да про кого ты речешь, отец Логгин? Кто грешница? Анница-блудодейка? — вопросил отец Нифонт и тут же пожалел о своем вопросе. Потому что отец Логгин резко развернулся, взмахнув рукавами, и прочно уселся на табурет, готовясь развести дискуссию.

— Тьфу! Эту и могила не исправит. Молвлю об Феодосии Изваровой.

— Феодосии? — изумился отец Нифонт. — Да какие такие великие грехи за ней числились? Разве только брови сажей наводила да белилами щеки белила?

— Кстати, о белилах, отец Нифонт. Как вы трактуете такое использование белил? За что накладываете епитимью? За то, что, беля рожу, толкает жена мужей на похоть? Али за то, что белила — краска, предназначенная для икон и, следовательно, жена кощунствует над святыми предметами?

— Ну-у, это еще двадцать лет назад разъяснил Никон, — неохотно крякнул отец Нифонт.

— Да-да-да. И все же?

— Собор уж решил, что запрещать женам белиться на том основании, что сей краской малюют иконы, — значит возводить хулу на иконы. Следовательно, епитимья накладывается на жену за разрисовывание рожи с целью разжигать мужескую похоть. Это вопрос давно решенный.

— Вот именно — давно, — заносчиво изрек отец Логгин. — А смотреть нужно вперед.

Как всякий молодой человек, отец Логгин снисходительно, а местами и критически относился к жизненным установкам отцов, полагая их отчасти косными и не отвечающими духу времени.

— Оглянитесь вокруг, отец Нифонт! За двадцать-то лет как все переменилось! Двадцать лет назад за ересь за ребро подвешивали, а теперь — огнем сжигают. Двадцать лет назад Авдотья глупая девкой была, а теперь — баба.

— А я так понимаю, — с обидой промолвил отец Нифонт. — Коли вера верная, то и за две тысячи лет она смысла не утеряет. А вас послушать, так ежели сказано было «не убий!», то теперь говорить нужно «убий!»?

— Вы меня не так поняли, я, наверное, не совсем ясно изъяснился, — слегка испужавшись, пошел на попятный отец Логгин. — Заветы Божьи остаются неизменными, как наша вера. Но ведь крестные ходы стали проводить против солнца, а не посолонь. И сие новшество верно! Посолонь разве можно крестный ход совершать? И число земных поклонов с шестнадцати до четырех верно изменили. Почто — шестнадцать? Откуда взялась сия цифра?

Отец Нифонт, который как раз так и не смог смириться с новым правилом — кланяться до земли во время молитвы «Господи и Владыко живота моего» всего четырежды, — сердито крякнул про себя: «Вот пристал! Зелен еще, как гусиное говно, а учит меня!»

— Четыре поклона — несомненно верное уложение, — осторожно согласился отец Нифонт. — Но, с другой стороны, народ-то ленив становится. Завтра он вообще не поклонится, а послезавтра плясать во время молитвы начнет — а чего еще делать, коли ноги свободны? А вообще, я со всем новым согласен, ежели, конечно, сие новое утверждено нашим Собором.

Отец Логгин остался слегка недоволен, что дискуссия, в которой он мог бы выказать свои книжность и гибкость ума, затухла.

— А се... — впрочем, тут же встрепенулся он. — Вы меня вопросили об грехах Феодосии. А таскание щурбана Христа на скоморошьих глумах? И знаете, что она мне ответила? «Хотела Иисуса от смерти спасти».

Отец Логгин саркастически засмеялся, призывая к тому и коллегу.

Но отец Нифонт почему-то не засмеялся. Наоборот, расчесал перстами бороду и взгляд его сделался мечтательным.

— Аз, бывало в отрочестве, часто грезил: что как Иисус не принял бы смерть земную и не вознесся на небеса, а странствовал бы все так же с учениками своими по свету? И пришел бы однажды в наше селище, Хмелина оно звалось, и увидел бы тучные нивы наши с житом и репой, полноплодные леса, полноводную Сухону. Что как приятно бы ему было...

— Кому, отец Нифонт? — иронично вопросил отец Логгин.

— Да Христу же...

— Али он с небес не лицезреет нивы ваши тучные? Али ему сверху леса не видны?

— Так то — издалека, — с умилением продолжал молвить отец Нифонт, на мгновение забыв об заботах живота — репе, работе, корме... — Издалека какой интерес, положим, на бабу глядеть? Нет, каждый норовит ее вблизи заломати.

— Господи, спаси... — мелко затряс главой отец Логгин. — При чем здесь баба?

— А она всегда при чем...

Отец Логгин вспомнил лик Феодосии. Помолчав, скорбно произнес:

— Вижу, вас не переспорить, отец Нифонт. Поедим, что ли, хлеба?

— Поедим, отец Логгин, — с сожалением возвращаясь мыслями в каморку, согласился отец Нифонт.

— А все ж таки смерть Христа была необходима, — пожевав краюшку и запив ее горячим настоем иван-чая с толикой меда, сказал отец Логгин. — А если Бог надумал бы от смерти Его спасти, то, надо полагать, совершил бы сие руками не Феодосии какой-нибудь, а богоизбранным (отец Логгин приосанился), да, богоизбранным рабом своим.

«Вот привязался, что банный лист к жопе, прости Господи», — подумал отец Нифонт и приветливо сказал:

— Это само собой. На все воля Божья.

Глава шестнадцатая

СМИРЕННАЯ

— Баба Матрена, ты опять за свое? — промолвила Феодосия, извлекая из-под набитого сеном взголовья здоровенный кованый нож.

Глаза у повитухи, тут же напустившей на себя рассянность, забегали кругами, как шматки мяса, выискиваемые жадной ложкой в горшке полупустых щей, и изловить сии сытные куски, то бишь бегающий взгляд Матрены, казалось, не удастся. Но Феодосия строго глядела в лицо повитухи, и та, поняв, что расправы не избегнуть, обиженно посмотрела на сродственницу.

— Бей меня, бабу старую, убей хоть вовсе, — сварливо заголосила Матрена, — а только для тебя стараюсь, чтоб парень у тебя родился, а не девка. А для того, известное дело, на ложе мужеский инструмент должен под спудом лежать. Погоди, вот подсунет тебе Мария веретено али гребень, и родишь девку мокрохвостую.

— Баба Матрена! Да желаемое и алкаемое поклонами и молитвой надо испрашивать, а не баснословными верованиями. Ты бы еще наковальню мне под взголовье подсунула! Господи, прости меня грешную.

— А надобно, так и плуг в твою горницу приволоку, — осмелев, погрозила Матрена. И постучала кулаком в грудь. — Пускай у бабы Матрены пуп развяжется, а только ради

235

своей ласточки Феодосьюшки на любые кровавые жертвы пойду.

— Баба Матрена, у меня и без того мальчик родится. Бо все девять месяцев об сем каждодневно смиренно прошу в молитвах.

— На Бога надейся, а сам не плошай, — деловито сообщила Матрена. — Давай резак-то, а то уколешься, так у чадца родимое пятно в том месте выскочит.

Отдав повитухе нож, Феодосия перекрестилась и принялась сворачивать до вечера свое постное ложе, дабы не искуситься на грех ленивого и праздного дневного сна. С тех пор, как посетила Феодосия соляной промысел и дала обет богоугодного житья, почивала на лавке, устланной одним лишь тонким полавочником, сотканным из полосок изношенных портищ, укрывалась старой суконкой, а под голову клала мешок из рогозы с толикой сена. В полночь и три часа ночи по крику петеля Феодосия поднималась для короткой молитвы, а в пять утра вставала окончательно. Одеяния Феодосии становились все темнее, пока совершенно не сделались черными. Волосы она уж не учесывала с елеем и вынула из ушей серьги. Все ее движения стали мелкими, ибо она старалась избежать упреков Божьих в грехе величия. Даже вкушать пищное Феодосия стала щепотью да по крошкам. И глядя, как отщипывает сродственница кусочки хлеба или прикусывает холодной вчерашней каши с деревянной ложки, Матрена не могла поверить, что перед ней та самая Феодосия, что еще недавно бойко стучала серебряной ложкой по миске баранины с капустой, весело объедалась блинами, норовя выхватить у Матрены из-под руки последний, сходу опустошала чару сбитня да наверхосытку надкусывала медовый пряник. Сама Матрена тосковала по обильному столу, но твердость Феодосии усмиряла ее ненасытную утробу. Более того, опасаясь не выдержать в глазах Господа сравнения с Феодосией, за одним столом с ней повитуха старалась есть меньше сродственницы или уж во всяком случае усиленно отказываться. Время от времени Матрена ездила к Строгановым как бы за нуждой — проведать Зотеюшку и Любима. Там повитуха наедалась до икоты, с жаром каялась в грехе чревоугодия и возвращалась в дом Юды Ларионова, готовая продолжить подвиг постничества.

— Уж пожрать-то любят, — усевшись за скромный стол Феодосии, весьма краснословно осуждала Матрена неведомых прожорливых тотьмичей. — Нажрутся гороха, аж жопа трещит.

— Прости ее, Господи, за срамословие, — шептала Феодосия.

— Или осердье лошье с огубьем в капусте наварят и вот наминают конину, будто последний раз. Куда столько? Добро на говно переводить? А потрох гусиный? С желудков кожу снимут, порубят, печенки с сердечками нарубят горшок, головы нарежут, глаза выковырявши, шеи гусиные накромсают намелко, с лап чешую содравши, те лапы нарежут, да уж варят с луком, уж варят-томят, пока в вареве ложка не встанет...

Богомолицы и странницы, коих теперь бессчетно гнездилось в доме Юды Ларионова, мучительно урчали желудками.

Рассказ Матрены становился все более живописательным.

— Да как примутся то варево метать в хайло, аж рожи сальные, — мечтательно сглатывая, укоряла повитуха. — И то сказать, от счастья и кулик пердит.

В себя она обычно приходила от того, что в горнице наступала тишина, а Феодосия, опустив глаза в миску с капустой, тихо покачивала головой.

— Прости Господи! — спохватывалась Матрена. И принималась воинственно оправдываться: — А я чего? Я ничего. Гороху сейчас на один зубок положу, водицей ключевой запью, да и за молитву.

Впрочем, удержаться, чтоб не закончить свою мысль, повитуха не могла и, уже осуждая самое себя, вослед тараторила:

— А жареные кишки бараньи, налитые яйцом да пшенной кашей?.. Вот как чреву своему иные угождают!

Только зря серчала Феодосия на повитуху. И то сказать, Матрена-то чем перед Богом провинилась, чтоб эдак — горохом да редькой — плоть истязать? Она, Матрена, со скоморохом не грешила, в грехе не очадевала, обманом замуж не выходила и Божьего прощения за сие не получала. А Феодосия — да, вымолила прощение: Господь прибрал Истому, чем спас ее от дальнейшего грехоблудия, да закрыл глаза на растленное девство, позволив венчаться с Юдой. Все это разъяснил Феодосии отец Логгин, к которому Феодосия теперь зачастила на исповеди и беседы. Батюшка, впервые услышав о любострастном грехе Феодосии с государственным преступником, аж икотой охватился. Аж кадило из рук выронил, вспомнив на вечерней службе об исповедальном признании Феодосии. О, отец Логгин хорошо помнил скомороха, его наглые синие зенки и бессовестные скоморошины. И то, что именно лицедей оказался еще и преступником, отца Логгина нисколько не удивило. Диво, что вообще не самим сатаной оказался сей поганый вор. Батюшка ворочался всю ночь, размышляя над новиной. Правду говоря, терзание происходило от ревности юного отца Логгина, чего уж скрывать, вожделевшего — мысленно! токмо мысленно! — тела Феодосии. Конечно, сам отец Логгин никогда не признался бы себе в том. Но отчего тогда так ворочался он на своем ложе? Аж супругу свою матушку Олегию рассонмил.

— Что ты крутишься, отец родной, прям как шило у тебя в заду? — смиренно вопросила матушка.

— Спи-спи, душа моя. Это я об божественном размышляю, — заверил отец Логгин.

Лишь к утру он с Божьей помощью разгадал подоплеку событий, имевших место в регионе — отец Логгин очень любил употреблять сей термин взамен слова «приход» — его духовного надзора. Во-первых, Феодосия растлила девство именно с чернью поганой Божьим промыслом: таким хитрым ходом Господь спас от греха некую особу духовного звания (имени особы отец Логгин упомянуть избегал), возжелавшую тела Феодосии. Во-вторых, масштаб личности растлителя был не случаен: ну что за диво, коли согрешила бы Феодосия с рыбарем каким-нибудь Олиферкой? Тьфу, а не масштаб! Это было бы даже смешно — отцу Логгину бороться с Олиферкой... Нет, ему, отцу Логгину, был предназначен в противники едва ли не сам дьявол! Да, именно дьявол! А иначе чем объяснить гигантские размеры грехов казненного любодея: государственный преступник, замахнувшийся на самого государя, лицедей языческий, вор и разбойник, бийца, торговец табачным зельем... Ох, хоть что говорите, но это был сам царь тьмы в человечьей шкуре! Вот кого победил отец Логгин! Вот из чьих когтистых лап, из чьей зловонной пасти вырвал он дар аквамариновый — Феодосию, дабы преподнести отвоеванную в битве душу Богу! А то, что душа Феодосии уже отвоевана, отец Логгин не сомневался. Достаточно было взглянуть на вид ее. Где греховный блеск глаз? Где похотствующий запах меда от заушин? Где трепетанье узорных ресниц и глупые бисерные смешинки? Расшитые шубы и жемчуга? Глупые пререкания с отцом Логгином? Ничего сего нет. Один приятный постный вид, богоугодно впалые щеки, черные одежды, печальные глаза и бескровные губы. Сразу видно — живет Феодосия святым духом, а не глупыми бабьими радостями. Глупых баб в Тотьме и без Феодосии хватает.

Впрочем, это мы отвлеклись. Потому что Феодосия с Матреной и тихими богомолицами отзавтракали и принялись трудиться: Матрена командовала холопами на дворе, богомолицы шелестели молитвами, а Феодосия ткала на кроснах. К семи утра, заслышав колокол, призывающий к заутрене, жены пошли в церковь, где и отстояли на коленях службу.

Каким-то неведомым образом, невзирая на затворнический образ жизни Феодосии, слава о ее небесной любви к Богу быстро облетела Тотьму и окрестности. Шепотом передавалась даже догадка, что очадела Феодосия Иваровна не иначе как святым духом! Мысль была подброшена Матреной, ни с того ни с сего намекнувшей об сем женам Песьих Денег. Черт ли попутал Матрену на эдакую кривду, али мечталось ей приобрести славу повивальщицы святых младенцев, только, сболтнув сие, Матрена и сама почти что в то поверила. Тотемские жены тут же возвели Феодосию в ранг покровительницы беременным и валом повалили к дому Юды Ларионова. Когда Юдашка впервой выехал за ворота и увидал, что подле стоят три либо четыре брюхатые бабы, он от неожиданности так натянул поводья, что конь заржал и вздыбился. «Али моих грехов то последствия?» — принялся лихорадочно размышлять Юда. Меж тем громоподобное ржание коня так напугало одну из жен, что она тут же родила — едва успели завести на крыльцо. В тот же день Феодосия приобрела еще и славу облегчающей роды. По возвращении с варниц Юда Ларионов с ужасом увидел возле ворот еще большее количество брюхатых жен. Феодосия стояла среди них и осеняла каждую крестным знамением:

— Молись, сестра моя, и разродишься с Божьей помощью в срок и легко...

— Пошли в дом, — приказал Юда жене. А войдя в хоромы, грозно вопросил: — Это что за зрелище?

240

— Жены приходят получить облегчение от моей молитвы. Разве сие плохо?

— Ты меня, мужа своего, должна облегчать, за меня молиться, а не за весь белый свет. Сегодня рожать у меня на крыльце повадились, а завтра хоронить на моем дворе станут?

— Юда Ларионович, ведь жены за верой идут, как же я могу их оттолкнуть?

— Веровать пускай в церковь ходят. А у меня тут не Спасо-Суморин монастырь. Нашли подворье! Еще раз увижу — всех в шею! Пошла прочь!

Последние слова были предназначены ветхой богомолице, прибившейся к Феодосии уж с месяц назад и, как на грех, случившейся возле кадки с редькой.

— Прости его, Господи, — произнесла Феодосия. — Не ведает, что говорит. Бери, Варвара, редьку, ешь и насыщайся. Бо от редьки нас не убудет, бо посылает нам ее Господь, а не Юда Ларионов.

Юдашка вскипел и огрел жену кнутом. Не сильно, а так, для острастки. Но радостная Варвара по стеночке выбралась на двор, помчалась к воротам и, закатывая глаза, красочно рассказала о побоях, перенесенных Феодосией за веру и редьку. Образ страдалицы, мучимой мужем за грехи всех тотьмичей, зело возбудил жен. Тотьма загудела:

— Великомученица! Убежала богатства мужа и отца ради веры!

Матрена бегала от двора ко двору и под страшным секретом рассказывала о жизни Феодосии в хоромах мужа:

— Ест одну сухую корку в день, запивает колодезной водицей и все молится, все молится!

— Говорят, муж-то, изверг, бьет ее день и ночь за крепость веры?

— Мало ли чего между мужем и женой бывает, — уклончиво ответствовала повитуха, которой не с руки было представлять сродственника злодеем, но и опровергать свои собственные басни не хотелось.

— Юдашка, змей, Феодосьюшку на цепи за веру держит, из одной миски с дворовой собакой кормит! — горящими угольями выщелкивала молва.

Явились, напужавшись, родители Феодосии. Обнаружили, что ест дочь не из собачьей миски, хотя и не из серебра, но творится сие по ее воле. А Юда Ларионов, наоборот, всячески стремится сократить размах постничества жены, но справиться с верой Феодосии ему не удается.

— Матрена, чего же это? — пристали Строгановы с вопросами к повитухе.

— Языки худые! — гневалась Матрена. — Уж я от двора ко двору бегаю, все ноги стоптала, рассказываю дуракам, что живет Феодосия за мужем как сыр в масле. Всего и мучений, что посты твердо соблюдает. Так ведь нет, вывернут любые словеса наизнанку!

Родители уехали успокоенными, Юда же решил положить конец домыслам. И утром другого дня решительно направил поводья в церковь отца Логгина, коего имя не переставало звучать в доме: «Отец Логгин сказал, отец Логгин велел, отец Логгин присоветовал...»

— Я гляжу, тихо отец Логгин бздит, да вонью несет, — бросал Юда себе в бороду, нахлестывая коня.

Довольно скоро показалась церковь Крестовоздвиженья. Юда привязал коня и, мрачно оглядев ворота и с неохотой перекрестившись, вошел внутрь.

Возможно, отец Логгин и Юда нашли бы общий язык, ежели Юда Ларионович не надел бы новые сапоги. Олей! О! Что это были за сапоги! Эдакие сапоги и в красном углу держать не зазорно: червленые, расшитые по голенищу, с загнутыми, горящими как жар носками! Юный отец Логгин, завидя сии сапоги (а сам он зимой и летом летал по улицам Тотьмы в стоптанных калигах али валенках, бо под рясой не видать), сразу охватился ревнивой злобой. Не признался бы он в том и на духу, но факт все-таки имел место...

— Али исповедоваться хочешь? — постным голосом вопросил отец Логгин Юду. — Так занят я сейчас. Приходи завтра.

— На хрен мне твое исповедание? — мрачно ответил Юда Ларионович.

— Свинья во что ни оденется, а все хвост к гузну завернет, — пробормотал отец Логин вроде как самому себе. И весьма высокомерно промолвил: — Чего тогда надо?

— Пришел сказать, чтоб оставил ты, отец родной, в покое мою жену Феодосию. Не надобно ее учить, как с мужем жить, по каким дням давать, а по каким отказывать. Сами разберемся, без советчиков.

— Аз дочери моей, Феодосии, не советываю, а волей, данной от Бога, разъясняю, как надобно жить богобоязненной жене... — витиевато начал отец Логгин.

— Каждому указчику чирей за щеку, — весьма невежливо перебил Юда. — Отвяжись добром от жены!

— Теперь вот мне ясно, отчего так мучителен Феодосии брак с тобой. При ее-то выпестованной мною святости, ее возвышенной душе — и с эдаким мужем...

— Святости!.. — возмутился Юда. — Мы святых едим, да чертями серем!

При сих словах отец Логгин отпрянул и принялся громко читать молитву.

— Нам по кельям бдеть некогда. Солевары мы! Соль земли выкачиваем у бесов-то из-под носа.

Отец Логгин перешел на псалом. На самом деле он просто тянул время, дабы собраться с мыслями и достойно, не роняя сана, осадить мерзкого Юдашку.

— Ты мне тут молитвы-то не шелести, рожу-то не отворачивай, — нападал Юда. — Феодосия была баба как баба — веселая, красивая, а ты погляди, во что превратилась твоими стараниями — черная, как щепка. В чем душа держится!

— В вере! — высоким голосом выкрикнул отец Логгин. — Верой живет человек, а не...

Он чуть было не выкрикнул: «...а не сапогами червлеными!», но вовремя поправился:

— ...а не любострастием!

Отец Логгин даже сделал попытку замахнуться на поганого Юдашку крестом, но пресек свой порыв, опасаясь, что ему не достанет сил повергнуть противника. Бо кулаки у Юды были не в пример весомее батюшкиных.

Юда Ларионов узрел поползновения попа и зловеще предупредил:

— Не горячись, а то яйца в жопе испечешь!

— Да я тебя... да я тебе... Авдотья, зови отца Нифонта! — тонко возопил батюшка. Напрасно: ибо Авдотьи поблизости не было и спасения в лице могучего коллеги отца Нифонта не подоспело.

— Господи, прости этого хама, — громко попросил отец Логгин. — А я с ним бороться не в силах.

— А ты молитвой, отец родной, молитвой, — посоветовал Юдашка. — Мол, разрази его гром на этом самом месте! Покарай Юду!

— Покарает, покарает, — пообщал отец Логгин. — Только не так мы тебя покараем, как ты ожидаешь, не громом небесным. А вымолю я у Бога, чтоб Феодосия целиком отдалась вере, покинув смрадное твое жилище.

Найдя сей ответ, отец Логгин приосанился и смело поглядел в глаза Юды. «И как она его полюбила? Рожа ровно миска киселя. А зенки рыжие, как толокно», — ревниво отметил батюшка.

— От Тотьмы до Кинешмы мудями докинешь ли? — произнес Юда, который сегодня был на редкость красноречив. — Широко шагаешь, порты бы не порвать.

— Изыди, мерзость, из святых стен, — не нашедшись, что ответить, взмахнул батюшка рукавами. — Авдотья же!

Проскурница наконец отозвалась.

— Проводи кающегося, — приказал отец Логгин и, развернувшись, торопливо скрылся в служебной каморке.

Юда Ларионов постоял еще немного, перекрестился на алтарь и вышел вон.

Отец Логгин, с пылающим лицом достигнув кельи, нервно налил себе холодного кваса, бо стояла августовская жара, отщипнул хлеба и принялся жевать, измысливая способы мщения. «Мщение», конечно, не произносилось, а подавалось как «наказание Божье».

— Так подавись же, Юдашка поганый! — пробормотал наконец отец Логгин. — Бросит Феодосия вовсе мирскую жизнь, став Божьей угодницей. А ты будешь бобылем при живой жене. Вспомянешь тогда отца Логгина! Сегодня же вызову Феодосию на беседу и посоветую сделать семейную жизнь еще более постной в угоду Богу.

И действительно, сей же вечер отец Логгин строго посоветовал Феодосии совершенно отказаться от смешений с мужем, дабы находящийся во чреве младенец не зрил с младых ногтей похотствующей елды (батюшка выразился «похотствующего педагогена») и не слыхал любострастных стонов.

Феодосия исполнила наказ пастыря и вовсе отлучила Юду от ложа, замкнув изнутри дверь горницы на кочергу. Подергав скобу и выслушав отказ, Юда пнул притвор, сощурил рыжие глаза, двоекратно обложил отца Логгина срамной хулой на букву «е» и пошел к холопке. «Ладно, пусть до родов живет отшельницей, — подумал он. — Это Феодосия, видно, от тяжести умовредилась, за чадо боится. Авось родит, так бросит дурить».

...Родила Феодосия в начале августа. Бабы, дружно жавшие жнивье, внезапно увидали, что небо прохладно посвежело, словно плеснули на него ушат колодезной воды, а солнце, только что бывшее потным и жарким, как пляски под гусли, излило свежий свет.

— Ишь ты! — удивленно промолвили бабы. И перекрестились.

Их вера была проста.

— Господи, помоги, — тихо сказала Феодосия. И перекрестилась тоже.

Она стала на колени перед киотом, поклонилась лику Матери Божьей, начала читать молитву и, не прерывая ее, разродилась — только баба Матрена подхватить чадце успела.

— Парень, — гаркнула повитуха.

Но Феодосия продолжала молиться, и лишь слезы, скатившиеся по щекам, выдали ее чувства.

Глава семнадцатая

ИСПЫТАТЕЛЬНАЯ

— Любишь ли? — грудным голосом вопросил отец Логгин.

— Люблю! — со страстью ответила Феодосия.

Криком чайки билось в груди сердце ее.

— А колико сильна любовь твоя?

Отец Логгин с наслаждением вопрошал Феодосию. Так охваченный сладострастьем муж с умелой настойчивостью шарит в одеждах девицы, до того возбуждая ее телесный жар, что она не только не противится, но и сама жаждет обнажить потаенное, не в силах снести любовных мук. В своей жажде сподвигнуть паствуемую жену на самые немыслимые жертвы любви к Господу отец Логгин поступал как опытный соблазнитель. Его вера была корыстной. Стать наместником Бога на самом высоком православном троне — вот о чем грезилось амбициозному батюшке. Вот от чего блуждала на его тонких губах улыбка, когда сиживал он в служебной келье, задумчиво отщипывая крохи от ржаного ломтя и не чувствуя вкуса пищи. Хлеб насущный, состоящий из репы и холодной каши, вполне удовлетворял отца Логгина. Вернее, он даже не замечал, что вкушал — квас ли с луком или редьку? И тем более упаси вас Боже заподозрить отца Логгина в зависти к вещному богатству Юды Ларионова! Ни-ни! Жене своей, матушке Олегии, отец Логгин непременно отказывал в новой шубе али шапке. «Молчи, несчастная! — восклицал отец Логгин и даже слегка замахивался дланью. — Самый великий человек был самым бедным! Что как Он стал бы помышлять об тулупах и кафтанах? А?!»

То — правда, что вершин духовенства отец Логгин жаждал не ради того, чтоб сменить ржаной кусок на пшеничный, а из желания стать иерархом, или, как шептал он сам, лидерусом. Вот отчего брала его обида при взирании чужих червленых сапог: како можешь ты в парче красоваться, коли Бога не чтишь! Отобрать у глупого, самоуверенного мужа жену его, дабы сменила она ложе греха на ниву веры, разве сие мщение? Злобны наветы того, кто углядел бы в намерениях отца Логгина хоть толику мстительности. Нет, только желание преподнести Богу ценный дар двигало отцом Логгином! Но отчего тогда все более мучительными становились поучения его? Иной палач не так тверд в правеже вора, как тверд и изощренен был отец Логгин в наставлении Феодосии. И тем сильнее были удары его вопросов и поучений, чем греховнее казались ему свои собственные мысли о Феодосии, посетившие его полтора года назад на первой исповеди. Не признаваясь себе в том, отец Логгин повергал Феодосию в мучительную веру за свою же собственную случайную слабость.

— Како люблю я Бога? — трепетным голосом повторила Феодосия.

И отвела от лица ручонку сына Агеюшки, сидевшего у нее на руках.

Отец Логгин поглядел на чадце, удивленно таращившее огромные синие глаза на огоньки свечей. Агейке минуло уж десять месяцев. И чадо было на диво прелепо! Крепкий, как репка, веселый, не плаксивый, Агейка уж резво ползал, переступал вдоль лавок и лепетал «анясь», что означало — «отче наш». Шапку Агейка, как и полагается прихожанину мужеского полу, держал в руках, правда, то и дело таща ее в рот или укладывая матери на грудь.

— Так люблю, что ненавистны мне любые искушения! — сжав ручку сына, промолвила Феодосия. — В погреб бы мне упасть лицом, когда искушает меня мысль согреться в луче солнца! В гноище бы навозное низвергнуться, когда подступает искушение вдохнуть сладковоние луга али сада! Коли можно было бы вымолить, чтоб не нежили тело мое ни летний ветер, ни водные струи, ни запах хлеба, ни красивые виды леса и облаков! Грызть бы мне железный хлеб али корье ольховое, носить лубяные портища, платок тростяной, спать в крапиве, чтоб хотя бы толику перенести тех мучений, какие выпали на долю Его!

— Сие — благолепные желания, — похвалил отец Логгин. — Господь с радостию внимает сейчас тебе. Да только не забывай, что и на гноище, и в крапиве ты все равно наслаждаешься Божественным даром жизни, а Он принял мученическую смерть!

— День и ночь об сем помню, — с болезненным жаром сказала Феодосия.

— Добро, — строгим тоном, как если промолвил бы: «Ну, так уж и быть!», ответил батюшка.

И, словно ушам и глазам своим не веря, исподволь взглянул на Феодосию. Неужели это та жена, что когда-то сбивала ход исповеди глупыми пререканиями и бессмысленными вопросами? Отец Логгин вспомнил, как донимала Феодосия его, батюшку, нелепыми домыслами о сути лечения телесных недугов освященным миро. А началось все с четкого и внятного разъяснения отцом Логгином вопроса о недопустимости совершения супружеского соития в присутствии икон, крестов, свечей, ладанок и прочих святых вещей.

— Только на радость дьяволу может возлежать муж на жене в перспективе киота! Иконы следует закрыть либо исполнять супружеский долг в ином помещении.

— Верно, батюшка. А то взяли моду: тут тебе ноги вверх, тут и красный угол. Любуйся, Господь вседержитель!

— Истинно, — кивнул отец Логгин.

Но Феодосия вдруг задумалась.

— А крест нательный? — спросила она. — Можно ли в нем любы творить? Куда его девать? В пазуху засунуть?

— Снять! — строго сказал батюшка.

— Но ведь без креста животворящего окажутся супруги беззащитными? Сатана легко овладеет ими...

— А для защиты от дьявольских козней супругам надлежит в момент соития читать молитву, — нашелся отец Логгин.

— Какую же, отче? — удивленно спросила Феодосия.

— А хотя бы «Богородица Дева, радуйся!»

— Ой, батюшка, смогу ли я два дела сразу делать? — с сомнением сказала Феодосия. — Как бы не сбиться.

— А коли и собьешься в скокотании, так невелика беда. Главное, молитву тверди без запинок. Тогда соитие будет не для любострастия, а для деторождения. Не столь сильно оно будет греховно.

— Погоди, отец родной! Но ежели нельзя крест нательный надевать, то как же разрешается молитву читать? Ведь молитва-то священная вещь? Значит, крест в етении — грех, а молитва не грех?

Отец Логгин прокашлялся. Оправил рясу, выгадывая время для раздумий.

— Икона али ладан освящены в церкви. А промолвленная молитва вовсе не освящена в церкви, али это не понятно? Потому что каждую молитву нельзя взять в руки, окропить святой водой, окурить ладаном.

— Ах, да! — согласилась Феодосия.

Некоторое время она обдумывала услышанное.

— А как же тогда к киле прикладывать миро? Вы, батюшка, сами заклинали лечиться не зелейными взварами, а святым миро.

— В темноте! — твердо произнес отец Логгин.

— А разве Господь не видит в потемках? — живо заинтересовалась Феодосия. — Разве не разглядит блуд, коли погасить в горнице свечи?

— Конечно, разглядит! — возмущенно воскликнул батюшка. — Что за ересь, что Бог не бдит во мраке? Он сам отделил тьму от света!

— Вот и я думаю, что Господь не хуже кошки впотьмах зрит. Так зачем гасить свечу, прикладывая миро к уду? Может, лучше просто предупредить перед тем Господа, дескать, то, что он сейчас узрит, не насмешка над святыми причиндалами, а врачевание?

Отец Логгин в изнеможении прикрыл глаза. И тоскливо предложил:

— Об сем казусе хотелось бы мне справиться у Иоанна Постника.

— Добро, — согласилась Феодосия. — Справься, отец родной. Отчего не справиться? Одна голова хорошо, а две лучше.

«И телом очистилась, и душой, — констатировал отец Логгин. — Глупостей не речет, а как и полагается, принимает все на веру и жаждет одного лишь — возлюбить Господа сильнее всего на свете! Сильнее мужа, отца с матерью, себя и чада своего». При мысли о чадце оживился отец Логгин. Так палач невинно радуется, придумав еще одну богоугодную пытку: выдержит ли раб Божий? Будет ли от пытания сего польза?

— А так ли любишь ты Господа, как любил его Авраам? — глядя на Агеюшку, вопросил отец Логгин.

— Это который же Авраам? — тревожно спросила Феодосия и прижала сына к груди, вдохнув прелепый запах его золотившейся в огне свечей макушки.

— Авраам, чья жена Сара родила ему сына.

— Агеюшку? — пугливо пролепетала Феодосия.

— Почти что, — взвыл отец Логгин. — Только звали его Исааком.

— Слава тебе Господи, — прошептала Феодосия, у которой немного отлегло от сердца.

— И когда Исаак подрос, — батюшка пристальнее вперился в Агейку, — Бог решил испытать его...

— Чадце испытать?! — испуганно спросила Феодосия.

— Да не чадо, а отца его, Авраама.

— А-а... Авраама... Ну что ж, коли надо, и я за чадо свое жизнь отдам, — согласилась Феодосия.

— Бог явился к Аврааму и сказал: «Возьми сына твоего, единственного твоего, которого ты любишь, Исаака, и пойди в землю Мориа и принеси его во сожжение на одной из гор...»

— Помню, отче, не надо более... Исаак вопросил отца: где же агнец для сожжения? И Авраам возложил дрова и взял нож... Не надо более, отче...

— Авраам не пожалел для Бога сына единственного своего, столь велика была его вера. А твоя вера столь же сильна?

— Но зачем Ему мое чадце? — испуганно спросила Феодосия.

— Господу не дитя нужно, а ты...

— Так пусть меня возьмет...

— То была бы слишком легкая жертва... Значит, любовь твоя к Богу не так велика, как ты об том говоришь? Принесла в жертву шубу с серьгами и решила, что этого достаточно?

Ужас и смятение охватили Феодосию. Сказать сейчас, перед Богом в святых стенах, что готова она отдать Ему сына? А что как заберет, обрадовавшись? Сказать, что не столь сильна ее любовь к Нему, чтобы пожертвовать сыночком? Не разгневается ли тогда Господь и от обиды за безверие не покарает ли, разразив громом небесным Агеюшку? О, Господи!

— Кого Господь сильнее всего любит, того Он сильнее всего испытывает, — грозно напомнил отец Логин. — Он отдал своего сына на смерть на кресте, потому что любит тебя, Феодосия. А ты?.. Отдашь ли ты Ему своего сына?

— Анясь... — пролепетал Агеюшка. — Анясь...

— Отдам... — мертвым голосом произнесла Феодосия.

— Добро, — благосклонно сказал отец Логгин.

Но ретивое в его душе не унималось. Пастырь вновь встрепенулся:

— Что, терзает тебя еще демон похоти?

— Терзает, отче, — едва слышно призналась Феодосия. — Во сне. Уж на постном ложе сплю, под голову вместо взголовья солому кладу, чтоб тело не нежить, молитву читаю трижды за ночь. Но иной раз присонмятся ласки... Грешна, батюшка!

— Во сне истицаешь похотью?! — гневно вскрикнул батюшка. — Так это сам дьявол совокупляется с тобой!

— Что же мне делать, отец мой? Как унять сей телесный недуг?

— Вырвать саму похоть из лядвий своих! — возопил отец Логгин. И испуганно ощупал через рясу свой собственный уд: на месте ли?

— Вырвать?! — дрожащим голосом промолвила Феодосия.

Она лихорадочно сжала сына. Жертвы во имя любви не миновать: Он должен взять дар ценный. Но что есть у нее, Феодосии, кроме сына и своего тела, что принял бы Господь жертвенным агнецом? И вдруг, словно открылась перед ней суть веры, Феодосия вскричала:

— Господи, поверишь ли в любовь мою, коли очищу тело свое от мерзости, что стала оружием сатаны? Будет ли Тебе облегчение?

— Истинно, будет, — подхлестывая устремление Феодосии, подтвердил отец Логгин. — Коли все жены избавились бы от источника похоти в своем теле, насколько легче Ему стало бы бороться с сатаной!

— Исполню сие! — твердо сказала Феодосия. — Благословите, отче.

Из церкви Феодосия вышла в беспамятной отчаянной готовности к жертве. Она быстро шла напрямик к дому, не ощущая тяжести Агейки на руках, не чувствуя в босых ногах уколов сжатой стерни. Воздух дрожал и толокся бесцветной крупой, горький пот застилал глаза, и благовестом колотилось сердце, мучимое любовью.

— Феодосьюшка пришла, — встретила сродственницу в воротах Матрена. — Давай-ка чадо-то. Феодосия, да ты чего вцепилась в парня-то? Ишь, вцепилась, как рак. Да чего с тобой?

— Не по грехам нашим Господь милостив... — глядя сквозь повитуху, как заговоренная, произнесла Феодосия. — Он грех мой великий простил, чаду безбрачному жизнь оставил в великой доброте своей. А я чем его возрадовала? Чем отплатила? Тем, что вместо пестрых одежд темные надела? Ах, неблагодарная я...

— Да что ты сына-то жмешь, как в ступе? — силилась Матрена вырвать Агея из рук сродственницы. — Али бредишь? Дома ты, а не в церкви. Вот Бог, а вот порог. Уймись! И так Бог тебя поберег вдоль и поперек. Чего еще тебе от него надо?

Жили теперь Феодосия с Матреной не в самих хоромах Юды Ларионова, а в небольшой ладной избе возле задних ворот, ибо по-прежнему очадевшие и бесплодные жены приходили в Соляной посад, и Юдашке сии паломничества надоели. Матрена переселилась в тесаный домик с удовольствием: брюхатые жены, прибывавшие в дорогих повозках, чтоб дотронуться до одежд Феодосии, тут же обнаруживали повитуху. Безденежные жены, приложившись к подолу али рукаву Феодосии, радостные возвращались домой и легко разрешались от бремени. Богатых же Матрена сопровождала и повивала чад лично, за скромную плату, коей набралось у нее уж две мошны, упрятанные под сорочку. Нет, ей, Матрене, от Бога уж более желать было нечего. Куда уж больше? Ведь надо и совесть иметь! Богу молись, а к берегу гребись. А Феодосия все не унимается. Чего она теперь надумала?

— Баба Матрена, подержи сыночка, — наконец опомнилась Феодосия. — Крепко держи, не урони.

— Да чего его ронять стану? Али руки у меня отвалятся чадо подержать?

— В жизни, в жизни его не урони... — бессвязно бормотала Феодосия. — Давно сие надо было содеять...

— Да что содеять? Толком скажи?

— Дьявольскую похоть из тела своего вырвать.

— Да что за баба без похотника? — здраво воскликнула повитуха. — Коли бабушке мудюшки, был бы дедушка.

Феодосия огляделась, вдруг замерла, узрев на полке нож, схватила его и, уронив табурет, пала на колени перед киотом. Пробормотав молитву, которой Матрена не разобрала, Феодосия дико вскричала: «Да святится имя Твое!», приподняла платье и, не примеряясь, не дрожа рукой, сверху вниз вонзила нож в естество.

Кровь сперва засочилась, а потом хлынула, как крик журавля.

В первый миг Феодосия ничего не почувствовала и с горечью решила, что не принял Господь жертвы. Но через мгновенье сокрушительная боль, от которой помрачнело в глазах, пронзила все ее тело. Закричать бы ей ради облегчения муки! Но убоялась Феодосия напугать Агеюшку, напугалась, что плачем своим напомнит он о своем грешном безбрачном присутствии на земле, и сжала зубы, повалившись на пол.

Странницы-богомолицы, случившиеся у ворот, помогли Матрене уложить страдалицу на лавку. Повитуха рысью сбегала в лес и изладила на коровьем масле целебной мази, приложив тряпицу между ног сродственницы. Но всего этого Феодосия не знала. Ибо лежала в бреду целую седмицу. За это время Матрена только что белорыбицам в Сухоне да медведям в лесу не сообщила, закатывая глаза, о подвиге Феодосии:

— Вырвала похотник дьявольский с молитвою! Дабы не искушал сатана на любострастие даже во сне! Вот сколь сильна любовь ласточки моей к Господу нашему!

Последние слова неизменно сопровождались утиранием повитухиных слез.

Известие о деянии Феодосии произвело на тотьмичей столь сильное впечатление, что многие жены, даже самые хотейки, на время уняли блуд. А две продажные блудницы вовсе бросили свое ремесло и ушли в Спасо-Суморин монастырь. Гордый отец Логгин посвятил событию целую проповедь. Но, вознося должное деянию Феодосии, батюшка отчасти ревновал, что сей подвиг совершен не им, не он — отец Логгин — мученик, и усмирял благоговейный восторг паствы многочисленными примерами богоугодного членовредительства.

— Святой великомученик Савостьян Пучеглазый, обитавший на греческой горе Метеоре, жаждал бдить в молитвах не только дни, но и ночи и вырвал себе веки. Святая угодница Феодора отрезала себе груди, дабы не выкармливать млеком чадо, зачатое дьявольскими кознями.

Рассказы производили изрядное впечатление.

— Ишь ты, — охали тотьмичи и крестились.

...Через неделю Феодосия очнулась. Она лежала еще с закрытыми глазами, но уже почувствовала вдруг запах августовского утра, сена и яблок и услыхала лепет Агеюшки и тихий стеклянный звон его любимой игрушки — хрустальной скляницы с вложенным внутрь высушенным мандарином.

От нежных звуков, умиротворяющих запахов, от того, что исчезла боль, Феодосия ощутила блаженство. Она лежала, наслаждаясь новой жизнью, каковую Господь подарил ей, несомненно приняв ее жертву, и прелепые видения проплывали в голове ее. И даже не открывая глаз, видала она единственное окно избушки, открытое во двор, к задним воротам, и сами распахнутые ворота, за которыми проходила широкая дорога, уходившая в солнечную сосновую рощу, и играющего на лавке возле окна Агеюшку, и тотьмичей, с оживленными беседами шедших с огородов, спускавшихся к Сухоне, и пажити. И пышные золотистые облака плыли у Феодосии перед глазами, и смиренные полевые цветы доносили свои запахи.

Долго лежала так Феодосия, безотчетно внимая благодати Господней, мягкими волнами набегавшей на нее. Наконец открыла глаза. Повела главой к окну. Ветер качал лубяную корзинку, в которой лежала чудная скляница с мандарином и издавала редкий звон. Лавка подле окна была пуста. Пуста была и избушка.

— Агеюшка! — задыхаясь, закричала Феодосия.

Ветер налетел сквозняком, опрокинул плетенку, скляница выпала на пол и прокатилась дугой, замерев под иконами.

Глава восемнадцатая

ЮРОДИВАЯ

— Феодосьюшка, люльку-то оставь, куда ты с люлькой пойдешь таскаться? — Матрена вцепилась в край выдолбленной из липы резной колыбельки, в которой сонмился когда-то Агеюшка, пытаясь вытянуть ее из рук Феодосии.

— Куда же я положу маленького Христа, когда разрешусь от бремени? В чем буду его колыбать?

— Феодосьюшка-а, — зашмыгала носом Матрена. — Ты уж разродилась. Али забыла?

Феодосия недоуменно поднесла руку к животу, бросила взгляд в набитую соломой люльку, привязанную к плечу толстой веревкой, потом растерянно коснулась перстом нижней губы...

— А где же он, баба Матрена? Где чадце Иисус? Пусть его принесут. Надо его покормить.

— Батюшки святы! — перекрестилась повитуха. — Час от часу не легче! Феодосия, доченька, Иисуса Мария родила. А ты Агеем разродилась.

— Я знаю, баба Матрена, — с тихой росной улыбкой промолвила Феодосия. — Агеюшку Господь вознес на небеса. Лежала я вот здесь, на лавке. Окно было открыто. И вдруг расстилаются чудные вони... Медовый ветер влетает в избу. И раздается благостный звон, будто серебряные гвоздики стучат по хрустальной склянице. И на душе у меня такое разлилось благолепие... «Что сие значит?» — подумала. Повернула главу к окну. И вижу ангеловрачную картину: вплывает золотое с розовым опушьем облако, подхватывает моего Агеюшку и выносит на волю. Я подбежала к окну, гляжу, а Агеюшка уж на облаке. И так оттуда мне смеется, так лепечет, рученьками сучит... Я кричу радостно: «Господи, зачем Ты забрал моего Агеюшку? Али он богоизбран?» А Господь мне отвечает с небес, лия золотым светом, золотым, как сноп пшеничный: «Нужны мне здесь, на небесах, прелепые ангелы. Такие, как твой Агеюшка».

Феодосия замолчала. Матрена утробно вздохнула, издав звук, каковой происходит при протыкании кадки с квашеной капустой деревянным пестом, и опять перекрестилась.

— И когда же Он тебе сказал про младенца Иисуса? — вопросила повитуха. — Ведь не говорил!

Феодосия болезненно дрогнула бровями. Нашла изнутри языком ложбинку между передними зубами. Сглотнула слюну. Из глаз засочились слезы.

— Не говорил...

— Вот видишь. Оставь же люльку. Не таскай на себе, — ласково попросила Матрена. — Я за ней пригляжу. Солому новую постелю.

И повитуха осторожно потянула веревку с плеча Феодосии.

Феодосия вздрогнула и вцепилась в свою ношу.

— Ношу́, чтоб было мне тяжелей. Христос нес крест на плечах своих. Что же я, не стоящая волоска Его, буду ходить налегке?

Она помолчала и сказала жалобно:

— И вдруг встречу на дороге Агеюшку, куда же уложу его?

— Как можешь ты повстречать Агеюшку, Феодосия? — теряя терпение, зашумела Матрена. — Его волки задрали!

Душа его уж на небесах! Там его колыбелька, золотая, а то и хрустальная! Брось ты эту колоду липовую, гляди, она уж серая вся от дождя! Солома в ней сгнила!

У Феодосии дрожали веки и ресницы. И алая прожилка в зенице, похожая на тонкий мочальный корешок, разливалась от розового влажного уголка, окрашивая око наваром шиповника.

С того самого мгновения, как Агеюшка исчез прямо из избы, от окошка, подле которого играл чудной скляницей с мандарином, Тотьма разделилась на два стана. Феодосия утвердилась во мнении, что чадце вознеслось на небеса призывом Господа, возжелавшего Агеюшку в ангелы. Все остальные держались версии о волках: в то лето, несмотря на изобилие дичи в лесах, завелся в окрестностях Леденьги бешеный волк, страшный, индо сам дьявол! И либо он сам утащил чадце, либо по его приказанию совершила сей кровавый ужас его верная волчица. Дворовые люди, подвергнутые битью розгами, даже и признались, что видали, как мелькнула за частоколом серая косматая шкура. Ей-ей, теперь-то холопы точно вспомнили, что зрили волка. Да тогда решили, что бегает сие обычный пес.

— Как же ты, выблюдь, спутал пса с волком?! — стегая дворового холопа Титку, орал Юда Ларионов, так что слюна повисла на бороде. — Завтра у хозяина бычков задерут, а ты будешь брехать, что перепутал волка с зайцем?!

Дворня приняла битье со смирением. Уж где виноваты, там виноваты: не узрели хозяйское чадо! Ах, что бы волку поганому унести годовалую девчонку холопа Амельки! Ему, серому разбойнику, все одно, какое чадо грызть, а господам — радость!

По первости выдвигались и другие версии пропажи Агея, как то: леший утащил, утоп в Сухоне и прочая. Одна из гипотез была высказана Матреной, которая, обегая с жуткой новиной дворы, предположила, что Агеюшку украли цыгане, дабы увезти в Африкию и там продать ихнему голому африкийскому царю, которому давно хотелось иметь чадце беленькое да голубоглазое. Впрочем, Матрена сама же и отвергла сию догадку как совершенно уж баснословную.

Надо признаться, что Феодосия поначалу тоже вопила: «Волк! Волк!» — и бегала, простоволосая, по полям вокруг хоромов да по лесным чащам, надеясь сперва обрести раненое, но живое чадце, а потом — отыскать хоть косточки Агеюшки. Сбив ноги о стерню и корни сосен, Феодосия валилась на землю и выла от горя. Но на третьи сутки, когда она вот так же лежала пластом, ощущая себя пустым, сбитым с дерева гнездом с выеденными куницей скорлупками крошечных пестреньких яичек, вдруг снизошла на нее дрожащей в воздухе струей мысль, которая приняла форму веры, не требующей доказательств: Агеюшка вознесся на седьмое небо и сейчас глядит на нее, Феодосию, с радостным смехом из-за облачка, играя в прятки, как играли оне еще недавно, закрывая личико Агея платком. «Где же наш Агеюшка? Нету-нету... Вот же он!» — нарочно веселым голосом удивлялась Феодосия, когда Агейка стягивал с головы пестрый платок.

— Вот же он!.. — раскрыв глаза небу, с тихим светлым счастьем промолвила Феодосия.

И поднялась с мягкого ложа мха и иголок, колыхавшегося приятно, как качается под ногами лодка у берега Сухоны.

По руке Феодосии бодро бежал муравей, похожий на отца Логгина.

— Кого Бог больше всего любит, того Он сильнее всего испытывает, — со странной, горькой, страдальческой радостью сказала Феодосия. И была сия отдающая дымом радость похожа на ту, какую испытывает выбившийся из сил, искалеченный пленник, добираясь до родного дома. Последним усилием взбирается он на крыльцо и тянется, стучит посохом в рассохшиеся двери. И пусть оказались оне осевшими, ибо покоятся мать и отец на кладбище, но все-таки раскрываются, и опахивает застоялым, но родным духом печь, и темнеют намоленным золотом иконы в Божьем углу, и окошко смотрит в весеннее поле, томящееся взрастить тугие колосья. И стоит, словно заботливо оставленная матерью, чаша на столе, грубая, древняя каменная чаша, зовущая испить до дна новой, тяжелой, но все-таки жизни.

— Подвигом своим — вырыванием похоти и постничеством на супружеском ложе — заслужила Феодосия Божественного дара, — с жаром вещал сей же вечер на проповеди отец Логгин. — За богоугодный живот Господь прещедро наградил Феодосию: забрал сына ее Агея прямиком в царствие небесное, минуя муки земной жизни. А ваши, грешницы, чада будут влачить тяжкую ношу на этом свете! В трудах, тягостях, заботах и невзгодах! Кто из вас, грешниц... — При сих словах отец Логгин бросил гневные взгляды на толпящихся с чадами на руках баб. — ...кто из вас, грешниц, готов прямо сейчас вырвать похоть из тела своего, дабы Господь призвал чадо ваше в прекрасную вечную жизнь подле Него? А?

Жены судорожно прижали детей к груди и опустили лица, стыдясь своей неготовности. Мужи крякали, ломали шапки и сокрушенно крестились — тоже не были готовы к эдакой жертве. Э-эх, грешная тотемская паства!

— Отец наш, — робко подала голос одна из жен. — Почто же Боженька волками чадо задрал? Али по-другому нельзя было призвать младенца? Во сне али еще как...

Отец Логгин обрадовался вопросу.

— Волк, задравший раба Божьего Агея, — то дьявол! В кровавой схватке с коим умерло лишь тело, но не душа! Это было бы не в радость Богу, коли принял бы Агей смерть во сне, в цветах луговых. Нужно смерть принять мучительную, тогда и Богу приятно, и самому покойнику. Взирает новопреставленный с небес на прошлую свою жизнь и думает: «Господи, как мрачна жизнь земная, то волки в ней, то иные напасти, и как же радостно обрести жизнь вечную, пусть и в звериных зубах оставив телесную оболочку!» Волку, сиречь дьяволу, остались лишь нутро да кишки, чтоб он подавился ими, а Богу досталась душа!

Но Феодосия не слышала той проповеди отца Логгина. Вернувшись домой, она прошла в потемках в хлев и вычесала деревянным чесалом огромного козла Ордынца, обладавшего длинной, свалявшейся на концах шерстью, душной и рыжей, как табачное зелье. Козел был весьма озадачен и косил буйным глазом, не зная, что и думать: отродясь в Тотьме козлов не чесали и не стригли! Наберя неохватный уколотень вонючей шерсти, Феодосия села за прялку и не вставала, пока не спряла колючую грубую пряжу вперемешку с острыми засохшими травинками, плевелами, пшеничной остью, занозами, крошками репья и прочим сором, намертво вцепившимся в шкуру Ордынца. Суча душную пряжу, Феодосия время от времени бросала взгляд в окно и ласково улыбалась весело играющему на небесах Агеюшке. Закончив с пряженьем, Феодосия сжевала заветрившуюся вареную репу, случившуюся в миске, запила горстью воды и села к ткацкому станку. Встала она от него, только когда на колени ей спустилось складками жесткое, как проволока, полотно — власяница. Затем принесла из сеней и заварила в котле кору дуба и сушеную чернику, окупила полотно в навар и молча сидела возле, пока власяница из рыжей не сделалась буро-черной. Подсушив у печи, Феодосия расстригла ширинку на два куска, сложила каждый пополам и сшила, оставив прорехи для ворота и дланей. Потом сняла свое черное одеяние, чересчур мягкое для тела, жаждущего отринуть всякие услады, хотела было снять и портища, но устыдилась наготы, которая могла бы зиять сквозь редкую власяницу, и надела свой мученический козлиный покров. Но подол власяницы показался Феодосии чересчур ровным. Разодрала она край в нескольких местах, так что подол повис струпьями.

— Добро, — радостно сказала Феодосия и повязала голову жестким обрывком.

С наслаждением вдохнув козлиное злосмрадие, Феодосия приблизилась к красному углу и опустилась на колени.

Прочитав «Отче наш», она обратилась с молитвой:

— Господи, спасибо Тебе за то, что забрал раба Твоего Агея в светлое царство вечного блаженства, избавив его от страданий земной юдоли. Прости, Господи, что смею, недостойная раба Твоя, после такой Твоей милости, обратиться с еще одной просьбой. Прошу Тебя дать мне мук нестерпимых для плоти, страданий, пыток, дабы усмирить тело и обратить в живой прах, дабы не мешало грешное мое тело идти душе евангельским путем. Не откажи мне в муках, Господи! Подскажи, как отяготить мне тело?

За спиной Феодосии раздался скрип. Она обернулась. Деревянная люлька Агея тихо раскачивалась, поскрипывая веревкой о железное кольцо в потолке. Черная тень шевелилась на лавке.

— Благодарю Тебя! — торопливо сказала Феодосия.

Вскочила и, отгоняя испуг, подбежала к колыбельке: на миг причудилось Феодосии, что узрит она в люльке мертвое бледное тельце... Но колода была пуста... «Откуда ж тут быть Агеюшке, живому али мертвому, коли он резвится сейчас на небесах?» — с напускной радостью громко сказала Феодосия. Вынула из люльки пуховое взголовье и покров, дабы не возникло у нее искушения в странствиях своих склонить голову на мягкую подушку, набила деревянное ложе соломой и, сняв с кольца, привязала к плечу веревкой. Завернула в кусок тряпицы скляницу с мандарином, крест Истомы и вышивку небесной сферы по синему шелку, подвязав их к поясу под власяницу. Все! Даже чашки али деревянной миски не возьмет Феодосия. Коли будет при ней чашка, то будет и искушение испить горячего ягодного навара либо кваса, потакая греху чревоугодия, а без чашки зачерпнет Феодосия горстью воды и тем утолит жажду. Миска же повлечет за собой грешное желание положить в нее каши. Нет, не надо миски, Феодосия сыта будет тем плодом, что даст ей Бог в поле и лесу. Коли Христос питался в пустыне сушеной саранчой, так Феодосии тем более грех вкушать каши, радуя ненасытную утробу. Усмирить, усмирить тело так, чтоб сделалось оно ненужной оболочкой для души. И тогда, увидев, что душа Феодосии готова к встрече с Ним, призовет ее Господь в вечное царство, где встретится она с Агеем и Истомой!.. Вот какую задачу назначила себе Феодосия.

Так, с деревянной люлькой на боку, ходила она по Тотьме и окрестностям всю осень. Вставала на паперти (в церковь не входила, ибо было там уютно и тепло), на торжище и молилась. Ежели в городе было чересчур суетно, уходила в поле, под одинокую березу али сосну, и там возносила молитвы, обратя взор к небесам. Особенно любила Феодосия, когда осенний ливень наполнял до краев ее люльку, наливая спину свинцовой тяжестью. Феодосия шла по размокшей дороге, вода из колыбели плескалась на чресла, но она не чувствовала холода, словно тело существовало отдельно от нее. Возвращалась в свое жилище поздно, уже в темноте. Матрена, порядком исхудавшая от эдаких лишений, принималась со слезами корить сродственницу излишне сильным постничеством и норовила наварить похлебки, хотя бы и из одних кореньев. Но горшок стыл в печи, а Феодосия, пожевав сухарей с водой, ложилась на голую лавку, устроив поблизости мокрую колыбель с гниющей соломой. Кроме соломы в посеревшей от сырости колоде лежали несколько окоченевших тощих птенцов со скрюченными лапками. Трупики их Феодосия подбирала в лесу и поле, ибо могли они иметь дальнее родственное отношение к Святому Духу, который, как известно, слетает на землю в образе голубя. Дух от птах и соломы шел тошнотворно сладкий, но Феодосию он не смущал.

— Феодосия! — не решаясь в одиночку хлебать ество, корила Матрена и крутила носом на люльку. — Почто ты надрываешься? Ну помолилась, ну попостничала, как Богом заповедано... Как ни угождай, а сын с того света не вернется! У Бога-света с начала света все доспето.

— Душу мне нужно спасти, — мерно доносилось с лавки.

— Ну и спасай, кто не дает? Душа Божья, голова царская, а жопа-то своя, барская. Гляди, ведь как палка худая стала, краше в гроб кладут! — бесцеремонно крестясь, приводила крепкие доводы повитуха.

— Не в теле красота, а в душе.

— Тьфу! — сердилась Матрена. — Лёжа, лёжа, и опять за то же! Прости, Господи. Ну, лежи голодная, а я ужинать стану.

Но ужиналось Матрене не в охотку, кусок прямо в глотку не лез.

— Давай на крышу еще взлезь али на сосну, как Симеон Столпник, авось к Богу ближе станешь, авось Он тебя услышит, — громыхая посудой, басила Матрена.

Феодосия приподняла голову с лавки.

— На крышу? Али Симеон Столпник на коньке прямо сидел?

— Не сидел, а стоял. Восемьдесят лет простоял на столпе высотой в сорок локтей.

Феодосия широко раскрыла глаза:

— Расскажи, баба Матрена.

Матрена, в грамоте справлявшаяся лишь с чтением по складам заговоров и рецептов зелий, обладала меж тем тьмой экзотических сведений. Наложив себе в миску вареных кореньев под молчаливым предлогом богоугодного рассказа, она ворчливо принялась баять.

— А се... Бысть святой преподобный Симеон Столпник Сирийский. И поселился он в монастыре. И решил мучить тело свое, дабы приблизиться к Богу. Подвязал рубище веревкой, сплетенной из финиковых ветвей, и не менял его тридцать лет и три года.

С датой Матрена маленько прилгнула. Ну да кто обращает внимание на этакие мелочи, когда дело касается житий святых.

— Ветви сии, а финик сиречь сосна сирийская, колючая, воткнулись в мясо Симеону. Плоть под веревкой загнила. — Матрена подложила добавки в миску. — Заползали в ней черви. И пошла от того гноя воня злая по всему монастырю. Монахи обозлились и подали жалобу. Ну, Симеона и изгнали из стен. И в колодце с гадами он жил. И на гноище жил...

— Господи, да как же это? — опечалилась Феодосия. — За что изгнали его?!

— Добрые люди... — Матрена хлюпнула носом и утерла правый глаз, как бы внося себя в список тех людей. — Добрые люди возвели Симеону, дай Бог ему здоровья, из камня столп высотою в шесть локтей. И простоял он на столпе, молясь, четыре года. После возвел Симеон столп высотой уж в двадцать два локтя. Ну и так все выше и выше...

Матрена доскребла миску, дожевала хлеб и откинулась к стене, смежив веки...

Феодосия не мигая глядела на потолок, освещенный пламенем свечи. На потолке струилась зноем горячая сирийская пустыня. Одинокий колючий финик, похожий на елку, стоял на холме. И белела выжженным обкрошившимся камнем высокая неровная башня с маленькой фигуркой на вершине.

Ах, почто Матрена набаяла сию историю? Утром Феодосия покрепче перевязала веревку люльки на плече и молча, не слушая воплей повитухи, ушла в осеннюю темень. Вечером она не вернулась. Матрена прождала три дня, плача, закрыла избу и вернулась в дом Строгановых, где Мария должна была разродиться вторым чадцем.

Глава девятнадцатая

БЛАЖЕННАЯ

— Юродивые — это семя святое, — тепло промолвил отец Нифонт, уповая поставить точку в прениях: отец Логгин, с утра докучал ему пламенной лекцией о блаженных и юродивых Христа ради.

Возбудителем речей отца Логгина стала встреченная им на паперти Феодосия. Она всю ночь простояла на ступенях церкви, проникновенно и сосредоточенно молясь. Отец Логгин вовсе не алкал столкнуться с блаженной Феодосией, или, как ее теперь звали в Тотьме, дуркой безпохотной, ибо побаивался ее неожиданных умовредных выкриков. Так родитель, выпестовавший кровожадное дитя, сам же и опасается его и в конце концов облегченно вздыхает, когда чадо сгинет с глаз долой.

— Фу-ты! — слегка отпрянул отец Логгин, когда в углу крыльца церкви Крестовоздвиженья шевельнулась бесформенная фигура во власяном отрепье и сапогах, слепленных из навоза. Сперва-то отцу Логгину приблазилось, что на крыльце укрылся медведь-шатун, тощий и изможденный зимними хождениями. Однако, зашевелившись, медвежий горб оказался деревянной люлькой.

— А! Феодосия! — с напускной приветливостью промолвил отец Логгин. — Молишься? Ну-ну...

И батюшка торопливо скрылся в сенях храма и поспешно промчался в служебную каморку, словно пытаясь укрыться за ее дверями. Но напрасно опасался отец Логгин: Феодосия давно уж не входила в храмы, молясь лишь ночами и на ступенях. Ибо разрисованные своды церквей могли бы вызвать пустые, никчемные мысли о красоте цветов эдемских али яркости плащей святых мучеников, отвлекая от одухотворения плоти. Иконы же опасны были тем, что, взирая на изображения житий праведников, могла Феодосия ненароком возгордиться своей не менее праведной жизнью. А что может быть страшнее греха кичливости?! От него и до гордыни один шаг!..

Феодосия изо всех сил пыталась отлепиться от любой земной мелочи, дабы жить лишь жизнью небесной. Что — земля? Место, из которого изгнали Христа. Так разве стóит она того, чтоб держаться за тот клочок? Ходила Феодосия босой. Коли Христос лишь в каменистой пустыне надевал жесткие сандалии, то почто ей, Феодосии, даже и самые убогие калиги из лыка али корья? Это было бы лишнее неженье плоти. Когда от осенних холодов вымерзли лужи и земля застыла комьями собачьей тюри, Феодосия отогревала ноги в лепешках навоза. Вставала в навозную кучу, благо на торжище этого добра было вдоволь, и молилась и крестила проходящих тотьмичей, пока навоз не терял тепло. Тогда переступала Феодосия в другую лепешку, а там — в третью. Когда же намеревалась она идти для ночной молитвы на крыльцо дальнего храма, то лепила из лошадиных навозных яблок сапоги и, высушив их до каменной твердости возле огня торговцев требухой или у чужого нищего костра, надевала со смирением и благодарностью Богу.

Сперва после окончательного ухода из дома Юды Ларионова для короткого отдыха избирала она нищую скамью, кои ставили тотьмичи возле крыльца дома али в сенях для проходящих странников и богомольцев: здесь могли божьи бедные люди полежать в ночные часы или посидеть в жару. Всегда рядом стояла кадочка воды и висел на краю ее ковш. На самой скамье лежали объедки и сухари. Но вскоре, узнав, что ночевать на скамьи ходит блаженная Феодосия, дочь Извары Строганова, еще вчера получавшая на свадьбу подарок от самого воеводы, тотьмичи на всякий случай стали гнать юродивую прочь, боясь, что доброта выйдет им боком. Что как Извара Иванович прогневается, что не впустили дочь в дом, в горницы, а оставили на нищей скамье в эдакий мороз? А впустить тоже никак нельзя: скнипы по дурке ползают, навоз комьями на подоле висит, в люльке, бают люди, таскает она трупы младенцев, коих вытравливают зелием тотьмички, очадевшие в грехе. Вот и выпроваживали Феодосию ласково от греха подальше, всучив денежку. От веры должна быть тотьмичу польза, а не лишняя головная боль! Феодосия денежку неизменно относила на торжище, а там поступала с ней сообразно обстоятельствам. Если денежка была изрядной, то с торжествующим хохотом прилюдно закапывала ее в кучу говна, оставленную каким-нибудь посетителем питейного дома. Либо, к вящей радости окружающих, кидалась Феодосия к проходящему тотьмичу и швыряла ему деньгу, выкрикивая обличения.

— Вот тебе куна! Купи саван для холопки Варвары, которую велел ты забить до смерти за то, что очадела она от тебя! Сколько лет было Варюшке? Али двенадцать?

Наветы, понятное дело, были клеветническими, и случившиеся свидетели так и говорили виновнику представления, ставшему красным, как рак вареный: «Совсем умовредилась, дурка беспохотная!». А сами отворачивали рожи да удивленно подмигивали друг другу: «Во как! Ишь ты!» За эту явную ложь была Феодосия не раз бита жертвами своих обличений. Но побои ее словно радовали.

271

— Бей, бей, как били твои люди Варвару! — на все торжище неистово кричала Феодосия, собирая еще большие толпы довольных зрителей. Так что оклеветанный бросал кнут и, озираясь, выбирался с торжища прочь.

Иногда деньга перекочевывала в лавку. Там Феодосия меняла куну на кусочек яркой ленты или ткани, либо зеркальце, либо еще какую праздную безделицу. Зеркало она клала на один камень, а другим лупила сверху, выкрикивая пояснения своим действиям:

— От лукавого зрить себя в стекле. Ибо криво любое зеркало! Показывает лишь часть человека! И, дробясь, дробит облик человеческий! А человек создан Творцом натурой цельной!

Заслышав про натуру цельную, тотьмичи присмирели: «Ишь как красно бает. Вот тебе и дурка...»

Но Феодосия тут же принималась вопить бессмысленную галиматью, ибо не имела она права на умные мысли, кои непременно вызовут грешную кичливость своим умом:

— В стекле Африкию не увидать. Не узрить в бесовском оглядале сирийскую келью ростом в сорок локтей и финик, впивающийся в плоть.

«Нет, точно дура, — трясли головами тотьмичи, опасливо отступая в сторону. — Разве может быть келья в сорок локтей ростом? Да еще в Африкии, где князья да бояре до сих пор в перьях бегают?»

Ленты и ткани Феодосия рвала, призывая рвать так же плоть свою, а не украшать одеждами.

— Христос ходил в холщовой накидке! Что же ты напялил расшитой охабень? — хватала она какого-нибудь проходящего горожанина.

— Да иди... — отбивался тотьмич. — Вцепилась, как рак, и тянет... Уйди, зашибу!

И обладатель охабня с бранью вырывался, жертвуя поясом, рукавицей, а то и червленым сапогом, коли случилось ему проезжать мимо Феодосии верхом на коне.

Семья Феодосии, сперва гордившаяся ее богоугодной жизнью в доме Юды Ларионова, была теперь в ужасе. Но дабы скрыть стыд от того, что Феодосия стала дуркой, Строгановы держались нарочито гордо.

— Блаженная, святая угодница дочь наша, — отвечала Василиса на вопросы дальней родни о дочери. — Юродствует Христа ради.

— Христос заповедовал нам идти к царству небесному прискорбным путем, — встревала Матрена. — Путем страданий и креста.

— Ей! Ей! — соглашалась родня и тайком переглядывалась: «Умовредилась Феодосия!»

Ни Василиса, ни отец не подходили к дочери на торжище, ибо кровью обливалась душа родителей при мысли, что увидят они чадо свое несчастным, голодным и грязным, сидящим на смрадном гноище. Если говорилось о Феодосии, то только о той, что жила когда-то в их доме, словно остановилось время и их дочь навсегда осталась пятнадцатилетней девицей. А с люлькой на боку таскается какая-то другая Феодосия.

— Оставь взголовье-то, куда потащила, — кричала Василиса на холопку. — Али не знаешь, что это Феодосьюшкино, из пуха лебяжьего?

Путила вовсе не упоминал имени сестры. А Мария злилась на сродственницу как змея подколодная:

— Хорошо устроилась, нечего сказать: ни тебе забот, ни тревог, ни работы никакой. Сиди целый день на торжище, орехи лузгай да глазей на глумы скоморошьи. Эдак и я бы могла!

Из всей семьи одна Матрена навещала Феодосию. Свиданием это трудно было назвать, ибо Феодосия на повитуху даже не глядела. А та клала ей в люльку плесневелые, подмоченные али источенные червями сухари — свежего хлеба Феодосия не приемлела, выкидывая его собакам, со слезой крестилась и, постояв в стороне некоторое время, уходила прочь.

Как-то наткнулась на Феодосию, сидящую на куче соломы с навозом, Мария. Была она роскошно и пестро наряжена, серьги свисали из-под оголовника до самых плеч. Пожалуй, даже и нарумянена была Мария клюквой. Али это бросило в жар от неожиданной встречи?

Феодосию охватила печаль от греховных румян и наведенных сажей бровей Марии. «Как же не понимает она, что дьяволом наведены эти румяна? Дьявольский жар на щеках у нее. Ох, накликает беду лукавством», — подумала Феодосия. И закричала, не глядя на родственницу:

— Алый цвет в лядвиях и на щеках, ибо краска сия одна и та же, намешана сатаной для похоти!

— Вот дура, — пробормотала Мария, прибавив шагу.

— Черная краска на бровях и в подчеревке межножном, ибо сажа это из адских костров! — грозно вопила Феодосия. И хохотала, кидая себе в лицо куски навозного гноища.

Хотела было Мария плюнуть в сторону уродки юродивой, да побоялась, что сглазит ее Феодосия, проклянет. Говорят, ее молитвы и клятвы хорошо до Бога доходят. Пыхтя от возмущения, вошла Мария в лавку и купила гвоздики да корицы для медовых пряников. Все самой приходилось делать, все самой! Ей бы лежать да сониться, так нет, идет своими ноженьками — сани остались в проулке — в лавку за пряностями для пряничного теста. Ибо холопке деньги не доверишь — пропьет, блудь поганая. Назад к саням Мария пробиралась в обход, дабы не встречаться с подлой Феодосией.

— Сама блудовала, с разбойником етилась, замуж блудью растленной выходила, дитя проглядела, а теперь меня позорит! — бранилась себе под нос Мария, усаживаясь в сани.

Лишь однажды свиделась Феодосия с братиком Зотейкой. Его вела за руку холопка Акулька. Феодосия принялась страстно молиться, дабы отвлечь себя от искушения полюбоваться братиком, но когда мальчик проходил мимо, Акулька прервала молитву юродивой поклоном и жаркой просьбой:

— Святая блаженная Феодосьюшка, помолись об здравии раба Божьего Амельки, бо занемог он. Твоя молитва быстрее до Бога дойдет.

— Зотеюшка... — от неожиданности промолвила Феодосия.

Братик опустил руку с леденцом, тихо подвинулся за полу Акулькиной овчины и с ужасом поглядел на Феодосию. Потом обежал Акульку, перебирая рукой в расшитой рукавичке по ее тулупу, и спрятался с другого бока.

«Вот и погляделась я в зеркало, — подумала Феодосия, когда Акулька и Зотей ушли. — Ибо глаза младенца — его душа, не солгут кривды. Страх был в зеницах у Зотеюшки. Значит, плоть моя уже умерла и пугает своим видом чад. Господи, когда же ты призовешь мою душу?»

Но и эти мимолетные мысли опечалили Феодосию: нельзя ей думать о родне, ибо непременно вспомнится дом и начнет она сокрушаться об уюте и неге своей горницы, ласке родителей. А сие означало бы, что тело все ж еще не умерло и тайно желает земного уюта.

— Пресвятой Симеон Столпник не впустил мать свою к себе на столп, ибо боялся низринуться с духовной вершины в грех семейных радостей, — укорила себя Феодосия. И завопила: — Блуд! Блуд!

Проходившая мимо баба шарахнулась и перекрестилась. Мужик в тулупе из лосиной шкуры сплюнул:

— Тьфу, дурка, напугала!

Но чего боялась Феодосия пуще всего, так это пустых мыслей. Еда из миски, тепло одежд, это все ж таки грехи тела. А вот праздные размышления, даже и самые краткие, — грех души! Пустые мысли — саранча для нивы духовной. Стоит только впустить одну, и тут же налетит их черная стая и жадно опустошит душу. Чтобы не думать о пустом, Феодосия непрестанно молилась. И боролась со сном, ибо во сне праздные мысли и сны могли одолеть. Всю ночь напролет Феодосия, стоя или на коленях, молилась возле дверей церквей, спала лишь под утро, прислонившись к стене церковного крыльца, а пустые мысли однажды все-таки опутали ее. Случилось это на площади возле английского гостиного двора и подворья одного из монастырей.

Феодосия сидела возле привязи для лошадей, сработанной из длинного резного бревна: в сем месте всегда было много соломы и навоза. Из подворья вышли два монаха, осенили Феодосию крестом и остановились для прощальной беседы, каждый возле своего возка.

— ... А как будешь в Москве, передавай от меня поклон отцу Лавру, — попросил монах, имевший пронзительно-голубые глаза и нос уточкой.

— Непременно передам, — согласился собеседник, обладатель выпученного глаза, глядевшего в сторону.

— И настоятельно тебе рекомендую позрить в Кремле, на башне, часомерье, — мечтательно промолвил голубоглазый монах и обрисовал носом плавную дугу. — Что за дивный механизм! Каждый час выходят фигуры и творят дела: звонарь ударяет в колокол, смерть машет косой. Солнце и месяц делают круг...

И от тех слов Феодосия впала в грех: вспомнила она вдруг вышивку сфер земных и небесных по голубому шелку, а за это воспоминание уцепился образ Истомы, выплыла на глаза хрустальная скляница с мандарином в ручках Агеюшки, тяжелый самоцветный крест скомороха, раскачивавшийся над ее грудью. И даже щелчок стены от мороза и писк мышей всплыли в памяти в теплом пламени свечи. И такая на Феодосию нашла душевная слабость, так сковал ее волю сатана, что не было сил прервать сей сладостный мысленный поток, как невозможно бывало перестать чесать и раздирать ногтями струпья на ногах и голове.

Пришлось Феодосии, дабы опамятоваться, вдарить главой о бревно для привязи!

— Отмерено уж! — дико закричала Феодосия. — Потекло уж в реку огненную за грехи наши тяжкие!

Монахи оглянулись на Феодосию. Искривили рты, недовольные тем, что прервалась такая прелепая беседа. И вновь отвернулись, став боком.

Феодосия задрожала от накатившего чувства вины: как могла она допустить пустые воспоминания?! Дать плоти верх над душой?! Она нащупала в складках власяницы мешочек со своими реликвиями, последним, что связывало ее с земными отрезками жизней Истомы и Агеюшки. Прочь! Прочь!

Она вскочила с кучи и, бормоча под нос, плача и смеясь, бросая по сторонам безумные взгляды, но никого не видя, не обращая внимания на болтающуюся на боку люльку, стремительно пошла прочь из города. За Государевым лугом — о казни она, пребывая в возбужденном покаянии, даже не вспомнила — Феодосия узрела занесенный снегом камень. Проваливаясь, помогая себе красными грязными руками, она пробралась к камню, подрыла канавку снега, коей окружен был камень, палкой расковыряла холодную щель и засунула туда кожаный мешочек с тихо звякнувшей скляницей. Затем отчаянно забила палку вслед за кладом, закидала снег и вернулась на дорогу.

Бледный луч зимнего солнца показался из-за льняных облаков. Малиновыми яблоками облепили корявое дерево бузины снегири. Было их с два десятка, не меньше. Пара зайцев стрижами переметнулась через дорогу. Звонко стучали дятлы. Белки роняли с веток снег и перья шишек. Ничего этого Феодосия не видела. Молясь, дошла до церкви Крестовоздвиженья и стала впрямо от входа, так что видна была темная икона над вратами, но поодаль, и долго молилась, каясь в грехе суетных праздных мыслей. Отец Логгин сунулся было в двери, сходить домой отобедать, но с досадой узрел блаженную и юркнул назад, в благовонное нутро храма. Вечером опасливо выглянул в окошечко церковных сеней, к вящей радости не обнаружил Феодосии и помчался на Волчановскую улицу.

— Да что же это такое? — бормотал отец Логгин. — Уж шагу не пройти, не наткнувшись на дуру, прости Господи. Что она хохочет? Разве можно хохотать, осеняя кого-либо крестом? А смеяться, выкрикивая молитвы? Эдак паства в церкви веселиться начнет, беря пример. И что это за публичные обличения уважаемых горожан? Обличать грешников есть кому и кроме Феодосии, на то назначены отец Нифонт да я. Что как все кому не лень будут выкрикивать грехи проходящих мимо верующих? Этак завтра Акулька возьмет на себя обязанность обличения! Или звонарь Тихон будет кричать во всю ивановскую воеводе об его грехах? Смешно, ей-богу! Все должно быть сообразно должностям! А Феодосия много на себя возложила. И сие не сообразно, а вовсе наоборот — нецелесообразно.

Подытожив столь витиевато свою мысль, отец Логгин выкушал пшенной каши и лег почивать. Каково же было его возмущение, когда утром он вновь обнаружил на крыльце церкви Феодосию! Тогда-то отец Нифонт и принужден был выслушать его лекцию о юродивых.

Пытаясь вставить словечко, отец Нифонт ласково отзывался о Феодосии, помянув и другого местного почитаемого блаженного — Андрея Тотемского, что родился в пределах Вологодских в селении Усть-Тотемском в 1638 году и ныне жил у церкви Воскресения Христова на берегу Сухоны. Упомянут был и блаженный Максим Тотемский, что упокоился в 1650 году и погребен у Воскресенской церкви. Но старый пастырь потерпел поражение, когда юный коллега вступил на тропу размышлений о пище духовной и телесной. Отец Нифонт, терзаемый проблемой нехватки репы и соленой рыбы в домашнем хозяйстве, принял намек об алкании пищи на свой счет. И отступил, вложив меч в ножны.

Отец Логгин наскакивал то на стол, то на ларь и указывал перстом горшку с молоком:

— Не может ли юродство Феодосии служить к соблазну других?

И не дожидаясь, что ответит горшок, сам же отвечал:

— Может! «Вот как легко растворить себе врата в царствие небесное, — скажут люди, глядя на Феодосию. — Знай себе не ешь, не пей, спи в говне да носи навозные сапоги, и будет тебе светлое небесное царство!» Это профанация самой сути юродства!

Слово «профанация» напугало отца Нифонта, и если до того он еще выражал свое мнение кряхтением, то теперь вовсе затих.

— На пути юродства много является случайных путников. Творят малоумие, бегают с безумным взором, а потом нахожу их вовсе не умовредными! Оне рассуждают зело здраво и целоумно. Так каково же их истинное лицо? А что это за глумление — входить в церковь с люлькой на боку? Это не юродивая, а какая-то кликуша!

Точно найденное определение очень понравилось самому отцу Логгину. Он приободрился и выкрикнул тонким голосом:

— Она обманщица, пользующаяся народным легковерием! Это же злоупотребление! Эта блаженная подменяет веру суевериями. Это что же получается?

Отец Логгин загнул пальцы, пересчитывая признаки юродства, и вскрикнул:

— Ей, Феодосия — мнимоюродивая!

На вечерней службе отец Логгин с возмущением поведал пастве о кощунствах некоторых якобы блаженных и вдруг провозгласил:

— Таковой псевдоюродивой является и Феодосия.

Народ непонимающе запереглядывался.

— Псевдо — то мнимоюродивая. Лжеюродивая! Феодосия — лжеюродивая! И все, что она совершает, — бесчинства. И полагается ей наказание!

Тотьмичи возмущенно зароптали.

— Что ты, отец родной, этакое речешь? — хмуро вопросила самая смелая баба. — Феодосия наша — истинная дурка беспохотная. Блаженная!

— Блаженная! — прокатилось по церкви нестройным хором.

В церкви запахло грозой.

— Что такое? — приподнял длань отец Логгин. — Кто смеет противоречить в святых стенах? Феодосию правом своим объявляю мнимоблаженной! Али вы не знаете, что таскает она в своей мерзкой люльке?

— Тела младенцев, вытравленных грешницами из чрева, — вымолвила пожилая жена. — В назидание всем любодейкам!

— А что сие как не языческое? А?!

Отец Логгин еще постращал паству и отпустил с Богом. Тотьмичи неохотно перекрестились и, переглядываясь, пошли вон.

На улице толпа встала на дороге и принялась бранить отца Логгина: как это часто бывает на Руси, решение властей было принято с возмущением, происходившим от векового внутреннего противодействия любым указам, спускаемым сверху. В обед еще Феодосия была для большинства тотьмичей дуркой умовредной, а в одночасье стала Божьим человеком! Святым и праведным! Несколько жен пошли искать блаженную на торжище, остальные разошлись по домам, понося отца Логгина.

— Феодосьюшка, милая наша блаженная! — со слезами подошли бабы к гноищу, на котором сидела Феодосия и перебирала что-то в люльке. — Отец Логгин хулу рекши, мол, лжеюродивая ты. Наказать тебя грозит.

«Накажет меня Бог, коли согрешила», — подумала Феодосия, не прекращая копаться в люльке.

— Саранча летит! Жрет! Жрет! — закричала Феодосия и захохотала. — Тебя сейчас сожрет!

Жены вздрогнули и даже отступили на шаг.

— Как же лжеюродивая, коли самая истинная блаженная? — придя в себя, уверенно сказали тотьмички.

«Не хотела я уходить из города, ибо в миру труднее бороться с соблазнами, чем в пустыне, но, видно, придется», — подумала Феодосия.

И закричала:

— Черви меня едят!

Затем она поднялась с гноища и пошла прочь из Тотьмы.

Бабы, плача, глядели ей вослед. А потом слегка подрались, деля клочок рванины, оставшийся от пребывания Феодосии на куче.

Глава двадцатая

ДЫМНАЯ

— Дыра во чрево! — цепенея от ужаса, прошептала Феодосия. — Господи, не отдавай меня дьяволу в его преисподние владения, ведь там нет моего Агеюшки! Как же я свижусь с ним, коли ждет он меня в царстве небесном?

Тощие, как хвосты чертей, столбы сизого дыма, несомненно вырывавшиеся из адских подземных костров, поднимались там и сям из земли, обволакивая Феодосию горькой воней.

— Грешна я, грешна, по слабости духа своего внимала празднословным разговорам о часомерье и допустила суетные мысли о пустых вещах, скляницах да вышивках. Покарай меня, Господи, накажи смертными муками, но не уступай сатане! А я тоже буду браниться с ним молитвой и врукопашную!

Обещание, данное Господу, преисполнило Феодосию решимости, и она очертя голову ринулась к ближайшему сугробу, увенчанному струями дыма, и принялась рушить дымное чрево то ногами, то люлькой. В подспорье членам она громко, с прерывистыми от дыхания выкриками, страстно молилась. Пожалуй, сейчас Феодосия одолела бы и медведя-шатуна!

К дымам Феодосию вывела тропа, проложенная стадом лосей. Сохатых в окрестностях Тотьмы была такая тьма, что засоленные шкуры их отправляли в Москву обозами в сотни саней. Не меньше, чем баб у колодца, собиралось ночью на полянах зайцев. Волков, лис и медведей плодилось столько, что меховая шуба у тотьмичей вовсе не считалась роскошью, так что для вящей лепоты мех покрывали расшитой тканью. А кабанов бродило разбойничьими стаями так лихо, что бабы в лес боялись ходить. Одну бабу секач в лес уволок да так натешился... Впрочем, не об том сейчас речь... Стая лосей, проходя в лесу по глубокому снегу, оставляла за собой изрядный овраг. Вот по такому ложу и пробиралась Феодосия, когда ушла из Тотьмы и переходила по льду Сухоны на противоположный берег. Шла она мерно, привычка все время отчитывать молитвы так проникла в ее сознание, что Феодосия без четок знала, сколько шагов сделается под десятикратный повтор «Отче наш», а сколько верст одолеешь, произнеся ту же молитву сорок сороков. Держала Феодосия путь в Лешаков бор — место опасное, нелюбимое тотьмичами по причине большого количества населяющей его нечисти. Леших с лешачихами, полудниц, прибившихся на зиму полевиков, водяных, упырей водилось в сем поганом месте столько, сколько у двух худых баб сплетен на языке. Приблудились к местной нечисти и с пяток спившихся домовых, овинников да банников: дома, в тотемских дворах, работу забросили и пошли с блудищами в лес — пить, плясать да похотствовать. Один только в Лешаковом бору тихий старичок был — Белун. Но тот другой пакостью страдал — сопливостью. Сопли аж по траве за ним тянулись. А он норовит выйти тихонько из кустов, когда девки ягоды собирают, и смиренно этак попросить: оботрите, мол, девушки красавицы, старичку сопли. Девки врассыпную. А он бежит следом и сопли по полю да по огородам мотает. Разрежешь потом репу, а она внутри вся сизая и соплями течет. Уж сколько девкам было говорено, чтоб утирали Белуну нос, хоть и подолом, ибо он за это наградит ко-

шелем серебра, но им ведь, дурам, парней лепых подавай, им они чего хошь утрут, а старичком брезгуют. Был,
правда, в Тотьме лет пять тому назад случай: молодая
разбитная бабенка, вдова Фенька, на неделю пропала,
а потом явилась с серебром и рассказала, что всю седмицу утирала нос Белуну, он ей серебряных колец и усеря-
зей и надавал.

— Нос? Белуну? — уперев руки в боки, усмехнулась
повитуха Матрена. — Был сие тот нос, который одна девка в манде расквасила.

Феодосия измыслила поселиться в скиту именно
в Лешаковом бору для большего числа трудностей: известно, как нелегко жить праведно среди множества нечисти. Найти поганое место было нетрудно, ибо даже
с другого берега Сухоны видны были ночами могильные
огни, которыми украшали себя ведьмы. А проезжие видали издалека, с дороги, сквозь черный ельник изум-
рудные светящиеся точки — зрачки леших. Лошади,
проезжая мимо сего дьявольского места, ржали и норовили стать на дыбы. А воронье каркало властно, как над
полем брани, усеянным мертвыми телами. И слышался
из того леса шум, то похожий на топор дровосека, то на
басурманские крики. Фу-ты, Господи, пронеси!.. Начи-
нался Лешаков бор болотистой каймой, где вперемежку росли черные трясущиеся осины и темные густые
ели. А уж что было там мухоморов! А червивых пней!
Ох, местечко, хоть удавись... Потому в начале зимы тотьмичи мужеского полу, собравшись изрядной дружиной и вооружившись дрекольем, иконками и чесноком,
шли на другой берег Сухоны и ставили там высокий
крест, вырубленный из речного льда, дабы охранял сей
сияющий на солнце крест границу владений, не давая
нечисти выходить из лесу. И в самом деле: погань топ-
талась за подножьем креста, но выходить на реку не
смела. Иной раз весь берег был утоптан следами: и чер-
тячьи копытца, и кошачьи ведьмины лапы, и лапти ле-

шаков-шатунов, не залегших на зиму, — чего только не обнаруживали тотьмичи!

На ледовый крест Феодосия взглянула с молитвой издалека: слабо-малиновый, как жидкий кисель, бледный луч зимнего заката пронзал голубой лед, делая его мрачно-сиреневым. На крыльях креста темнели шапки слежавшегося снега, холмя его очертанья. И все равно — исходила от креста могучая, спокойная сила, наполнившая Феодосию уверенностью и покоем. Она пошла, не ведая ни холода, ни голода, словно их и не существовало вовсе. Иногда Феодосия шарила в люльке, доставала обломок сухаря и рассасывала его за щекой, не притрагиваясь зубами, ибо надобно было читать молитвы. Когда же дорога, промятая в снегу стаей лосей, резко повернула вправо, тогда Феодосия и учуяла запах дыма.

— Не странники ли здесь? — довольно громко позвала она в сумерки. — Не богомольцы ли остановились на ночлег?

Стояла тишина. Только обломилась ветка, упав черной сухой лапой на снег, да прошумели крылья невидимой тяжелой птицы.

Феодосия заметила плавную ложбину в снегу, словно пробежал когда-то между елей ручей, и пошла по ней налево от лосиной тропы на запах дыма. Поляна, на которую она вскоре вышла, оказалась утыкана дымными столбами, выходившими прямо из земли, из сугробов!

В первый миг ее разуму предстала картина Везувиуса, готового излить подземный огонь из нарыва. Но через миг Феодосия поняла, что дым сей — от адовых костров. И сие — знак, что дьявол хочет овладеть Феодосией, не дать ей вознестись в царствие небесное, где ожидают ее три самые дорогие и возлюбленные души: Бог, Агейка и Истома. Вот почему так яро принялась Феодосия затыкать дымные чрева, со всей силы проминая и сваливая на них сугробы. Ногами проламывая наст, руками и люлькой гребла она сухой снег на струи дыма. Наконец остался лишь один дымный хвост на краю поляны, у поваленного огромного столетнего, а то и поболее, древа. Комель его, казавшийся каменным от инея, был никак не меньше чем с избу, — не барскую, конечно, а холопскую, — свороченную набок, из-под пола которой торчали вроде как и великие куриные ноги с загнутыми когтями, уходящими у одной ноги в сугроб. Заросло поваленное древо и космами седого мха, и кучами хвороста.

— Господи, прости меня, дуру идолопоклонную! Но не иначе то изба Бабы-яги набок завалилась, да и лежит здеся с дохристовых времен? — пробормотала Феодосия. — Не диво, что из-под нее вырываются гари, пеплы и дымы адские. Помоги же, Господи, одолеть и сей угарный столп!

Блаженная жена вскарабкалась на сугроб, наметенный к комлю и увенчанный черной дырой, из которой струился дымок, и, не имея уж сил загребать и обминать снег ногами, повалилась на него всей тяжестью тела, выставив вперед люльку. И вдруг сугроб под ней сперва медленно промялся, а потом рухнул вниз, безвозвратно увлекая ее вниз.

— Господи, не дай пасть в адову дыру! — только и успела крикнуть Феодосия, прежде чем захлебнулась дымом, потеряв сознание.

Долго ли, коротко ли летела Феодосия в подвалы лукавого, она не знала. И сколь пролежала бездыханная, тоже не ведала. «Течение времени и восприятие длительности либо краткости его зависит от события, назначенного Богом, — так учено выразился бы отец Логгин. — Счастье — всегда миг, а муки кажутся вечными». То ли несколько часов падала она в глубины земли, то ли секунду, останется для нее пока что тайной. Хотя, как только забрезжило у нее в голове, первым делом подумала о том, что засеки она время, хоть бы и простым отсчетом, можно было бы определить, сколь глубока скважина лукавого. Что ты будешь делать! Даже в такой судьбоносный миг мысли о мироздании первыми пришли в голову. Не иначе, ударилась жена главою зело сильно! Впрочем, розмыслы эти пролетели лишь мельком, а потом Феодосия услыхала речи чертей...

«Господи, да на каком же наречии бают черти?» — подумала она.

Ясно было, что это речь, а вовсе не звериные рыки или звуки. Феодосия знала, что разные народы говорят на своем языке. В Тотьме были люди, лаявшие по-басурмански, отец Логгин изъяснялся, по его сообщению, на латыни и греческом, да и английский торговый двор поставлял примеры чужеземной речи. Но сие баяние Феодосия допрежь не слыхивала. «Ни разу отец Логгин либо отец Нифонт не разъясняли на службах, как глаголют черти. Бог, понятное дело, он со всяким говорит на его языке. А дьявол, выходит, по-своему бормочет? И как же я ему слово Божье буду вещать?»

Говорили черти негромко, явно промеж собой, а не с грешниками, и с теми интонациями, с какими обычно беседуют в комнате, где есть тяжелобольной.

Не открывая глаз, Феодосия попыталась определиться в обстоятельствах. Так пленный, внезапно пришедший в себя после ранения во вражеском стане и мысля уж побег, замедляет дыхание и тайно внимает звуки и запахи с целью разведать окружающую обстановку. Конечно, обдумывать побег из ада несколько странно, но Феодосия ведь в аду была впервые, вечность пребывания в нем еще не осознала и в сей момент мыслила не столько умом, сколько сердцем. «Интуитивно, бессознательно али инстинктами», — сказал бы книжный отец Логгин, загибая по очереди пальцы — не пропустить бы какого термина.

Сквозь веки Феодосия видела слабые алые пятна. Ясно — то отблески костров под котлами для грешников. Видать, котлы пока еще пусты и ожидают новых покойников, поскольку криков мучеников не было слышно и, несмотря на баяние чертей, стояла тишина. В полной тишине дьяволята переговаривались! Это показалось Феодосии странным. Но она тут же подумала, что, наверно, находится еще не в самой преисподней, где костры и котлы, а как бы в предбаннике. Видимо, сперва здесь грешников раздевают, допрашивают, а уж потом тащат в геенну огненную.

— О, Господи! — напугавшись своих домыслов, прошептала юная, но уже умершая жена.

Впрочем, эта мысль только сбила Феодосию с толку. Она решительно не помнила, как и почему умерла! Последнее, что стояло перед глазами и принадлежало земной жизни, — поляна с дымами и сугроб возле векового древа, явно бывшего обиталища Бабы-яги.

«Либо я сама об избушку скранией вдарилась и молниеносно преставилась, без причащения, соборования...» — подумала Феодосия.

При сей версии она беззвучно переместила затекшую руку и потрогала висок. Да нет, цел, не болит.

«Либо Господь меня мгновенно смертью наказал за то, что про Бабу-ягу, идола такого, вспомнила...»

Эта версия показалась Феодосии весьма вероятной. Ведь сколько внушал отец Логгин, что нет в божественном мире лешаков, водяных, банников и прочих суть языческих героев. Сколько он глотку срывал, в шею выталкивая со двора церкви сущеглупых безграмотных баб, обсуждавших разные невероятные события, навроде утащения в колодец младенца, невозможные с точки зрения науки!

«Господи, да неужели ж за одно это покарал Ты меня смертью в ад, где не встречу Истому и Агеюшку? Неужели столь велико было это прегрешение?»

Отчаяние, что не увидит она теперь сыночка и любимого во веки веков, вызвало в Феодосии некоторое роптание против Его воли. Впрочем, роптание было весьма непродолжительным. Уже в следующее мгновение Феодосия открестилась от своих возмущенных мыслей и тихо прошептала благодарность Ему. Надо признаться, смирение происходило оттого, что Феодосия надеялась: назначение ее в ад не окончательно, возможно, Господь еще вознесет ее в рай? Отец Логгин, конечно, с гневом отрицал сию возможность и аж бледнел, когда какая-нибудь глупая жена вопрошала, не мог ли Господь прибрать ее мужа али дитя по ошибке. Никакие примеры о том, как ошибся той весной аж сам тотемский воевода, записывая вне очереди отрока на военную службу, или иные подобные события отца Логгина не только не убеждали, а, наоборот, возмущали до ярости. Но ведь отец Логгин мог чего-то и не знать? Чай два десятка лет только на земле живет. Может, и были такие благолепные случаи, что сперва жену считали грешницей и назначали в ад, а после выяснялись новые обстоятельства, как то: злобные наветы, клевета, зависть, — и несчастную, вернее, счастливую возносили архангелы на солнечные небеса? Эта мысль очень утешила Феодосию, она воспряла духом и вновь принялась тайно внимать запахам и звукам, надеясь разгадать обстановку, ее окружающую.

Воздух был спертым, даже вонючим, и явственно дымным. Это не диво, так и должно, конечно, быть. Но черти говорят очень уж бабьими голосами. Впрочем, Феодосия тут же нашла сему объяснение — ее сторожили чертовки. Затем осторожно ощупала свое лежбище. Это оказалась солома либо сено в рядне, лежащем на дреколье, вроде бы вмазанном в глиняную ступень возле земляной стены. Версия сена весьма смутила размышления Феодосии. Сроду она не слыхивала, чтоб черти косили! Гривы лошадям путают — что есть, то есть. Пьяницам являются. По заброшенным овинам, амбарам и мельницам воют и скачут. Скирды роют и разбрасывают. Блудищ стят. И много еще каких гадостей черти делают. Но сена на лугах али соломы на пажити не косят. Сие однозначно.

— Да кто ж вы, звери подземные?! — не выдержав напряжения в сердечной жиле, неожиданно для себя отчаянно воскликнула Феодосия и вскочила с лежбища, готовая увидеть самые ужасные дьявольские личины, какими пугали тотьмичи себя и друг друга с самого детства. Уж какими баснями потчевали тотемских чад мамки-няньки, проходящие богомолицы да гастролирующие за постой и миску каши баяльницы! И черные когти в тех баснях, сказываемых, как правило, под ночь, — были. И синие губы, и зеленые волосья. И шерсть на загривке, и противные козлячьи копытца, и хвост, загнутый по-свинячьему к гузну. Впрочем, повитуха Матрена стояла на том, что хвост у черта вовсе не закручен хрящом, как у свиньи, а, наоборот, волочится, как у тощего быка, и завершается щетинистой кисточкой, каковой он, черт, и щекочет в межножье иной грешницы. Хотя при любом хвосте рожа выходила отвратительная в своей лукавой мерзости... Так вот, отчаянная Феодосия готовилась узреть рыло и рога. Но когда перестали мельтешить перед глазами алые и желтые круги и стрелы, увидела она в свете огня два круглых широких лица, даже впотьмах явственно конопатых, с курносыми носами и маленькими зенками, подпертыми пухлыми щеками. Вовсе это были молодые бабы. Правда — Феодосия сие разглядела в тот краткий миг, пока бабы с визгом не кинулись куда-то прочь, — были они явно не тотемские, другой какой-то наружности, и одеты не так, и учесаны странно. Но все ж таки то были не черти!

«Возможно, сторожат в адовом предбаннике новопреставившихся другие грешники? — предположила Феодосия. — Возможно, пробыв в подземелье сотню лет, жены так изменяются, что не похожи на тотемских?»

Надобно заметить, что Феодосия была уверена (и это было ее собственное открытие), что каждый грешник проваливается в ад под тем местом, где помер, а праведник, соответственно, оказывается на небесах аккурат сверху над своим местом проживания. Иначе как бы мог Агеюшка взирать на нее, Феодосию, сверху, коли оказался бы где-нибудь над Африкией? Поэтому, когда бабы скрылись в темноте, Феодосия успела поразмыслить с миг, что за тотьмички пред ней были. Возможно, двести, а то и пятьсот лет назад все тотемские жены были с широкими и пухлыми рябыми лицами да с узкими очами? Подумав об сем, Феодосия оглядела подземную пещеру. Правду сказать, на подземные чертоги она вовсе не походила. Скорее на ледник или погреб, если б только кому-либо вздумалось развести в леднике очаг. С низкого земляного потолка даже свисали корни растений! «Каковы же должны быть длиной корни дерева, чтоб достигнуть ада? — подумала Феодосия. От последних событий она забыла, что стала юродивой и не должна мыслить об суетных глупостях. — Али длиннее соляной скважины?» Посмотрев в другую сторону, Феодосия заметила уходящий во мрак проход, вырытый в стене. Озрив вид позади себя, обнаружила всего лишь глиняную лежанку возле земляной стены. И ничего более! Казалось, повесь в угол образа да проруби оконце, и станет то не ад, а вросшая в землю избушка бобыля Паньки, которым пугали тотемских детей, что притулилась на опушке леса, за полями. Феодосию даже охватили сомнения в своей кончине...

Внезапно раздался глухой топот, шум, который ворвался в проход, уходящий в земляную стену, и наконец всплеснулся в обиталище. В проходе толпились, подталкивая друг друга, человек пять-шесть мужеского и женского полу и баяли по-чужому. Феодосия, не зная, что предпринять, нашла самое верное решение — принялась осенять группу крестным знамением и громко, хотя и сдавленным от ужаса голосом, отчитывать молитву. Странный народ замолк и некоторое время в безмолвии взирал на Феодосию. Когда же она в третий раз завопила «Отче наш», от семейства отделился крепкий низкорослый муж, стоявший впереди, подошел на два шага к Феодосии, вгляделся в нее, потом вернулся назад и сказал что-то маленькой бабе. Та взяла с невидимой полки что-то вроде кружки, зачерпнула из котла, который оказался на камне рядом с очагом, и, подошедши к Феодосии, подергала ее за рукав, а затем протянула кружку.

«Надобно испить мне горькую чашу до дна», — догадалась Феодосия.

Взяла и решительно отпила горячего пития. К ее удивлению, это оказалась вареная сухая малина. Выхлебав ее в три огромных глотка, Феодосия сжала кружку и крикнула:

— Жгите меня огнем, лейте расплавленным железом, но не отступлюсь от веры в Него! Прочь, дьяволы!

Маленькая баба, что поднесла кружку, вздрогнула и сказала что-то соплеменникам. Из земляного прохода появился старик и, коверкая словеса, сказал:

— Живая. Чудь спасла.

Феодосия сперва было решила, что старик имеет в виду «едва спаслась».

Но он продолжил свою корявую речь кратким замечанием:

— Чудь — добрые.

И у Феодосьюшки вдруг подкосились ноги. Это сердце ее вперед разума поняло, что не в ад она низверглася, а в подземную деревню чуди шахтной.

Глава двадцать первая

ПОДЗЕМНАЯ

О чуди шахтной, или чуди подземной, в Тотьме и окрестностях баяли с таким же восторженным ужасом, опаской лишний раз помянуть, нелюбовью и крепкой верой в ее безусловное существование, как и о любой другой — не к ночи будь сказано — лесной, речной али болотной нечисти. Махнуть рукой да посмеяться, мол, Матренины басни, было совершенно невозможно, ибо давали они о себе знать беспрестанно и дела творили лихие. Неоднократные разъяснения особ духовного звания из Спасо-Суморина монастыря, что чудь шахтная суть не русалки и банники, то есть несуществующие образы суеверия, а остатки воспоминаний о некогда огромнейших племенах, от коих остались на Руси такие слова, как «Чудское озеро» и «Чудо-юдо-рыба-кит», тотемских граждан совершенно не убеждали. Феодосия, удивленная подобным разъяснением, однажды даже вопросила отца Логгина, не от чуди ли шахтной пошли тогда и глаголы «чудить», «чудо» и «чудесный». Отец Логгин принял несчастный вид и устало ответил, что вопрос зело глупый и темный, поскольку каждому ясно, что божественное слово «чудный» никак не могло произродиться от какой-то чуди, ибо те были идолопоклонниками. И одинаковость звучания — лишь совпадение, коих в языках бывает немало, примером тому коса глупой девки и коса сиречь инструмент для срезания трав.

— Какие ж остатки воспоминаний, — перешептывались тотьмичи, — коли прошлую осень эта самая чудь унесла трех кабанов, попавших в капканы Ивана Васильева!

Иван, не послушав знающих людей, поперся за добычей в Лешаков бор, каковой добрые христиане обходят седьмой дорогой. То, что кабаны стали добычей именно чуди, Иван Васильев с ужасом понял, как только дошел до заветной охотничьей тропы: ибо только эта подземная нечисть оставляет в качестве жертвенного подношения хозяину леса сердце и голову лося ли, кабана ли, оленя либо медведя. Иван бежал до берега Сухоны и греб на лодке не оборачиваясь, потому как до самой Тотьмы слыхал за спиной топот и зловонное дыхание нескольких чудей. Да и то сказать, черт его понес в Лешаков бор, место чрезвычайно поганое. Другого такого жуткого не сыскать, пожалуй, и до самой Африкии!

Лешаков бор по странному, не объяснимому наукой обстоятельству никогда не был ярко освещен солнцем и пребывал всегда словно в полутени, которая могла бы падать от горы, ежели бы таковая имелась поблизости. Но гор, окромя холмов, в окрестностях Тотьмы не бывало от роду. (Даже отец Логгин видывал горы только на картинках, что, впрочем, не мешало ему в честолюбивых мечтах зрить себя однажды когда-либо на горе Синай, с ознакомительной поездкой.) Так вот... Как достоверно было известно тотьмичам, в центре Лешакова бора имелся на возвышении скальный утес. Те несчастные заезжие гости, кто, заплутав, сумел-таки вырваться живым, долго потом пребывали в состоянии возбужденном, плохо соображали, беспрестанно крестились, много пили хмельного и лишь через седмицу, а то и две осмеливались рассказать, что случилось им увидать возле утеса. Окровавленные шкуры зверей, чем-то, видно, набитые, так что стояли они словно живые и пялили кровавые зенки на всякого подходящего человека... Черепа с космами волос, кости, деревянные и каменные идолы... И, несомненно, только Божьим промыслом несчастный гость не был растерзан и съеден заживо кровожадными чудями!

Вот в чьи кровавые лапы попала Феодосия! Вот перед кем стояла она с крестом в руках, и только он — крест — спас ее от угрозы быть растерзанной и съеденной. Единственно, что несколько смутило ее познания о нечисти лесной, так то, что не были рожи столпившихся в землянке чудей зелеными, как у водяного, поросшими мхом, как у лешеньки, или с иными какими признаками жителей омутов, подпней и болот. Мелькнула было у Феодосии мысль, что сие семейство сопливых луговиков, поскольку маленький чудь, державшийся за подол матери, громко шмыгнул носом. Но истинный соплевик сопли свои тянет по земле и всякому овощу, но никогда не подтирает их рукавом. Феодосии сделалось страшно. Затрусились жилушки под коленями, задолбила кровь в сердце и головные скрании. Из груди вырвался сдавленный вопль. Чуди вздрогнули, перелаялись коротко и тихо по-своему, после чего один из них кинулся вправо от Феодосии, прямо к темному своду земляной стены, прыгнул в два прыжка по невидимым ступеням, откинул тяжело свисающую шкуру и вдруг распахнул дверцу на белый свет! Как есть белый, хотя и несколько серый!

Распахнув дверцу, чудь с короткой молвой дланью указал Феодосии на волю, дескать, уходи, не бойся, решили мы тебя не есть. Феодосия собрала остатки сил и кинулась прочь. Выскочив на порог, Феодосия оказалась в неглубокой снежной яме с обмятыми боками, которая совком уходила вперед и вверх. Вдохнув холодного жгучего воздуха, она кинулась бежать по натоптанной среди елок тропке, пока не посчитала, что скрылась на безопасное расстояние. Впрочем, в этот же момент и тропка оборвалась, выведя на полянку возле дороги. Феодосия остановилась, перевела дух и только тут оглянулась назад. Лес был темен и неподвижен. Треск, от которого она было вздрогнула и изготовилась бежать в ужасе сызнова, оказался произведен сухой сосновой веткой, которая обломилась от тяжело взлетевшего тетерева. Тетерев несколько поуспокоил Феодосию — птица сия ничем худым себя не выказала, это вам не филин али черный вран, от которых добра не жди.

Ступив на дорогу, Феодосия сразу вспомнила все слышанные о чудских трактах рассказы. Дорогами Тотьму было не удивить — от города отходили три широких тракта, которые были великолепно укатаны зимой. Ибо именно в морозы на Москву сотнями уходили санные обозы, доставлявшие в столицу замороженные туши лося, рыбы, подсоленные шкуры и прочее добро, что в летнее время не могло быть перевезено по причине быстрого гнилого стухания. Нельзя сказать, что окрест Москвы не было своего мяса али рыбы. Но в столице, на счастье тотьмичам, был свой человек, выходец из одного соляного посада, ныне сгоревшего. Величали сего благодетеля Амвросий Кузьмин Строганов, или, как он предпочитал зваться на столичный манер, Амвросий Кузьмич Строганов. (Надо тут заметить, что нашей Феодосии он был не сродственник, а просто однофамилец.) А се... Этот Амвросий Кузьмич некогда пускал на постой на свой столичный двор тотемских знакомцев и родню прямо с обозами. Ибо двор его был на окраине и потому весьма обширно тянулся до оврага аж на треть версты. Расплачивались земляки кулем соли, полтушей мяса и прочей доступной платой. Опосля стали стучаться в его ворота не только заезжие знакомцы и дальние родственники, но и все тотемцы, на словах передававшие поклон и просьбу приютить. Через каких-то пяток лет Амвросий Кузьмич завел настоящее тотемское подворье на московской земле, и теперь уж всякий тотьмич, знакомый или нет, прямым ходом заворачивал обоз по указанному адресу.

Амвросий Кузьмич брался оказывать помощь в сбыте привезенного товара. И однажды выпала ему такая удача, что обоз лосиных туш проторговал он в продовольственный приказ, в свою очередь, переторговавший мясо в пушечный приказ для снабжения стрельцов. Амвросию Кузьмичу удалось убедить приказного дьяка, что лосиное мясо — самое выгодное и полезное для питания военных, ибо не гниет оно неделями (прилгнул, конечно) и вялится отменно, а жуется по причине жесткости долго, отчего стрельцу кажется, что обед длинный и питательный. И, главное, очень соленая лосятина похожа на говядину при гораздо более дешевой цене. В общем, пути сбыта лосятины были наторены. А заодно и соли с рыбой. И обозы из Тотьмы и окрестностей шли беспрерывно. Не только товары на них везли. Многие сани были заняты беспокойной молодежью, что, как и во все времена, устремлялась, не слушая родителей, кто в столицу за яркой жизнью, кто в дальние земли за приключениями, кто в плаванья за деньгами, кто в Киев и иные города в духовные академии — за знаниями. Так что не диво, что три дороги от Тотьмы были широки и наезжены. Диво то, что не менее гладкий тракт шел через Лешаков бор, хотя и самый отчаянный ездок туда бы не свернул. Отец Логгин на одной из проповедей попытался было разъяснить про геологические особенности, выходящие каменные жилы, упоминал для важности Аппиеву дорогу и древних римских нехристей, по ней проезжавших, и наледь вспомнил, и перепады температур, от которых вполне могла сама собой сиречь природой и Божьим промыслом образовываться гладкая дорога среди снегов, но мужики лишь скептически ухмылялись. Нет, в других каких вопросах отец Логгин, может, и силен, но в Лешаковом бору путь накатывают черти. Вот к этой загадочной дороге и вышла Феодосия.

Она сразу поняла, что сие и есть чертов тракт, о коем слышала с детства. И стала размышлять, ступать ли на сей опасный в духовном смысле путь. Опустила главу вниз, дабы глянуть на ноги, и с удивлением обнаружила, что обута она не в навозные сапоги с натолканным внутрь сеном, а в чуни из лосиной шкуры. Видать, нечистая сила нарочно облачила ей ноженьки в мягкие удобные чуни, дабы свернула она с праведного пути. И вторая мысль ожгла ее: за плечом не висела люлька! Господи, Агеюшка, что сонмился сладким сном в люльке, оказался в руках нечистой силы! Феодосия стремительно развернулась и помчалась назад, к подземному обиталищу. Дорогой успела вспомнить, как приняла землянку за ад, и порадовалась, что сие была ошибка, а значит, есть еще у нее надежда оказаться в небесном царствии.

Уже почти смерклось. Тени были лиловыми, а ели под шапками снега черными. И когда Феодосия подумала, что спуталась тропкой, вынырнула поляна с несколькими струями дыма и уходящими в несколько мест под могучие деревья снежными рукотворными ложбинами, навроде совков для муки. Феодосия прикинула, из которой ложбины выскочила она, и через несколько шагов действительно оказалась перед дверцей в пол ее роста. Она решительно толкнула дверь и спустилась по ступеням, сделанным из двух пеньков, готовая биться за люльку с нечистью. Но в землянке никого не было, только дотлевал очаг. Феодосия стала шарить по стенам и полу и с ликованием обнаружила люльку в простенке между лежанкой, на которой она очнулась, и наружной стеной обиталища. Взвалив колыбельку на плечо, Феодосия мигом вылетела на волю. Невысокий кряжистый чудь, вышедший по нужде из другой подземной избушки, с удивлением поглядел ей вослед.

Все мысли торопливо шагавшей Феодосии были о том, куда схорониться, чтобы не догнала нечисть. По ходу же размышлений дивилась она тому, что нечистая сила не столь уж злоблива и жестока, как баяли тотьмичи. А об том, чтоб лешие подносили малиновый настой, Феодосия вовсе не слышала. Впрочем, может, это был обман, чтоб завлечь Феодосию остаться в их логове, а уж потом растерзати?

— Лукав и хитер, да не лукавее истинно верующего, спасающегося святым крестом и молитвой, — победоносным тоном промолвила Феодосия. И обнаружила, что оказалась возле могучего дерева с большим дуплом чуть выше ее лица и сей временный кров освещен лишь голубым светом луны.

Феодосьюшка наломала и протолкала в дупло пушистых еловых веток, подтащила под ствол несколько коряг, водрузила на них хворост, коим в изобилии был усыпан снег, и, взгромоздясь по сей импровизированной лестнице, залезла на сук, с коего сползла в древесное чрево, предварительно опустив туда люльку. Угнездившись в своем виталище, Феодосия оказалась по колени в еловых ветках, а спиной привалилась к люльке, зацепившейся поперек пустого ствола. Обжив таким образом свою необыкновенную и несомненно богоугодную обитель, юная жена проникновенно помолилась и наконец-то со спокойствием взглянула в оконце дупла.

Господи, что за великолепная божественная бездна открылась ее глазам! Тишина, казалось, охватила весь мир. Невозможно было и представить, что где-то есть города, тесно заполненные избами, дворами, банями, хоромами, острогами и питейными домами, заполняющими все пространство вокруг и накрывающими город ватным одеялом смрада, дымов и воней... Что пьют там, едят, пляшут, бают, поют и скокотают, не ведая, как чист и хрустален морозный купол над ними, как божественно мерцают звезды и дрожит воздух от дыхания Феодосии, измученной, но счастливой от представшей картины мироздания. Как чиста и пряма перед ней дорога в новую необыкновенную жизнь. Какие чудные события предстоят впереди — божественная любовь к Нему, необыкновенные подвиги, великие свершения...

Феодосии, как и каждому человеку, после тяжких испытаний и мучительных размышлений оказавшемуся один на один перед раскрывшимся вдруг мирозданием, казалось, что подобное случилось с ней одной и впервые за все существование подлунного мира, и никто никогда не видел то, что зрила сейчас она. Если бы мог видеть ее неколебимый в своих упорствах отец Логгин! Аквамариновые ее глаза стали еще больше на осунувшемся лице. И те же речные земчужинки сияли в них, только не розово-голубые, а чуть желтоватые. И пусть разразит меня на этом месте, если отец Логгин не устыдился бы, что это его тщением прошла Феодосия в свои семнадцать годин тернистый путь юродства. Но, увы, отец Логгин в сей божественный светлый момент изучал греческий фолиант, перемежая сие занятие с поеданием тушеной капусты. Почему — увы? Потому что видение умиленного лица с заиневевшими от тихого дыхания бровями и ресницами несомненно отвратило бы его от последующих не менее горьких событий, на которые отца Логгина не иначе сам дьявол толкнул! Впрочем, все это еще только предстоит. А пока Феодосия отламывала из мешочка, подвешенного на поясе, кусочки сухаря и жевала их, размышляя о чуди подземной.

Феодосия была женой смышленой. Она умела делать выводы из разрозненных фактов. Обобщать, казалось бы, несвязанные события. И на основе увиденного и услышанного — измысливать совершенно новые знания.

На сей раз, обдумав события последнего дня, она твердо уверилась, что чуди — не лешие и не водяные, а люди. Тотьмичи бы над ней, конечно, посмеялись и, перекрестясь, задвинули покрепче засовы на дверях, но в данном случае права была именно Феодосия. Сие были человеки, а не нечистая сила. Но были они идолопоклонниками, суть язычниками. А что? Вполне могли сохраниться с незапамятных времен в лесу язычники. Есть же они — рассказывал один проезжий архангельский купец — на Сивере. Живут там рядом с православными самоедские племена, кои молятся каменному моржу и деревянному медведю. Вот и чуди исправно скрывались в Лешаковском бору, ибо никто туда не хаживает. Далее Феодосия сделала логический вывод, что не зря она, Феодосия именно, оказалась в логове диких неверцев, а послана она сюда Божьей волею, дабы обратить несчастных в истинную веру: отучить жертвовать хозяевам лесным шкуры и сердца зверей, а научить носить крест и читать молитву триединому Богу — Отцу, Сыну и Святому Духу.

Итак, из юродивой велением Божьим Феодосия стала миссионеркой, как мог бы выразиться в ученой беседе с отцом Нифонтом книжный отец Логгин. Ей предстояло златоустно нести слово истинной веры в подземные пещеры.

Долго еще об этом с решимостью и надеждой размышляла Феодосия, стоя в своей деревянной келье. И исходил от нее такой светлый аер, что ни один зверь лесной, ни волк, ни филин не посмел тронуть ее. А потом сморил жену сон, да так неожиданно крепко, что сухарь свой она дожевала прямо во сне. Грезился ей Симеон Столпник, что стоял на высоком столбе, у подножий которого росла пальма, похожая на перевернутую елку. «Тоже стоишь?» — вопросил Симеон Феодосию. — «Стою». — «И сколь давно?» — «С ночи. А вы?» — «Сорок лет» — «Олей! О! Нет, я только с ночи». Потом привиделся Феодосии Агеюшка, и потому просыпаться ей не хотелось. Но потянуло дымом, и Феодосия проснулась.

Лицо ее окоченело, да и по спине пробирал холод, но внутрь, в тело, он не проник. Жена вспомнила все, что открылось ей в божественную ночь, быстро съела сухарь, вылезла из дупла и торопливо пошла по дороге. Но не в сторону поляны со входами в подземную деревню, а на другой берег Сухоны, к камню, под который заткнула она завертку с вышивкой небесных сфер по синему шелку, хрустальной скляницей с перекатывающимся внутри засушенным мандарином и маленьким эмалевым складнем.

Будь дело летом, ей не удалось бы пройти незамеченной, но зимой выходили тотьмичи на улицу позже, ибо скот выгонять на выпас не нужно, на огороды идти также нет нужды. Посему прошла она к окраине незамеченной, быстро нашла большой валун у развилки, вытащила из снега свои сокровища и, уложив их в люльку, вновь той же тропой вернулась в Лешаков бор. На все ушло у ней не более двух часов, так что шеломель, сиречь горизонт, едва окрасился розовым цветом, когда Феодосия постучала в маленькую дверку чудей.

Несмотря на столь ранний час, дверца была отворена очень скоро. Из темной, пахнувшей спертой воней дыры глядела снизу вверх маленькая бабуся, одетая в шкуру и тканье из крапивы. Как всем пожилым людям, старушке не спалось по утрам, потому она вставала в полной темноте и, разведя огонь в очаге, дым из которого уходил в дыру в земляной крыше, готовила варево или грела то, что оставалось с прошлого дня.

— Я пришла, чтобы открыть вам истинную веру! — твердо сказал Феодосия.

Решив, что бездомная девка просится пустить ее под кров, старушка, промолвив пару слов, спустилась по пенькам — ступеням вглубь своего жилища, давая дорогу Феодосии. Та смело взошла, вернее, снизошла в избушку и, встав посреди, между дверями, смотревшими на юг, и очагом у северной стены, вновь воскликнула:

— Хватит жить вам в безверии и поклоняться щурба-нам (слово «чурбан» она вспомнила только что и весьма к месту)! Веруйте в триединого Бога!

Потом с чувством прочитала она две-три молитвы, замолчала и тут только увидала, что в углу на лежанке сидит малюсенький дед — едва ли до плеча Феодосии — и с удивлением взирает на нее.

— Чего это она? — спросил дедуля у бабуси на своем языке.

— А не то на постой просится, — разъяснила старушка.

— На что она нам? — услышала бы Феодосия вопрос старого чуди, ежели бы знала чужой язык.

— А ни на что, — подумав, ответила бабуся.

— Ну, тогда пускай живет, — порешил дед. И на ломаном русском вопросил: — Есть хотеть? Только у чуди мало.

Поразмыслив, можно ли брать хлеб насущный из рук иноверца, Феодосия не нашла в сем ничего крамольного и села к очагу на пенек, приняв деревянную миску и ложку, ловко сплетенную из березовой коры. В миске оказалось варево из каких-то зерен с перетертыми в крошку сушеными грибами. Кушанье было без соли. На всякий случай отчитав «Хлеб наш насущный» трижды, Феодосия съела все подчистую.

— Ишь трескает, не прокормить, — проворчала бабуся.

После еды Феодосия встала в углу и принялась беспрерывно читать молитвы. Дед и бабуся молча сидели на лежанке, лишь время от времени коротко переговариваясь. Когда крошечная щель в двери стала золотистой от яркого зимнего солнца, хозяева встали и знаками повлекли Феодосию в темный проход в земле.

Отважная жена выставила вперед крест и пошла за чудями, едва видимыми в слабом свете лучины, что держала в руках старая женщина. Феодосия с большим удивлением оказывалась все в новых и новых подземных избушках и по памяти насчитала их не менее семи. Везде оказались чуди с детьми или пары стариков. Всего язычников поганых было, пожалуй, под три десятка. Они вопрошали о чем-то бабулю и деда, приведших Феодосию, а та беспрерывно и с чувством обращала неверных в истинное православие. Когда Феодосия поцеловала крест и несколько раз вознесла его к земляному своду, чуди сообразили, чего она хочет. Полопотав, они явно пришли к согласию промеж собой. Старые супруги обратным ходом провели Феодосию в свою землянку, там повесили ей на плечо люльку, всучили в руки каменный горшок с угольями и быстро повели узенькой тропинкой, весьма запорошенной снегом и давно хоженной лишь зайцами, на другую поляну. Тут под еще одним вывороченным с корнем деревом обнаружилась пустовавшая землянка. Феодосию дружески завели внутрь. Дед принес охапку хвороста, бабуля развела угольями огонь, положила в нишу, выдолбленную в стене, два туеса, как выяснилось позже, с сушеными грибами и брусникой, и, промолвив что-то напоследок, они ушли.

Феодосия поняла, что Господь дарует ее домом, и, как смогла, обустроила виталище. В нишу в стене были уложены хрустальная игрушка, с которой тешился Агеюшка. В красный угол выставлены эмалевый складень и деревянный крест, под ними установлена люлька. Вскоре на очаге закипел растопленный снег, в кипяток брошена сосновая хвоя с брусникой. Пошла самая приятнейшая воня, какая только может быть... И, напившись горячего навара, Феодосия впервые за несколько месяцев уснула в собственном жилище.

На следующее утро она встала под сосной на поляне, куда выходили дверцы подземных избушек, и, подняв крест, принялась читать молитвы. После полудня к Феодосии подошел молодой чудь и вручил ей две вяленые рыбы.

Феодосия правильно истолковала, что сие — благодарность за то, что несет она язычникам слово Божье, и, удовлетворенная, пошла в свою избушку.

К весне Феодосия водрузила на краю поляны крест из перевязанных лыком кольев. А к лету тайно решила, что теперь-то уж в случае внезапной смерти попадет она непременно в рай, где встретит дорогих ей Агеюшку и Истому.

Светла вера твоя, Феодосия!..

Глава двадцать вторая

СМЕРТЕЛЬНАЯ

— Кто здесь? — удивленным гласом вопросила Феодосия. Спросила не сразу — зело велико было недоумение от стука в ставеньку из ивовой лозы. Сперва, когда постучало в дверку, в колья тонкой рябины, захлестнутые восьмеркой корья, — Феодосия лишь приподняла голову от очага, уверенная, что звук произошел из-за ветра али зайца. Но заяц не мог нетвердым шагом перейти к окошку и стукнуть вновь, теперь уже покрепче и явно древком али батагом. За все время ее житья в лесу гости пришли к избушке Феодосии впервые. Да кто же здесь может быть?

Феодосия легким, как след заячьей лапки, шагом подошла к порогу и слабо глянула в щель.

Сквозь прорехи в дверке узрела она бывшее когда-то черным платье, похожее на рясу, и старушечье лицо в свинцовых, склизлых, как червивый гриб, пятнах, с темным ртом. Коли б не эти пятна, как если бы старушка ела чернику и перемазалась, то гостья выглядела бы смиренно и опрятно.

— Не бойся, чадушко, отвори, нет здесь лихих людей, — попросил слегка дребезжащий, но ласковый, как колыбельная, голос.

— А вы кто, добрая бабушка? — принявшись разматывать лыковую веревку, служившую заклепом, спросила через дверку Феодосия. — Али странница?

— Да ты меня не бойся. Я тебе худого не сделаю. Смерть я. Пробиралась к патриарху Никону в Ферапонтов монастырь, да заболела внезапу, насилу на ногах стою.

Смысл слов дошел до Феодосии не сразу, и поэтому она еще несколько мгновений продолжала разматывать лыко, но все медленнее и медленнее, и, наконец, остановилась, судорожно сжав руками мочало и сук, на который этот импровизированный засов навязывался на ночь.

«Смерть!..»

Сердце Феодосии подскочило к горлу и замолотило, как в ступе, сдавливая дыхательную жилу.

«Так вот как она приходит! Но почему так быстро?.. Неужели — все? Неужели это и была моя жизнь? Для чего тогда народилась? Нахлебаться до ужаса дымом горящего мяса Истомы? Пережить муку страданий по Агеюшке? Бредить на гноище? И больше — ничего?! И это — весь смысл земной моей жизни? И для этого народилась? Господи!..»

Феодосия хотела было, как и полагается в неутешном горе, снопом повалиться наземь, но упоминание Господа внезапно озарило ее.

«Да что же это я говорю? Смерть за мной пришедши! Господи, да ведь сие значит, что увижу Агеюшку с Истомой... Агеюшка, чадце мое медовое, сейчас к тебе мама придет, не плачь, потерпи, мое солнышко, потерпи, моя звездочка, колосок мой золотой!..»

Мысль о скором свидании с сыночком привела душу Феодосии в возбуждение — радостное и отрешенное. Но плоть, все еще живая и чувствующая, испускала крики ужаса перед предстоящей смертью. «Только бы не мучила она меня, а скоро взяла. А что как будет грызть и пытать не один месяц?»

Феодосия затихла у дверцы, по другую сторону которой безропотно ждала Смерть. Обе они стояли так затаишно, что слышен был далекий вершинный шум сосен. Ужас и счастье поочередными толчками бились в душе Феодосии. И толчки эти — и страха, и счастья — сперва были совершенно одинаковыми, но в те мгновенья Феодосия и сама еще не знала, насколько сильной стала ее душа. Она поняла это, когда наплывы страха внезапно ослабли и вдруг исчезли вовсе, а все существо ее наполнило ликование. Душа победила тело. Феодосия разжала и опустила руки, все еще судорожно сжимавшие лыковый засов. А затем вновь взялась за мочало, но уже твердо и уверенно, чтобы раскрыть двери Смерти. Они обе жаждали: Смерть хотела жить, а Феодосия — умереть.

— Пустите Смертушку на постой, — вновь попросила гостья. — А то боюсь — не дойду, помру дорогой.

«Ох, как же тогда я? — тревожно подумала Феодосия. — Этак задержка выйдет — пока-то другую Смерть пришлет Господь, а мне надобно поскорее на тот свет, меня Агеюшка с Истомой дожидаются».

— Сейчас! Сейчас! Лыко запуталось... — торопливо крикнула Феодосия. — Не уходите! Все, расплела...

Она спешно отворила дверку и со светлым взором взглянула в глаза Смерти, оказавшиеся выцветшего голубого цвета.

— Добро пожаловать! Милости прошу! Проходите, проходите!.. — принялась кланяться Феодосия. — Чем богаты, тем и рады! Давненько не виделись!

— Двум смертям не бывать, а одной не миновать, — пошутила гостья. И, ухватившись за пристенок, болезненным, с трудом дававшимся шагом вошла в избу.

— Да не беспокойтесь вы об пожитках, я сама все занесу, — перехватив взгляд Смерти, звонко промолвила Феодосия.

Переждав, пока Смерть войдет в дом, поелику вдвоем в дверцах Феодосьиной избушки разойтись было невозможно, она выскочила наружу и, прижав руки к груди, восторженным гласом воскликнула:

— Услышал Бог мои молитвы!

Феодосия радостным взглядом глянула окрест. И сразу увидела счастливые знаки скорого своего успения.

Знамения были несомненно многообещающими.

Облака на шеломеле, только что блестяще-льняные, стали серо-красными, как подстреленные куропатки. Это на западе. На востоке же облака как были кисельными, так и остались. Только из овсяного киселя стали киселем брусничным. Но всем известно, что восток не имеет отношения к кончине, поэтому чего там деется, какие открываются виды, желающим успения можно даже и не глядеть. А се... Черным повойником опустилась на опушку стая воронов. Донесло запах прелой земли. Пестрый, как бисерная ладанка, удод вылетел из леса, мытарем ринулся к оконцу избушки и замолотил клювом в ставню. Из зарослей папоротника вышла курица и принялась квохтать, намереваясь снестись, словно не закат стоял на дворе, а занималась утренняя заря. Квохтанье становилось все выше, выше, и наконец голос наседки сорвался, и она закукарекала! Закончив свою руладу, курица прокашлялась, отряхнулась и вновь скрылась в папоротнике. И пронеслись мелкие вихри, завивая травы; и скрип колодца донесся из леса; и лопнул вдруг горшок, выставленный Феодосией за порог для сбора дождевой воды; и пробежал бодро по опушке заполошный черный поросенок, похрюкивая со снежным хрустом; и затрещали деревья, разламываясь отчаянно, как самоубийцы; и стон пролился, и гомон, и плеск утопленника, и звон секир, рубящих ратников, и яростные крики бийц, и тихие стоны умирающих рожениц, и покаянный вопль растленной девицы, проказившей в чреве дитя. «Воды... воды...» — прошептал вдруг из леса бессильный голос, кажись женский. Замерцали среди сосен огоньки, на опушку выплыла вдруг стайка свечных язычков пламени, окружила Феодосию и, померцав, погасла, и погасли с ней тихие голоса... «То ангелы затушили свечки умерших», — догадалась Феодосия. Ей было жутко и радостно: все, все обещало близкую смерть!

— Спасибо тебе, Господи, что призываешь меня и дозволяешь встретиться с сыночком моим, — перекрестилась и поклонилась до земли Феодосия, и подхватила пожитки гостьи — черный узелок, положенный на пень, и прислоненную к мшистой стене избушки косу-литовку.

Косу Феодосия взяла осторожно, опасаясь увидеть на древке кровь тех, кого выкосила по пути Смерть. Но древко было чистым, отполированным до серебристо-серого цвета. Никаких бурых пятен не обнаружилось и на лезвии: вдоль острия железо сияло, несколько неровных оспин, оставшихся от ковки, и налипшая влажная травина имели вид совершенно мирный. Феодосия узрела на древе и тонкие волосяные трещинки, будто обмоталась на ем жидкая седая бороденка, и торопливо ослабила пясть — как бы не сломать косу да не застопорить тем самым свою кончину.

Она вошла в избушку и притворила дверцу.

Смерть сидела на табуретке из связанных лозой полешек, в изнеможении опустив голову.

— Да что же вы не легли? — бросилась к ней Феодосия. — Ложитесь скорее на лежаночку, будьте как дома, как у себя на кладбище! Давайте я вам помогу...

Она осторожно обняла Смерть за плечи, почувствовав запах сырой земли, и стала приподнимать гостью с табуретки.

Смерть пыталась сопротивляться.

— Ой, нет, чадце мое, — заупокойным голосом упиралась она, — лежать мне никак некогда. Патриарх Никон на смертном одре мучается, зовет меня, а я, грешница, тут разлеживаться буду? Посижу маленько, отдышусь, да и поплетусь дальше. У меня роженица в Песьих

Деньгах уж сутки родами мается, аж в ушах крик стоит, двоица стариков в Тотьме угасают — угаснуть не могут, родня уж вся измаялась, разбойник какой день по лесу бродит — осину ищет повеситься и все найти не может. Ладно, лиходей этот пусть еще ночь в чаще помается — самоубийство ему все одно за грехи назначено, а родильница чем виновата, что бабушка Смерть в гостях прохлаждается?

— Да куда же вы пойдете? — уговаривала Феодосия, тихонечко подводя гостью к лежанке — вороху соломы, покрытой рядном. — Вы ж вся горите, лоб сухой, а руки как лед. О-ой, и губы лихорадкой обсыпало. Да вам и косу не поднять в таком состоянии, чем же будете нас, грешных, на тот свет отправлять?

— Да уж как-нибудь придушу, — шептала Смерть. — Али зелия какого дам. Али жилы вытяну. Топором можно...

Она была доброй и трудолюбивой старушкой.

— Жилы вытяну... — упрекнула Феодосия. — Да как же вытянете, коли у вас пясти дрожат, словно вы кур воровали? Не все об жилах чужих думать, надо и самой иногда передохнуть. Сейчас я бузины с малиной заварю. Ложитесь, Смертушка, милая! Только не умирайте!

Гостья покачнулась, пролепетала неразборчиво — Феодосии показалось что-то вроде «вот прах подери» — и виновато прилегла на краешек, всем своим видом давая понять, что нежиться на соломе она, Смерть, долго не собирается. Но как только тело ее почувствовало мягкость хрустящего ложа, силы покинули Смерть, и она с наслаждением вытянула ноги. Вежди старухи сомкнулись, рот же, напротив, безвольно приоткрылся и запал. Полежав так мгновение, Смерть принялась вздыхать и бормотать. Ежели бы можно было разобрать ее баяние, то узнала бы Феодосия, что смолоду Смерть никто не мог обогнать в косьбе! Бывало, взмахнет она литовкой — целое городище от мора в один присест преставится! Взмахнет другой раз — три села с пустошью вместе с малыми детьми на Божью тропу встанут. Иной раз и не просит ее Господь призвать челядь на тот свет, а она сама, по собственному хотению, после окончания трудного дня еще разок с косой по пажити живота пройдется. Потому что знает Смерть: нет такого православного на Руси, кто не мечтал бы поскорее избавиться от тягот и забот земной жизни и обрести житие небесное. Сколько раз слышала Смерть, как сродственники со вздохом молвили над телом усопшего: «Слава тебе, Господи, отмучился!» Особой гордостью Смерти был мор в столице, когда ее неустанным трудом в три дни дуба дало пол-Москвы.

— Потерпи, милая, потерпи, родная... — услышала Феодосия и догадалась, что Смерть уговаривает роженицу, мающуюся родильной горячкой.

Феодосия спешно подкинула хвороста в очаг, налила в каменный горшок воды и пристроила его в огне. Затем подхватилась и, стукнув себя перстами в лоб, вытащила из ложбинки, вырытой в земляной стене избушки, туесок с бурой прошлогодней клюквой. Она раздавила перстами ягодку и вложила в приоткрытые уста Смерти:

— Пожуйте кислого, сразу полегчает. А я сейчас и навару клюквенного еще сделаю.

Феодосия бросила в горшок горсть сушеного зелия, перемешала, дожидаясь, пока травы осядут на дно, отлила пахучего навару в маленький туесок и принялась помаленьку поить Смерть.

— Вот у меня тут какая живая водица, — ласково ворковала Феодосия.

Выпоив весь навар, Феодосия навалила на недужную завернутого в мешковину сена, особо угревая ноги.

Вскоре лик Смерти покрылся испариной.

— Слава тебе, Господи, пропотела! Спасла я Смертушку от успения! — возликовала Феодосия. — Глядишь, к утру поправится. Ох, а я-то не готова!..

И Феодосия подскочила так стремительно, что заколыхался огонь в очаге.

— Ни домовины нет, ни могилки во сырой матери-земле, ни рубашки чистой, да и сама я немытая, — запричитала Феодосия, кружа по избушке и не зная, за что вперед схватиться.

Наконец увидала в углу под порогом каменный топор без топорища — Феодосия подобрала его как-то в лесу, обронен, видно, чудями шахтными, — и, схватив его, выбежала из избушки.

На улице было еще не ночно, но уже исчезли все краски, сделавши сосны, траву, папоротник и мухоморы — все вокруг — серым скаредьем.

Феодосия побежала вглубь леса, туда, где помнилась ей поваленная старостью рябина, вся в шубе из сизого лишайника. Она быстро нашла ее — повисшую на собственном комле затрухлявевшую колоду, расколовшуюся при падении. Натужившись, Феодосия разворотила дерево на два лотка и накинулась яростно рубить и скрести нутро каменным топором. При первых же ударах из вершинного обломка выкатился леший и, чертыхаясь, сиганул прочь. Феодосии же приблазилось, что из колоды с шумом вылетела птица. Лишь когда птица побежала, ломая валежник и поминая чертей, Феодосия прервала свой труд и вгляделась в темноту. Но разглядеть ничего не удалось.

— Иди ты к лешему! — обсердилась Феодосия и вновь взялась яростно долбить колоду.

— Чего-чего?! — ошалело вопросил леший и покосился по сторонам. — Куда идти?

«Да это же разбойник, которого Смерть поминала, — догадалась Феодосия. — Не может осину найти».

— Потерпи, — срывающимся голосом крикнула Феодосия в темноту, — скоро смерть твоя придет. Только зря ты надумал на осине давиться — грех сие. Али имеешь ты право Бога в себе убивать?

— Чего-чего?! — уставившись на Феодосию, сызнова вопросил леший.

— Со смертью твоей я сейчас говорила. Знает она, что осина по тебе уж дрожит.

— Какого хрена осина?! — пробормотал леший, у которого на эту ночь были совершенно другие планы: он ждал русалку, с которой рассчитывал блудить до утра. Наконец смысл Феодосьиных слов дошел до него во всей полноте. На миг он оторопел и обезгласил.

— Да как же это?! — наконец тонко выкрикнул леший. — Да за что?!

— Смерть рекши: за грехи, — сочувственно пояснила Феодосия.

— За какие такие грехи?! — жалобно тянул леший.

— За разбой.

— Какой разбой?! Какой разбой?! Одну бабу-ягодницу закрутил по лесу да на одного мужика древоделя сосну повалил.

— За что купила, за то и продаю, — обсердившись помехе в работе, ответила Феодосия. И принялась долбить колоду. Но прежнего упоения не было.

Леший забегал кругами.

— Нет, девки, вы слыхали? — плачущим голосом возмущенно обратился он в темноту. — Уж и не закрути теперь в лесу никого, уж и грех сразу тебе впишут! Уж и осину тебе приготовят! Да я, может, помирать и не собираюсь! Я, может, вообще утопиться надумаю. И осина мне без нужды!

Из лесу раздался развязный женский смех.

— Девки пьяные, — удивилась Феодосия, не прерывая трудов. — Откуда оне здесь взялись?

— Лешенька, елда наша рябиновая-я, — пьяно хохотали девки. — Брось кручиниться! Иди к нам, поети нас напоследок!..

— Поети-и! — передразнил леший. — Мне, может, до утра только и живота осталось. Я, может, сейчас об вечном думать должен?

— А мы про что? И мы — об вечном.

Леший вдруг приободрился и тряхнул кудлатой болотной бородой:

— А! И не еть — умереть, и еть — умереть, так лучше уж поеть, а потом умереть! Э-эх, девоньки!

И тут же смех умножился, и затрещали сосны.

Феодосия подняла голову.

На крепких нижних ветвях сидели блудищи — Феодосия сразу узнала их по распущенным волосам и большим голым грудям — и весело глядели на Феодосию. А меж блудищами восседал мужичок с шишковатой головой. Он с размаху охапил девок за чресла, ущипнув за пухлые стегна, отчего девки взмахнули жирными, как карпы, чешуйчатыми хвостами.

Феодосия подняла брови.

— Так ты леший?

— А ты думала — поп в колоде почивает? — задиристо вопросил леший.

— Ой, матушки мои, да ведь я с разбойником тебя спутавши, — плеснула рукой Феодосия.

— Спутавши? — недоверчиво переспросил леший. — Выходит, не помру?

— Нет, пока не помрешь, — заверила Феодосия. — Я про другого разбойника говорила, не про тебя.

— Девки, — крикнул леший, скатился под сосну на подстилку из мха и пустился в коленца, треща валежником и давя мухоморы. — Живем!

Русалки захохотали еще рьянее.

— Феодосия, а ты чего здесь долбишь?

— Домовину себе готовлю.

— Никак помирать собралась? — заинтересовалась компания.

— Истинно.

— Ну чего ж, дело хорошее. А как преставиться надумала? Удавиться али это... серпом по дышлу? — деловито спросил леший.

— Это уж как Смерть решит.

— Нашла на кого положиться, — укорил леший. — Она тебе решит!.. Тяп-ляп, спустя рукава. Давай мы тебя придушим? А перед тем погуляем! Со звоном!

— Али утопим, — предложили русалки. — Но только опосля плясок, песен и блуда. Помирать, так с гуслями!

— Спасибо вам, жители лесные и речные, только я перед смертью те муки приму, какие мне Господь предписал, — вежливо, но твердо промолвила Феодосия.

— Послушайся нас, предпишет он тебе скуку смертную, — наперебой зашумели русалки. — Помрешь от болезни али от мора — тьфу! То ли дело напиться до смерти!

— Али уетись вдребезги! — вскрикнул леший. — А если что, я ведь и на женитву согласен.

Феодосия покачала головой.

— Ну, как знаешь! Пошли, девки, там у меня мухоморы настояны.

— Дудку не забудь, — завопили русалки.

И вся гульба ринулась вглубь леса, в сторону озера — предаваться злострастию.

— Вот же блудищи, вот шишка женонеистовая... — вздохнула Феодосия. — Срам! Титьки с решето, и хоть бы прикрыли какими ветками али травой.

Она взмахнула топором и ожесточенно ударила по колоде.

Раздирая в кровь руки, Феодосия наконец выдолбила подобие корыта. Примерилась, улегшись в колоду. Лежа в домовине, Феодосия посмотрела на небо, надеясь увидеть мерцающую звездочку — ее Агеюшку, но твердь небесная оказалась наглухо затянутой тучами. А может, это сосны сомкнули свои натруженные ветви. Лишь в зеницах Феодосии от натуги переливались синие маслянистые всполохи, похожие на перья голубя. Голубь напомнил Феодосии Святого Духа. Она вскочила и, с придыханием молясь, потащила колоду к избушке. Вернулась за второй — крышей домовины, дотащила и ее. Впрочем, осилить перемещение второй колоды Феодосии помог леший: ежели бы Феодосия внимала окружающему, то услышала бы, как, весело кряхтя и подбздехивая, лесовик подхватил волочащийся по земле комель и пронес его на шишковатом плече до избушки отшельницы. Оказавшись возле своего виталища, Феодосия встала над гробом, растрепанная, как куделя на прялке, с окровавленными руками, радостная и ликующая. В прорехах плетеных дверцы и ставеньки мерцал огонь очага, на лежанке спала Смерть, и рябиновая обитель дожидалась Феодосии — может ли счастье быть большим?!

— Вот и терем мой, — проникновенно промолвила Феодосия. — Не вырвут из стен его тело мое ни волки, ни медведи, ни враны ночные. Украшу стены обители моей сей же час, не мешкая...

Феодосия осторожно, чтоб не разбудить Смерть, вошла в избушку и вскоре вышла, прижимая к груди некие вещи. Штуки сии были угнездены в колоде, так что даже врану ночному во тьме стало ясно, что домовина приобрела совершенное сходство с домом. Полюбовавшись мысленно на терем рук своих, Феодосия вновь охватилась мыслями, теперь об могиле.

Она покрепче ухватила каменный топор и ликующим небесным громом вверзлась в землю, мягкую лесную подстилку, роя себе яму. Филин проухал над ее головой. Закричала невидимая лесная тварь, по голосу вроде как хозяин лесной. Но в душе Феодосии не было страха. Разве может быть страшно чаду Божьему, что с восторгом копает себе могилу, жаждая предстать пред очами Его?

Глава двадцать четвертая

БЕССМЕРТНАЯ

— Слава тебе, Господи, жива!.. — молвила Смерть себе под нос и опрятно перекрестилась. — Думала, что уж вечным сном усономлюсь. Эх, живем, пока мышь головы не отъела. И тяжек мой крест, да надо несть.

Поведя носом, Смерть узрела в углу темные деревянные образа.

— Уж и под святыми лежала, а все жива, — хозяйственным тоном промолвила она. — В живой-то больше барыша.

И зашебуршала на сенном ложе, намереваясь сей же час подняться и взять в длани косу. Очень уж Смерть заскучала без дела! Четки Смерти — нанизь крепких, творожно-белых круглых зубов, клацнув, соскользнули на земляной пол.

Феодосия задрожала веками и проснулась. Сперва она не могла измыслить, где находится: «Ужели в могиле?» На чело низвергнулась холодная капля. «Истинно во матери сырой земле!» — уверилась Феодосия. Но сбоку явно ворочались и даже явственно изрекли «слава тебе, Господи, жива». «А соседи откуда? Али кладбищенские? Но ведь я могилу подле избушки вырыла? Да кто жив-то?»

Феодосия мигом размежила зеницы, заплескала ресницами и приподняла главу с охапки сена, уложенной подле очага, уже погасшего, но еще источавшего едва уловимое тепло, нежное, как дыхание спящего чадца. С лежанки на нее приветливо смотрела Смерть. И сразу отлетело все путанье, приблазнившееся спросонья, и, закаркав, рядком уселись на мшистый конек избушки события прошедшей ночи. И словно клин ударил в голову Феодосии, и этот прозрачно-воздушный клин, похожий на перевернутую пирамиду леденцового сахара, наполнился картинами ночных Феодосьиных трудов. Она вспомнила, как долбила рябиновую колоду, как тащила ее двоицей с лешим, как рыла дряблую подстилку мха, сосновых иголок, ржавого торфа, приготавливая себе могилу. Но когда лоно смертельное было готово и Феодосия, пошатываясь, на дрожащих ногах, вошла в избушку, в пламени очага выяснилось, что грязна она хуже лешего болотного! Пазнокти, частью отросшие, частью обломанные, забиты были землей, в сломы их натолкалась трава и торчала из пальцев, как у чудища лесного. Феодосия охнула, выбежала прочь и закрутилась на месте, соображая, где взять воды для мытья. Как вдруг ноги ее поехали в сторону и, вырвав по ходу из земли лопух, Феодосия сорвалась в только что вырытую могилу. Она снопом повалилась на песчаный одр, и тут силы оставили ее.

— Господи, — прошептала она тихо, — засыпь меня живую, чтоб стала я мертвая.

Но не успела Феодосия высказать остальные пожелания касаемо быстрейшего успения, как твердь небесная с чудовищным грохотом раскололась надвое, так что стала видна следующая сфера, та, что крепится позади солнца и луны, полная звезд, дико закричали птицы и звери нощные, и обрушилось безведрие. (Надобно промолвить, что такого ненастья не видала Тотьма с того лета, как приняла повитуха Матрена у сблудившей монашки чадо, в женских лядвиях коего бысть мужеский мехирь! Чадце то Матрена придушила маленько да утопила в Сухоне за островом Леденьга. «Унянчила чадце, чтоб не пикнуло, — выпив медового пития, тайно поделилась повитуха с Василисой, многократно крестясь. — Упестовала на вечный покой. Только пузыри кверху пустил в ершовой слободе...» За сим уникальным пестованием и последовала буря, залившая не только пол-Тотьмы, но и взломавшая доселе неизвестную могилу на холме, так что по улицам на ворохе ветвей промчался, веретеном крутясь в водоворотах, покойник, вернее, кости его, обряженные в серый саван. Ох, спаси и сохрани!)

На Феодосию полило как из ушата! Будто попала она в кладезь, куда сыпалась из куля водопадом рожь либо соль. Феодосия выкарабкалась из могилы, в которой в мгновение ока стало по щиколотку воды, и стала срывать мокрые одежды, после каждого облачения воздевая длани к низвергающемуся небу. Когда на теле осталась одна лишь исподняя срачица, Феодосия застыдилась было, но по размышлении, оглянувшись в непроглядную тьму, содрала и портище. Она стала, тихо опустив длани вдоль тела, и отдалась ледяным струям, бывшим столь холодными, что обжигали кожу. Но не было и мысли ни v ливня, ни у Феодосии, что может она занедужить. Из естества шел такой душевный жар, что тело горело, очищаясь снаружи и внутри. И как только толстые косы Феодосии промокли насквозь и принялись истицати двумя струями воды, ливень оборвался. Его затихающий шорох проплыл вправо от поляны по верхушкам берез, словно стая лебедей, оставив лишь глухой плеск падающих с ветвей крупных капель.

Феодосия подошла к колоде. В воде колыхалась намокшая твердь земная и небесная — вышивка по шелку, которой жаждавшая новопреставиться украсила домовину, как украсила бы и дом к празднику. Феодосия нагнулась к гробу: сквозь хрусталь пахнущей хвоей и льдом воды на нее глядел Феофан, подрагивая рукой, сжимающей камень. Смертница осторожно опустила персты в воду — Феофан плавно покачал главой. Сие было эмалевое изображение почитаемого в Тотьме блаженного, отводившего камнепады силой духа, происходившей от муки тела: Феофан всюду ходил с булыжником, отколотым от острова Лось: на нем он вкушал, на него укладывал измученную главу для ночного сна. Встретившись во мраке взглядом с Феофаном, Феодосия промолвила приличествующую молитву, вытащила блаженного и приберегла на пенек. Туда же была пристроена и шелковая твердь — с небес и земли текло ручьем, окиян разбух и потемнел, и Феодосии пришлось маленько выкрутить звезды и купол, отжимая воду. Разобравшись с сим делом, Феодосия наконец полностью погрузила руки в полную холодной воды домовину. Когда пазнокти, обломанные до крови, перестали ныть, Феодосия нашарила на траве сброшенные одежды, опустила в домовину, безропотно согласившуюся на роль корыта, и принялась мыть и полоскать. Она так яростно терла одеяниями по колоде, что отшлифовала нутро до гладкости: труха гнилой сердцевины вымылась, остался лишь ровный слой. Теперь смертная хоромина напомнила Феодосии лоток для соляного рассола. Но воспоминание не пошло дальше этого лотка — живот тотьмичей уже не волновал Феодосию, готовившуюся покинуть сей мир, и задело Феодосию не больше, чем шум сосен.

Выкрутив вымытые одежды, Феодосия надела их на себя, и, счастливая от того, что все приготовления к смерти излажены так удачно, вошла в избушку, и, легши на солому возле очага, тут же и уснула. От портищ, согретых огнем, начал подниматься густой пар, отчего, наверно, во сне Феодосия и оказалась в бане. Баня была не их, строгановская, а незнакомая: огромная, светлая, с лавками, пахнущими липой и бузиной. Подле лавок, каждый возле своей, стояли, омакивая в ушаты веники, Истома и отец Логгин. «Феодосьюшка! — нежно вскрикнул Истома. — Слава Богу, свиделись! Иди ко мне!» Феодосия, не видевшая себя со стороны, но ведавшая, что на ней одна тонкая льняная срачица, взглянула на отца Логгина и робко ответствовала: «Нет, Истомушка, нельзя мне к тебе, иначе грех случится и не попаду я в царствие небесное». — «А зачем ты так рано собралась туда?» — вопросил Истома. «Чтоб свидеться с сыночком нашим, Агеюшкой. Ты его встречал? Как он? Не плачет ли?» — «Нет, не встречал», — равнодушно и печально покачал головой скоморох. «Так, значит, ты не на небеса попал?» — «Значит, так...» — «Так ты, может, жив?» — «Нет, не жив. Али ты забыла, как пожаловали меня адским пламенем? Иди же ко мне...» — «Феодосия! — строго сказал отец Логгин, многозначительно потряхивая в ушате веником. — Римская империя!» — «Помню, — ответила Феодосия и оборотилась к скомороху: — Истомушка, грех с омовения и начинается. Римская империя через бани рухнула». — «Ну? — удивился Истома, но удивился как-то равнодушно, как бы мысля о своем. — Подгнила?» — «Истинно». Произнося сие, Феодосия меж тем сделала шаг в сторону Истомы. Дрожь пробежала по подпупию. Похоть охватила лядвии. Защекотало в персях. Но строго смотрел сквозь клубы пара отец Логгин, одной дланью намыливая пробор волос, а другую вознося в крестном знамении: «В рай просишься, а сама в ад лезешь?» Тут-то Феодосия и проснулась — Смерть, слава тебе, Господи, выручила, обронив четки-зубы. Глянув в ее приветливые голубые глаза, Феодосия припомнила сон и перекрестилась: ясно было, то бес искушал на похоть, дабы не видеть Феодосии царствия небесного! Тут вспомнив об изготовленной ночью домовине, Феодосия подскочила с соломы и, пробормотав: «Лежите, Смертушка дорогая, не вставайте покамест», выбежала вон. Она пробежала в кусты и присела по малой нужде. Папоротник окружил ея возле самых зениц. И в каждой ложбинке листов лежала капля воды, словно земчузина, вывернутая наизнанку, так что молочное серебро просвечивало изнутри. И были сии земчузины чисты, как помыслы Феодосии и портище ее. И уверилась она, что нынче же с Божьей помощью упокоится!

Розовая от радости, Феодосия вернулась к избушке и с удовлетворением постояла возле гроба: погладила ладонями гладкое влажное нутро рябины, приладила внове эмалевого Феофана, развесила твердь небесную и земную. На всякий случай поклонилась на восток и пошла в избушку — ставить на ноги Смерть. Впрочем, Смерть и сама не желала покоиться: войдя в виталище, Феодосия обнаружила ее стоящей возле лежанки.

Феодосия хотела было ринуться и поддержать Смерть заподруки, но вспомнила, что резвостью своею может усомнить гостью в необходимости прибрать ея, Феодосию, на тот свет. «Коли такая резвая, так пусть здеся еще поживет, поработает», — может подумать Смерть. Ох, надобно недужной прикинуться.

Эту уловку знала вся Тотьма, но считалось при том, что смерти сей секрет неизвестен и, стало бысть, ее можно обмануть. Да что Тотьма! В семействе самих Строгановых бысть такой случай. Захворал братец Зотеюшка, калится дрищаво, сиво, ну прямо дух испускает! Повитуха Матрена и говорит: надобно всем плясать, на гуслях играть да песни голосить! Среди ночи растолкали холопов, велели всем в коленца плясать, глумиться да хохотать на дворе вокруг хоромов. А повитуха Матрена, золовка Мария, Василиса и Феодосия принялись плясать возле колыбельки Зотеюшкиной. Смерть к хоромам приблизилась: что такое?! Смех, глумы, пляски под дудки да гусли! Не может быть, чтоб здеся помирал младенец! Видать, двором ошиблась. Но чтоб без дела не возвращаться, развернулась Смерть, зашла в соседний двор, через улицу, да там и прибрала другого младенца мужеского полу — чадце холопки-вышивальщицы. А Зотеюшка в тот же миг пропотел и мирно принялся отдаивать доилицу. Матрена ходила гоголем, и Строгановы, узнав поутру, как ловко Смерть отвели от своего дома на чужой, примерно наградили повитуху кунами и черным соболем.

Вспомнивши сей случай, Феодос. я слегка сгорбилась и приблизилась к Смерти, бессильно постанывая, всем своим видом показывая, что настал ея смертный час.

— Полежите, Смертушка дорогая, еще немного, пока я травяного навару наварю да лепешки из срединной сосновой коры в кипятке размочу. А не то у голодной-то у вас дрогнет коса в руке и не снесет головы новопреставленному, — слабым голосом промолвила Феодосия.

— И то верно, — согласилась Смерть и вновь присела на лежанку. — А ты сама-то чего, али занедужила? Больно голос слабый.

— Помираю, — радостно доложила Феодосия.

Смерть повела глазами.

— Помираешь? Что-то не припомню тебя в списках, — задумчиво пробормотала она.

— В каких списках? — заволновалась Феодосия, и щепотка бузины просыпалась из ее перстов мимо каменного горшка прямо в огонь, наполнив избушку сладким вонием.

— Где же мой узелок? — вытянув шею, вопросила Смерть.

— Вот он, — с поклоном вручила Феодосия черную изношенную котомку.

Смерть развязала узел, разложила его на коленях и развернула свиток полосок бересты, пергамента, бумаги, тряпиц. Все они были тесно покрыты письменами.

— Та-ак, раба Божья Феодосия, как по батюшке?

— Изварова Строганова.

— Феодосия Изварова Строганова... — несколько раз пробормотала Смерть, роясь в свитках. — Чего-то не нахожу... Нифонт есть, Акулина, Василий, Фрол, Амос, Карп, Олегия, Мария, еще Мария, а Феодосии нет.

— Может, обронили? — чуть не плача предположила Феодосия.

Смерть поскребла в заушенье.

— Не должно. Сроду такого не было, чтоб Господь назначил умирать, а я по вине своей раба не прибрала. Да я лучше лишнего на тот свет отправлю, чем назначенного проворо́ню!

Феодосия испуганно закусила губу: «Леший меня дернул рот открыть».

— Я в том смысле, что не леший ли своровал список? Здесь всю ночь лесная нечисть глумилась и похотствовала. Сама видала — встретила их.

— Видала? А разбойника не встречала, который осину ищет?

— Нет, не довелось.

— Где-то здесь он, недалече. Я, пока по вашей чаще пробиралась, не раз слышала его словеса. Удавлюсь-де на горькой осинушке, на самой вершинушке! Занесло же меня в пустыню!

— А вы только по густым местам идете?

— Истинно. Смерть по безлюдью не ходит. Ибо там нет мне работы. Потому отшельники иной раз так долго и живут. Им уж на том свете провиант назначен, а мне все не по пути в пустыню идти, кельи их искать.

Феодосия разлила зелейный навар из каменного горшка по туескам и, подав с поклоном один из них Смерти, с любопытством, неистребимым в ней никакими муками, вопросила:

— А зачем Богом назначено, что некие Его рабы сами на себя накладывают руки?

Смерть отхлебнула горячего навару, блаженно вздохнула и с поучением взглянула на Феодосию:

— Господь нарочно дал человеку возможность самоубийства. Дабы человек мог преодолеть сие искушение! Чтоб не в смерти искал освобождения от тягот и напастей, не в пеньковом воротнике, а в молитве и вере в милосердие Божье! Потому как тело сгубить легко, а душе потом каково?

— Дереву Господь такого искушения не дал, — радостная от открытия, промолвила Феодосия. — Дерево не может на осине удавиться. И заяц не может. А человеку — дал. Потому что дорог Ему человек и хочет Он его закалить!..

— Верно, чадце мое.

— Побайте мне про себя, про свой живот, — попросила Феодосия. — Когда еще доведется живую Смерть встретить?

— Чего обо мне баять? — с удовольствием начала Смерть. — Живу — об себе не думаю, а все об других. Иной раз случается и знатную особу прибрать.

— Неужто и царя — вы?.. — понизив глас, вопросила Феодосия и поглядела на руки Смерти, словно не веря, что одними и теми же дланями упокоятся и государь, и она, жалкая раба его Феодосия.

— А мне что царь Иван, что Ивашка подзаборный. Перед Смертью все равны. Смерть не жена, ее с порога не погонишь. Смерть расплохом берет. От нее не откупишься. Царь и народ — все в землю пойдет. Да мужику-холопу еще и лучше иногда на том свете: князь его в котле кипит, а он, раб, дрова подкидывает. Иной царь в скудоумии своем еще размышляет, как сладко ночь проведет, а того не ведает, что любостраститься ему нынче со Смертью придется.

— А вы, что же... — Феодосия смутилась, — ...вы тоже... как всякая жена... у вас и лоно есть?

— Здрасьте! Али я на мужика похожа? Прости, Господи, мою душу грешную, да только иной сластолюбивый муж как меня увидит, кричит: «Знаю, что перед смертью не надышишься, но позволь в последний разок с бабой смеситься!» Ну, я на него грешным образом взлезаю да до смерти и скокотаю. Я ведь и чадцев рожала.

— Чадцев?! — поразилась Феодосия. — И где же они?

— Мертвые все на свет появлялись. Господь ко мне милостив, не допускал, чтоб чадца мои на этом свете маялись, лямку тянули да горбатились, сразу к себе в царство Божие забирал.

— Вот и моего Агеюшку Боженька возлюбил — прибрал, когда ему и годика не было. А теперь и мой черед пришел...

— Что-то я никакого Агея не припомню, — пробормотала себе под нос Смерть. — Ты, Феодосьюшка, об сыночке своем не печалься: чем меньше жил, тем меньше грешил, тем скорее в рай попадешь.

— Это понятно. Меня другое гнетет: мне в наказание и другим женам в назидание — очадела-то я в грехе — дал Господь Агеюшке смерть мученическую: волк его унес. — Феодосия глубоко вздохнула, сдерживая слезы. — Так уж поплакать хочется, да повитуха Матрена сказала: коли будешь плакать, так все чадца на том свете играть будут, а твой Агеюшка — ведра со слезами таскать. Я уж и молчу, ни слезинки не проронила.

Феодосия утерла сухие глаза.

— А вот говорят: Смерть сослепу лютует! Бывает такое? Уж извините, если не дело говорю.

— Баянье это! Пустые бабьи досуги! Если бы люди не помирали, где бы все поместились? Земля невелика, в окияне плавает. Все бы в воду в конце концов свалились. Не по головам же ходить?

— Сие истинно! — согласилась Феодосия.

— Я без поры душу не вынимаю. Ее Бог вложил, он и забирает. А я только тело вскрываю, чтоб душе вырваться легче было, чтоб не держали ее плоть с похотью.

«Что же я потолок не разобрала? — вспомнила Феодосия. — Надобно землю над лежанкой разворошить, чтоб душа моя в дыру вылетела. А кто же тогда меня в домовину уложит? Али мне сразу, живой, в колоду лечь и накрыться? Ох, а причастит меня кто? А может, у смерти все уж продумано? Мне и печься не об чем?»

— Смертушка, дорогая, а принимает ли Господь без покаяния, причащения и соборования?

— Естественно! В бою ратников кто ж соборует? Никто. А смерть на поле брани — сам   красная!

— И то верно, — обрадовалась Ф одосия.

— Коли смерть пришла, так ни об чем не переживай: лег под образа да выпучил глаза, всего и делов. Поверх земли лежать не оставят. Земляная домовина и бездомному от Бога припасена.

— Истинно!

— По смерти человека видна и жизнь его, — разговорилась Смерть. — Иной слабый духом кричит, сквернословит, под камнем от смерти прячется. Жить не умел, так и умирать такого не научишь. Или другой дурень: у него жизнь на нитке, а он думает о прибытке. А ведь на тот свет ничего не унесешь, туда ворота узкие, с сундуком не пролезешь. Одна сущеглупая баба, меня увидавши, с пестом на меня накинулась!

— Да от смерти разве отобьешься? — засмеялась Феодосия.

— Истинно! А потом кричит: «Тут и постарее меня есть!» Я ей молвлю: «Ежели пришла смерть за бабушкой, так не указывай на дедушку». А другой от меня как побежит во весь дух, по полю скачет, ровно заяц. Или вместо боярина под образа холопа уложат, да самого говенного, какого не жалко. Гос-с-поди!.. Смерть объегорить думают!

Феодосия склонила голову пониже и принялась торопливо хлебать навар, дабы не выдать ни видом, ни звуком, как удалось-таки однажды обмануть им Смерть плясками под дудки вокруг колыбельки братца Зотеюшки. «И на старуху бывает проруха», — подумала она.

— Зато иной прекрасный человек лег, сказал: «Прощай, белый свет и моя деревня» — и преставился, — продолжала Смерть.

Наконец, испив навар и съевши сосновую лепешку, Смерть поднялась с лежанки и твердо стала на ноги.

— Спасибо тебе, Феодосьюшка, дорогая, за приют. За мной теперь должок! Пошла я до патриарха Никона.

— А как же я? — взволнованно вопросила Феодосия и выбежала вслед за Смертью вон, неловко ухватив ее за рукав. — Смертушка, милая, я как же?

— А что — ты? — рассеянно спросила Смерть, оправляя платье. Взгляд ее упал на рябиновые колоды. — Это чего у тебя? Одно корыто другим прикрыто — что такое? Отгадай загадку?

— Сие домовина моя, — ответствовала Феодосия. — Мне в нее лечь прямо сейчас, живой?

— Почто? — поинтересовалась Смерть.

— Как же... новопреставиться... Под дерновое одеяльце... к Агеюшке...

— Что ищешь живого среди мертвых? — рассеянно сказала Смерть и пошла прочь. — Прощай, Феодосия!

Феодосия в ужасе кинулась следом, забежала вперед и с рыданьем кинулась под ноги Смерти.

— Смертушка, родная, забери меня!

— Не я забираю, а Бог, — недовольным голосом сказала Смерть; в мыслях она уж была у патриарха Никона в Ферапонтовом монастыре. — А Он тебе не назначил покамест.

— К Агеюшке хочу! К сыночку моему!

— Не заслужила, значит, ты еще царства Божьего, не вымолила, не сотворила нужных деяний, — смягчившись, промолвила Смерть. — Слушай, чадце мое. Лишить тебя жизни не могу: нет тебя в списках на сей день. Но приют твой и доброту не забуду. И обещаю тебе: как придет твой срок, то смерть твоя будет мгновенной, без мук! Ты только крикни в смертный час: «Смертушка, приди за Феодосией-отшельницей!» — и я тут как тут буду! А теперь ступай к живым. Живому нет могилы!

Глава двадцать четвертая

БОЖЕСТВЕННО ЦВЕТИСТАЯ

— Для чего вы ищете живого среди мертвых? — в раздумье произнесла Феодосия, вновь вспомнив речие Смерти о том, что ее, Феодосии, в списках нет.

Натвердо слов евангельских она не помнила, стало быть, повторила неточно. Но сие было не суть важно сейчас для Феодосьюшки. Ибо даже неточные словеса сии имели такую силу, что сподвергли вдруг юную жену к ясному и внятному толкованию обстоятельств встречи со Смертью. Не нужно Господу, чтоб твердили Его слова наизусть и тем гордились. Нужно Ему, чтоб краткие слова Его взрастали всепроникающей верой, большими делами и неохватными розмыслами. Иногда довольно и ощущения Его слов, чтобы из едва уловимого аромата незаметного крошечного полевого цветка взрос благоухающий луг и благовонный сад. Так и Феодосия не из зазубренной догмы, но из ощущения слова Его взрастила божественный цветущий крест — превонный и прелепый, каким прекрасным может быть только то, что Им сотворено.

— Что за цветущий крест? — нервно возопил бы отец Логгин. — Не оговорено такого креста в теологической литературе!

Отец Логгин непременно б возмутился, узнай о затее Феодосии. Но она, увы, всю зиму, пока мужественно пыталась наставить чудей подземельных на путь истинной веры, не хаживала в церковь, лишь молилась исправно в своей земляной хижине, оправдывая сей временный отход простой мыслью, что храм и Бог — не всегда в хоромах, увенчанных крестом, но всегда в душе человека. И целый мир — в его душе. И коли захлопнется навеки створка в эту душу, то мир исчезнет так же. И другого такого уже не будет никогда. Ибо штучно корпит Господь над каждой душой. И нет двух одинаковых, как нет одинаковых книг, плащаниц или крестов, — каждый неповторим и существует в одной штуке, или, как выразился бы книжный отец Логгин, в едином экземпляре. Это — как если сгорит древлеписная икона. Сколь ни копируй ее после иконописец с копий или по памяти, сколь ни пытайся подправлять лик, руководствуясь указаниями и замечаниями тех, кто тысячу раз молился на нее, древнюю, и помнит назубок каждую трещинку, каждую складку на одеждах, но — нет, сию подлинную икону уж не сотворить. Будет она новоделанной и лепой яркими красками, но не повеет от нее глубинной мудростью, не опахнет спокоем, не омоет чистыми слезами. Впрочем, сии мысли ушли довольно в сторону от событий, что вот-вот случатся с Феодосией. Ибо неудачная встреча со Смертью показала, что не наградил пока Господь Феодосию счастливой кончиной, не выслужила еще, видать, райской жизни.

— На том-то свете больно хорошо блаженствовать, а ты здеся сперва помайся да заслужи вечного счастья с сыном Агеюшкой настоящими делами, — от имени Его сама себе разъясняла Феодосия.

И задумала она сотворить божественно великий и прекрасный, как сам мир, крест, дабы осенить им темные земли чудей шахтных в надежде, что свершится чудо — идолопоклонники подземные низвергнут своих поганых щурбанов, просветлеют душой и поймут в конце-то концов, что Бог един! Ведь не глупые они — в подземельной деревне Феодосия видела даже календарь! Круглую деревянную дощечку — спил могучего дерева — кажинный день торжественно брал в руки самый перестарый старец. Круг сей был поделен на двенадцать колец по числу месяцев в году. Каждый месяц имел до шестидесяти дырочек — по числу дней и ночей в месяце. В дырочку был воткнут деревянный стерженек. Утром старик чудь передвигал стержень на дырочку вперед, а вечером — вновь. Ибо день и ночь одних суток у чудей были двумя разными частями бытия. И у таких-то острых умом людей болваны деревянные наставлены на каждом шагу! Тут идолище в честь солнца, там — в поклон хозяину леса, у болота — болотному духу. Будто не единый Бог сотворил и лес, и болото, и реку. Отчего такая дикость?! Видно, оттого, что лукавый крепко держит их подземельное село в лапах, ведь все, что в темноте, все, куда не проникает божественный свет, — его вотчина. А чуди, хоть и без креста, вовсе не плохие, не злобные. Феодосию вон приютили...

— Но на какую глубину земной тверди простирается Его сила? А с какой — начинаются уж владения дьявола? — раздумывала Феодосия. — Али на сажень в землю? Али глубже могилы начинается уж дьявольская вотчина? Но как же тогда ледник либо погреб с урожаем? Он под землей, но в нем силой Божьей хранятся пищное и питейное. А колодец? Его глубины от Бога либо от лукавого? Коли от Бога, так почто позволяет Он жить в студенцах колодезникам лешим? А соляные скважины в чьих владениях? А шахты с камнями самоцветными — сказывают, есть такие на Урале, — чьим волеизъявлением? Его али сатаны? А может, под вспаханной и засеянной пажитью Господь силен глубоко вглубь, а под болотиной или чертополошным пустырем не так мощен?

Размышления сии заняли у Феодосии не один день. Но в итоге решила она, что, во-первых, Божьи владения проникают вглубь в тех местах, где на поверхности —

ухоженная человеком земля: пажить, огород, сад, хоромина, площадь. Стало быть, надобно облагородить поверхность над подземельной деревней чудей. Во-вторых, самое верное украшение — это крест. И в-третьих, глубина проникновения Божьей силы в черные глубины земные будет сообразна величине креста, что водрузит она на земной поверхности.

Сперва Феодосия замыслила воздвигнуть крест как можно более высокий. Мыслился ей в мечтах крест высотой никак не меньше Вавилонянской башни. Аж дух захватывало у нее, когда поднимала она главу к небу и представляла крест, достающий тучное, как грудь кормилицы, белое кучевое облако. Прутиком вычерчивала Феодосия на песке чертежи, скорбя, что любимая чертежная готовальня осталась в доме мужа. Продумывая конструкцию, своим умом смекнула Феодосия, что для небывалой высоты крест должен иметь мощное основание.

— Березка тоненькая, так и клонится, а дуб могучий в комле, так и стоит как вкопанный, — рассуждала она.

Выходило, что крест, дабы устоял под облаками, должен быть как огромная изба.

Феодосия даже нарисовала такую необыкновенную избу-хоромину и подсчитала, сколь много будет в ней венцов. Но что-то противилось в ее душе деревянной махине. Может, потому, что была она женщиной и, как всякая жена, не ценила грубую силу топора или молота, но восхищалась лепотой и искусной тонкостью работы.

И в один из дней пришло к ней откровение. Стоя на коленях лицом на восток, молилась Феодосия на утренней заре. Отмолившись, опустилась сесть на пятки и оказалась вровень с кочкой, поросшей стрельчатой травой. В траве прятался крошечный, с горошинку, цветок. А на ем сидела божья коровка с коровенком. Конечно, такое толкование — мол, сидит на цветике алом жучок со своим чадцем — было чересчур уж слащавым. Но могла ли мыслить по-иному семнадцатилетняя измученная жена, потерявшая свое первое и единственное любимое дитя, чадо ее и Истомы? Разглядывая божью коровку и коровенка, слабо шевелившегося возле ее бока, Феодосия приблизила лицо к цветку и поразилась, сколь искусно был сотворен он Богом. Тонкий, как дуновение, крошечный, словно ноготок Агеюшки, лепесток тем не менее был изящно вырезан, украшен зубчиками и изогнут. Тонюсенькая, тоньше Агеюшкиной реснички, но ровная, как стрелка, стояла тычинка. На кончике ее держались желтые пылинки. Пестик хоть и был мал, но видны были на ем бугорки. А в середке цветочка лежала капля росы, отразившая одну из семи небесных сфер, ту, на которой укреплено солнце. В устройстве небесном Феодосия разбиралась хорошо, не зря хранила она кусок шелка с вышивкой небесного мироздания. И осенила Феодосию мысль — сотворити над подземельной деревней чудей огромный крест из полевых цветов.

Наверное, решение сие полноводное пришло к Феодосии от слияния текущих в глубинах ее сознания нескольких мысленных рек. Одна река была бескрайней, как родные ее земли, Русь. Все на Руси широко и неохватно — окиян ли сиверский, тайга на востоке или степь на юге. И потому, наверное, розмыслы русичей не знают границ — уж как начнут мечтати, так за тысячи верст простирается мечта! Так и Феодосия, живи она в просвещенной Европе, где уж и телескоп был сотворен, и выяснено было, что земля вращается вкруг солнца, а вовсе оно на сферу хрустальную не приколочено золотыми гвоздиками, но где земли тесные, застроены городами и мостами, наделены на клочки полей, не тот был бы у нее размах. Решила бы Феодосия сотворить крест крошечный, например, из земчузинок по шелку или из кружев, что плетутся в тиши не один год. Но Феодосия была русского необъятного духу. И крест потому решила возвести невероятного размаха.

И только православной жене, окутанной лесами, реками и полями, как нательной рубашкой, могла прийти мысль о кресте из цветов. Более материальная баба заказала бы крест каменный. А муж ученый из западного монастыря задумал бы богоугодное сооружение техническое, на века. А что цветы? Завянут. И никто не вспомнит тебя через год, не то что в веках. К счастью, Феодосия лишена была честолюбивых мыслей — запомниться али прославиться. Нет, задача ее была скромной — попасть в рай к Агеюшке с Истомой. Ну а третья река ее мыслей наполнилась ночью, когда наблюдала она нощное небо.

Давно уж подметили ученые люди, что созерцание звездных сфер настраивает на поэтический лад, а также на розмыслы о величии космоса и всего сущего мира и о своем месте в этих бескрайних просторах. Вот и Феодосия была ошеломлена развергающейся кажинную ночь космической бездной. В девицах лицезреть нощное небо ей доводилось редко — ночами хоромы и двор Строгановых, как и всех тотьмичей, держались на запоре. В юродивых скиталась Феодосия в городе, где звезды были видны не столь отчетливо, ибо затмевало свет самых малых из них свечение города — отблески из окон, печных труб, факелов сторожей. И только в Лешаковом бору впервые увидела Феодосия все сферы небесные во всем их величии. Господи, сколько же светящихся огней было на небе! Иные сидели так густо, что сливались в серебряный туман. Иные мерцали... Другие меняли цвет на протяжении нескольких ночей. Были и такие, что двигались по небу! Эти движущиеся звезды особенно озадачили Феодосию. Либо сие души умерших летают? Либо оторвались от хрустальной сферы и потому падают? А куда упадут? Или ангелы подхватят их и приколотят на место? А ежели души это, то можно ли к ним подлететь? Летают ведь птицы? Отчего человек не может? Что как взлетела бы я молитвою и чудом на сферу и утащила бы Агеюшку назад в Тотьму? Мысль о том, возможно ли изготовить такое приспособление, чтоб улететь, долго занимала тотемскую астрономшу. Коли изготавливают инженеры, такие, как супруг ее Юда, устройства для погружения в глубины земные за соляным раствором, то нельзя ли возвыситься в выси небесные? Отчасти из размышлений, как далеко расположена от земли ближайшая небесная сфера, Феодосия задумала сперва крест деревянный высоченный, тайно уповая, что сможет забраться по нему на небеса. Потом все-таки здраво рассудила, что до сфер гораздо дальше, чем можно подняться с самой высокой колокольни или строения. Но созерцание природы в самом загадочном и потрясающем воображение виде — Млечный Путь, кометы, астероиды — и в самом малом творении Господа — травы да букашки — подтолкнуло юную инженершу к мысли возведения креста из другого прелепого Его детища — цветов. Не зря же в раю цветут цветы едемские! Цветы, а не соляные скважины там обустроены. Вот таким образом, из трех рек, омывающих ее душу, и зародился тот крест. Кто бы знал, сколь тяжел окажется он для Феодосии... Тяжел не трудной работой по его обустройству, а тем, что последует за сей пахотой.

Сперва Феодосия выбрала место — на холме, одна сторона которого спускалась к реке, так что если б не кусты ивы и космы чернушного лесочка, состоящего из тощих дерев осины, пологий спуск был бы виден из Тотьмы. Темная лесистая вершина сего холма, собственно, и покрывала чудскую деревню и места их идолопоклонства. Намеченное Феодосией поле, поросшее крошечным подлеском, поднявшимся после лесного пожара, случившегося два лета назад, было подходящим и в том, что крест чудесный, освящая — своей несомненной божественной силой — подземельные сатанинские угодья, одновременно преграждал путь темным потокам, идущим под землей к реке и городу.

Облюбовав площадку, жена начертила вострой палочкой на бересте чертеж шестиконечного креста и произвела расчеты, соизмерила с величинами поля. Потом Феодосия заготовила каменным топором колья. Затем соорудила из трех кольев — двух одинаковой длины и одного короче — как бы огромный циркуль. От настоящего он отличался тем, что угол между двумя длинными кольями был постоянным — девяносто градусов, как угол в избе или соседние венцы колодца. Про прямые углы Феодосия знала раньше, до практического применения сих знаний дошла сейчас, своим умом. Этим угломером — расстояние в саженях отмерить она не могла, ибо не было у нее эталона длины — мерила. И главное, что угломер каждый шаг колом отмеривал одно и то же расстояние. Так Феодосия наметила вершину креста, для чего и вбила колья. После сплела веревки, которые нужны были, чтобы натянуть их вдоль границ креста, дабы его стороны были ровными и красивыми. Веревки плелись так: в развилку деревца вставила Феодосия палку, на нее был накинут пук длинной травы, закрепленной лыком к другой палке. Крутя одну из палок, Феодосия накладывала новые пучки сырой травы, и они завивались, довольно крепко спутываясь промеж собой. Навив изрядную длину, жена скручивала веревку в кольца и складывала в колоду с водой, дабы вервие не высохло и не поломалось. Для сего понадобилось много травы, ну да, к счастью, этого добра было в изобилии. Когда сложилась длинная веревка, Феодосия с ее помощью проложила одну сторону креста, потом другую. Отмерянной мерой сделала стороны параллельными (хоть она этого слова и не знала). И всюду набивала пограничные колья. Когда крест был намечен, Феодосия несколько дней проходила вдоль его границ с топором и снимала по границе полосу дерна, чтоб будущее сооружение приняло более четкие очертания. Каменным топором прорубала дерн, с помощью толстого острого кола поднимала слой земли, прошитый кореньями трав, и отваливала его в сторону. Работала она с восхода солнца допоздна — благо начались сиверские белые ночи. Через седмицу на холме прорисовался крест.

— Замежевала! — выдохнула Феодосия, когда стемнело и виден стал Млечный Путь.

(О его природе Феодосия в свое время поинтересовалась у отца Логгина, на что батюшка разъяснил, что сие испарения, поднимающиеся с земли. Навроде облака, пара, но скопившиеся в больших масштабах. А светится Млечный Путь потому, что в паре много воды — дождинок, которые всегда отливают серебром.)

Теперь Феодосия принялась корчевать с креста подлесок, поднявшийся после пожарища. Натянув на руки чуни из лосиных шкур, которые зимой надели ей на ноги чуди шахтные, жена колом, под который было подставлено полешко, поддевала под комель маленькие елочки, едва достигавшие ей колен, и, действуя, как рычагом, вырывала их из земли. Накорчевав кучу, Феодосия относила елочки в овраг и там прикапывала, надеясь, что те прирастут. Ночью, перед тем как идти в свою хижину для короткого сна, Феодосия поливала прикопанные елочки из туеса. На каждую елочку приходилась едва капля воды, но Феодосия здраво рассуждала, что жить али умереть зависит от воли Божьей. К счастью, в одну из ночей прошел обильный дождь, и до конца корчевки Феодосии не пришлось более ходить в овраг и поливать деревца из родника. Примерно еще через седмицу крест стал песчано-коричневым с редкими клочьями зелени — Феодосия очистила его от ельника, изрядно разворотив всю поверхность. Оставляла она лишь цветы, которых было предостаточно — кущами стоял иван-чай, желтели купины лютиков, росли ромашки. Теперь Феодосия принялась методично, снизу вверх — от основания креста к вершине — засаживать его цветами. По всей округе на полянах жена выкапывала желтые кувшинки, алые маки, коих в те времена в Тотьме была тьма, голубые незабудки, белую пастушью сумку, синие колокольчики, мелкую красную гвоздику, дикие анютины глазки, розоватый львиный зев, лимонный венерин башмачок, пластами снимала ароматный лиловый чабрец, охапками — люпины. Все это жена клала на мешковину, сплетенную из крапивы (всем известно, что таковое рядно очень крепкое), и тащила — где волоком, где через плечо — на крест. В сухой день Феодосия поливала посадки, в сырой — сажала так, окропляя лишь молитвой. И настал тот день в середине лета, когда она вдруг уткнулась в дреколье, сторожившее самую вершину креста, и с удивлением разогнула спину, лицезрея творение рук своих — цветущий крест! Феодосию охватил такой восторг, что она задохнулась. Не могла разверзнуть дыхательную жилу! Ей даже пришла в голову счастливая мысль, что наконец-то дарована ей смерть от удушья — в награду за подвиг во имя Господа. Но дыхание через мгновенье наладилось, и в тот день в рай Феодосия не попала. Лишь нарыдалась от мучительного восторга, глядя на великолепный громадный крест, источавший в тишине, жаре и звоне летнего полудня сладкое благоухание.

Последующие дни Феодосия рубила осинник, загораживающий крест от берега реки. Для сих целей у нее, к счастью, появился железный топор — ребятенок из чудей неожиданно принес его к Феодосьиной хижине. Жена рассмотрела сие как добрый знак начала перехода идолопоклонников в лоно единобожия.

Подрубив осину или иву, Феодосия до поры оставляла ее висеть на ветвях соседних кустов или дерев. А когда весь осинник был подрублен, в одну ночь растащила его на две стороны в лес. Когда казалось ей, что более она не сможет тянуть и волочить дерева, вспоминала она муравья: «Коли он тянет хвоину, в дюжину раз более себя, так и я смогу». И, конечно, усердно молилась.

Утром в Тотьме увидали чудодейственным образом появившийся самоцветный крест! Оле! О! Какое смятение и потрясение испытали тотьмичи!

Первым чудо увидал подпасок, дурачок Карпушка, что в помощниках у пастуха Василия, опытного водителя любого, самого огромного стада. Умел Василий отогнать от тотемских бычков да коров и волков, и медведей, и лихих людей. У подпаска же в обязанностях было разбудить утром Василия, обладавшего недюжинной силушкой и не менее могучей ленью. Бежавший до Васильева двора Карпушка бросил взгляд за реку и сперва решил, что холм розовеет из-за первых лучей солнца, показавшихся из-за шеломля. Очарованный такой лепой зарей, Карпушка утер нос и, вставши посередь дороги, воззрился на холм. И вдруг увидел крест! Как есть крест всякоцветный! Нет, не зря верили тотьмичи, что дурачки — Божьи люди. Карпушка всплеснул руками, поворотил главу направо и налево вдоль дороги в надежде увидать прохожего и поделиться увиденным. Но прохожих, окромя птах и пробежавшего семейства ежей, не было. Карпушка сдернул шапку, вновь напялил ее и, поминутно оглядываясь — не пропал ли крест? — помчался в город, пыля лаптями. Встретив на пути бабу, пробиравшуюся задами Кузнечной улицы, Карпушка напугал ее восторженным воплем о кресте, вознесшемся в одну ночь за рекой. Баба, у которой рыльце сию ночь было в пушку, прибавила шагу и, забежавши во двор, завопила тоже.

— Крест! Знамение! Чудо! — понеслось по улицам.

Из дворов выбегали холопы, солидно выходили господа, выглядывали сонные девки и мучимые бессонницей старухи.

Где-то ударили в колокол. Вскоре поток горожан запрудил дорогу за город. Все возбужденно и радостно пересказывали события, предваряя словами «сам мой сват видел» али другими верными свидетельствами. На берегу стояла всполошенная и одновременно ликующая толпа. Высказывались самые разнообразные версии появления креста. Увязали его чудесное явление и со случившейся недавно смертью одной из важных фигур Спасо-Суморина монастыря, и с предостережением о грядущей засухе, и с ввержением вражеских войск. Думали о грядущем пожаре, о рождении необыкновенного младенца, о намеке на строительство на сем месте часовни и прочая, и прочая. Отважный кузнец Пронька с парой бесшабашных товарищей съездил на тот берег на лодке и вернулся, доподлинно подтвердив: крест! Цветет медвяными цветами. Наконец примчался отец Логгин. Он запоздал, что негоже для пастыря в такой волнительный момент, по двум причинам — его Волчановская улица бысть на другом конце Тотьмы, а сам он крепко сонмился с женой. Супруга была беременна первым чадцем, и отец Логгин позволял ей спать досыта. Сам он всю ночь корпел над послужным списком, который намеревался заверить в Вологодской епархии отличными рекомендациями, дабы переехать служить в Москву — переводить и писать теологические книги. Рекомендации уж были ему обещаны. Так что именно карьерные заботы помешали отцу первому лицезреть неописуемое чудо.

Впрочем, примчавшись и глянув в удивлении на крест, батюшка быстро сориентировался в пространстве и во времени и, хотя и не мог сообразить с ходу, по какой причине появился сей знак, тут же разразился пламенной речью.

Смысл импровизированной проповеди батюшки сводился к тому, что сие — грозное предупреждение Господа о грехах, в которых погрязли тотьмичи, и, как следствие, о грядущем наказании. Горожанам сия речь не понравилась. Им более приятна была мысль, что означает такой благоуханный (по свидетельству кузнеца Прони) знак грядущие чудесные перемены в жизни — повышение закупочных цен на соль и лосиные шкуры, неохватные стаи жирных перелетных птиц по осени, коих ловили сетями, избавление от болезни, возведение новой избы, любовь и замужество. Да мало ли чего хорошего может дать Он доброму человеку! Поскольку мысли сии шли вразрез с ораториями отца Логгина, часть тотьмичей зароптала.

— Почто ты, батюшка, на худое гнешь? — наконец громко выкрикнул кто-то из толпы.

— Верное отец Логгин гласит, — проверещала было одна старая бабуся, — изгрешилися все!

Но ее дружно осадили.

— К хорошему сей крест! — закричали тотьмичи. — К добру!

— А я глаголю, что не к добру! — возвысил глас отец Логгин и для вящей твердости выставил вперед свой собственный крест, висевший на груди. — А как знак-знамение к наказанию за лень, блуд, темноту!

— Это чем мы темны? — с угрозой в голосе вопросил пастух Василий, который не умел написать свое имя, а потому принял намек на свой личный счет.

— Пребываете во тьме язычества! — нашелся батюшка. Ох, краснобаен, на все с ходу найдет ответ!

— В банника веруете, в лешего, в русалок и прочую дикость, прости, Господи, что поминаю эту нечисть пред крестом Твоим. Легион болотников и русалок у вас тут бродит.

— Да разве мы в сем виноваты? — подала голос молодая бабенка. — Мы бы рады от колодезника избавиться, да не получается. Дите Агафьино кто утащил в студенец? Али мыши? Колодезник!

— Молчи, грешница! — вскрикнул отец Логгин. — Молись! И ты смеешь подавать глас, когда сама успела уж навести брови сажей! Как слуга церкви и государя нашего Алексея Михайловича, наместника Божьего на Русской земле, утверждаю: сей крест есть предупреждение о грядущем наказании за грехи. Так что советую исправляться!

Упоминание царского имени присмирило горожан: не ровен час приплетет отец подлый антицарские волнения да упечет куда Макар телят не гонял... Потому тотьмичи понуро, тихо перекидываясь словесами, пошли по делам. А отец Логгин призвал звонаря и, завладев лодкой, поехал на тот берег проводить расследование.

Глава двадцать пятая

СЛЕДСТВЕННАЯ

— Ожидай здесь, — приказал отец Логгин звонарю Тихону, изрядно упревшему от быстрой гретьбы веслами, едва их челн задел днищем песок и замедлил движение.

Тихону тоже хотелось увидеть собственными глазами чудодейственный цветочный крест, дабы, стоя пред ним, загадать тайное желание, бывшее у звонаря с тех пор, как умерла жена, оставив его куковать со старой тещей, тихой на вид, но зловредной каргой. Звонарь грезил вновь обжениться с молодой вдовой, имевшей справную и крепкую, как она сама, избу в селище на берегу Царевой реки, что впадала в Сухону прямо за Тотьмой. Та Царева река сливалась, в свою очередь, из двоицы других речек — Тафты и Вожбалы. И место было дивное — и рыбное, и пищное, и знаменитое. Некогда проезжал из Вологды в Тотьму по тракту вдоль сей реки Иван Грозный и так был пленен ее красотой, что объявил своим царским веленьем и государевым хотеньем все сии земли царевой вотчиной. Вот в каком чудесном заповедном месте жила возлюбленная звонарем вдова. Но на его романические беседы, произнесенные однажды на торжище в Тотьме, вдова не откликнулась. И теперь Тихон надеялся, что молитва возле необыкновенного креста совершит чудо — баба посмотрит на звонаря другими глазами и, оценив все его достоинства, согласится жить и вести совместное хозяйство возле Царевой реки. Потому приказ отца Логгина оставаться на берегу неприятно его огорошил.

— Да как же ты один, батюшка? Опасные сии места. Хороший бор Лешаковым не назовут.

Последнее упоминание, намекавшее на существование леших и кикимор, рассердило отца Логгина.

— За верование в нечисть языческую налагаю на тебя сухояста две седмицы, — грозно изрек батюшка и, выскочив из лодки, побежал по солнечному мелководью, муля песок, прелепо лежавший под водой мелкой каракульчой, и распугивая стайки прозрачных мальков. В сей момент он показался звонарю самим Господом, идущим по воде аки по суху.

Отец Логгин с самого начала, еще пребывая на том берегу Сухоны, решил осмотреть крест и провести следствие самолично, без помощников и указчиков. Пуще всего ему не хотелось, чтоб притащился отец Нифонт и тоже поехал на другой берег с инспекцией. Или, что того хуже, примчалось бы начальство из Вологды и вся слава — им. Отец Логгин хотел быть первооткрывателем и единственным священнослужителем, исследовавшим крест с точки зрения теологии и теории знамений, чудес, откровений и явлений, и вовсе не собирался делить отчет в епархию, а то и в Москву, самому государю Алексею Михайловичу, с кем бы то ни было.

Выбежав из мелководья на берег, отец Логгин несколько по-бабьи потряс подол и сапоги от воды, заложил волосы за уши, угнездил покрепче на голове шапочку и энергично стал взбираться на отлогий холм, сперва глинисто-песчаный, с обвалившимися кочками травы и свисающими корнями дерев, а потом поросший мелким ивняком. Птицы испуганно разлетались в стороны, проползла змейка, от которой отец Логгин отпрянул, пробормотав молитву. Именно змея отвлекла его от того участка холма, что был расчищен Феодосией от осин, —

батюшка, поглощенный мыслью о гаде ползучем, пролетел сей участок берега в возбуждении, которое и не дало ему заметить, что деревца и кустарник вырублены совсем недавно и явно не Божьей, а человечьей рукой.

Миновав полосу луга, пребывавшего в легкой тени от набежавшего облака, батюшка оказался у подножия креста. И надо сказать, видение поразило его! Крест был огромным и уходил по уклону вверх самоцветным пестрым ковром. От ковра исходило густое благоухание, более насыщенное даже, чем источает благовоние в кадиле. Именно в сей момент облако на небе, гонимое ветром, быстро поплыло в сторону, открывая солнце, и крест стремительно, словно поднялся занавес, снизу вверх облился ярким солнечным светом.

Отец Логгин пал на колени, охваченный восторгом.

— О, сколь великолепны деяния твои, Господи! — пытаясь сдержать рыдание, прошептал батюшка, но не совладал с чувствами, опустился на пятки и выплакался. Потом вновь встал на колени и, прерывисто вздыхая и всхлипывая, всмотрелся в великолепную картину. Крест тихо покачивался ароматными волнами, над ним роились с сосредоточенным жужжанием пчелки и бабочки и иные всякие божьи насекомые, и заливались птицы разнообразными трелями, и звенел, переливаясь прозрачными струями, воздух, и при сем такая стояла торжественная тишина, каковая бывает в огромном храме перед тем, как низвергнется сверху хоровая катавасия. Казалось, сейчас запоют ангелы! Отец Логгин вдруг охватился даже предчувствием, что вверху креста окажется треугольник белозолотого света, в котором увидит он Его! Батюшка поднялся с колен и с молитвой посмотрел вперед и вверх. Господь не стоял, ласково глядя на прекрасного сына Своего, отца Логгина, но это не умерило ликования батюшки.

— Несомненно, крест сей сотворен руками Господа и имеет божественное происхождение, — словно готовясь писать отчет в епархию, произнес отец Логгин.

Слова настроили его на деловой лад, и, все еще ликуя, веселясь и наслаждаясь невероятным явлением, заливпим душу приятным елеем и необыкновенными надеждами, счастливый батюшка пошел вдоль креста.

— Несомненно, что крест сей сотворен не людьми, ибо такая великая постройка не могла быть произведена в столь короткий срок — за одну ночь, так что никто ничего не заметил, — рассудил отче. — Ей, не людьми! И за этот факт я готов положить голову на отсечение.

Ах, батюшка! Чересчур молод ты был и чересчур учен, и книжность твоя лишила тебя простой житейской мудрости и понимания, что именно русичи всегда готовы на великий подвиг в одиночку и торопятся совершить великие дела как можно скорее, не растягивая и не откладывая, ибо слишком коротко русское лето, и зыбко положение, и никогда нельзя знать, не ввергнутся ли завтра в твое родное селище враги, лютые морозы, мор, голод или волки.

— Несомненно, что явление креста именно в окрестностях Тотьмы — знак того, что Господь доволен тем, как ведут дела местные пастыри, облагораживая тотемскую ниву, — продолжал рассуждать отец Логгин. — Не исключено, что именно я, скромный раб Его, споспешествовал тому, что местная паства явственно выросла духовно. Иначе почему крест не являлся при паствовании отца Нифонта?

От сих мыслей, которым отец Логгин, конечно, старался придать скромную форму, дабы не проявить грех гордыни, душа его буквально летала!

Если на том берегу, в толпе тотьмичей, батюшка полагал, что крест сей является знамением и предостережением о грядущем наказании за грехи, то на этом, обозрев крест вблизи, отец Логгин склонился к мысли, что он, наоборот, знак похвалы за богоугодные деяния и призван осенять мирный труд тотьмичей.

Рассуждая так, отец Логгин дошел до верхней перекладины, обогнул ее, приблизился к вершине и, дошедши до верхней горизонтали, вдруг встал как вкопанный: в углах креста торчали колья с привязанной к одному из них длинной травяной веревкой.

Не веря своим глазам, батюшка потрогал кол дланью, поднял и подергал веревку и потрясенно оглядел даль, словно ища ответа. Впрочем, ответ был очевиден. Крест сделан простым человечишкой. Ведь не стал бы Господь вбивать колья, дабы наметить границы своего чуда!

— О, Господи!.. — в отчаянии произнес отец Логгин.

И на глаза его вновь набежала слеза, теперь уже от обиды. Не было светозарного чуда, свидетелем, участником и живописателем которого он мог стать. И вместо светлого события произошло мерзкое — некто из тотьмичей, не спросясь его, отца Логгина благословения, возможно, холоп или грешник до мозга костей, а то и разбойник или, что еще ужаснее, приверженец старообрядчества, своей поганой задумкой наворотил крестоподобное строение невесть с какой целью!

— Господи! — вторично в ужасе воскликнул отец Логгин, поскольку в следующий миг ему стала ясна и цель. — Этот поганец, прости меня грешного, задумал сотворить крест из цветов, дабы, когда по осени они увянут, показать, сколь непрочна и преходяща...

Дальнейшее отец Логгин побоялся произнести даже про себя, поэтому конец фразы останется тайной.

— Но кто ты?! — столь громко выкрикнул отец Логгин, озирая лес, что в лодке поднялся и прислушался звонарь. — Али ты сатана?!

Додумавшись до сего, отец Логгин взволновался, но по истечении некоторого времени пришел к выводу, что и дьявол крест сотворить не мог, ибо ему тоже не надобны межевые колья для своих мерзких делишек.

— Все-таки людишка сие сделал, с целью глумления над истинной верой, — пробормотал батюшка и пылающим взглядом оглядел лес в надежде увидеть и схватить разбойника.

Но разбойников, кроме пары зайцев и перелетевшего с ели на ель дятла, не было.

Отец Логгин выдернул кол в качестве улики и смело вошел в лес по едва заметной тропинке, оказавшейся в том месте, где темные огромные ели расступились, намекая на некий проход. Батюшка шел с четверть часа, внимательно оглядывая обочины, на которых, впрочем, не было ничего предосудительного, кроме дьявольских грибов мухоморов, росших в каком-то бесовском изобилии. Когда отец Логгин думал уж поворотить назад, он заметил вдруг тенистый просвет в елях, прошел через кусты и оказался на мрачной поляне, на которой поднималась небольшая скала, вроде острого камня, заросшая каким-то корьем. Сперва он не понял, отчего стало так темно на душе, но когда разглядел скалу, пришел в оцепенение. Пред камнем стояли деревянные идолы с навешанными шкурами и космами шерсти и колья с черепами лошадей с рогами (от волнения отче не понял, что это были головы лосей). Было здесь и кострище, и кости на земле...

— Капище! — в ужасе прошептал отец Логгин и чуть было не развернулся бежать прочь. Но спохватился, взял себя в руки и, выдвинув вперед нагрудный крест, пошел к языческому жертвеннику, который сразу узнал по многочисленным изображениям из книг путешествовавших в Африкию и на Сивер монахов.

Сперва батюшка предположил, что капище с идолами — древнее, архаическое. Но уголья в кострище оказались свежими, лежали на толстой подушке золы, которую, несомненно, смыло бы водами, будь сие место из глубин веков.

Мысль, что буквально в двух шагах от православного города и многочисленных людных деревень, чуть ли не в его приходе справляют свои обряды поганые иноверцы, а то и поклонники сатанинской веры, потрясла отца.

— Что как пьют оне кровь младенцев, вводят козла пред алтарь и читают святое Евангелие наоборот, совершая свои шабаши? — предположил отец Логгин. — И натворили крест из травы, глумясь над истинной верой?

Подойдя еще ближе, батюшка обнаружил прямо под боком скалы невысокий каменный столб, оказавшийся при ближайшем рассмотрении елдой. В сем не было никаких сомнений, ибо вырезана елда была хоть и грубо, но весьма натуралистично. Лысая вершина елды была отполирована — очевидно, страждущими бабами, тершимися об нея.

— Тьфу! Мерзость! — сплюнул отец Логгин в сторону столба.

К чести батюшки, он не испытывал суеверного ужаса при виде елды, черепов и шкур, ибо знал все доказательства ошибочности верования в каменных и деревянных кумиров. Он даже смело решил повалить каменный фаллос. Пригнувшись, он обхватил елду руками, с омерзением обнаружив, что отполированная вершина оказалась рядом с его щекой, подумал: «Вот черт лысый» — и попытался выворотить кумира. Но тот стоял как вкопанный. Впрочем, так оно и было — свалить столб было невозможно, ибо он изрядно врос в землю за тысячу лет.

Отказавшись от мысли победоносно обрушить идола, отец Логгин колом поддел один из черепов и быстро пошел прочь с поляны, дважды оглянувшись. Добежав до креста, он бросил кол и череп на землю и пошел продолжать следствие. Нет, он не уйдет из сего черного леса, пока не дознает все доподлинно! Теперь батюшка обежал кромку леса с другой стороны креста и также обнаружил тропу.

Лес, через который он шел тропою, был зело древним. Дерева были неохватными, поваленные бурями ели плотно заросли изумрудным мхом и лежали стенами, за каковыми можно было укрыться, как за крепостными. Наклонившиеся и готовые упасть дерева, повиснув на спутавшихся с соседними ветвях, образовывали лесные хижины, а под их вывороченными корнями можно было спокойно встать во весь рост человеку. Несомненно, были здесь и берлоги, ибо то и дело белелись кости, как уповал отец Логгин, от поеденных медведями мелких зверей. А что тьма была в сем лесу филинов! И то и дело раздавались жуткие вопли.

— Се птицы кричат, — шептал себе батюшка.

И с колотящимся сердцем останавливался, резко оборачиваясь, поелику то и дело слышал он треск валежника, шум то вершинный, а то низом, чуялся мягкий, с похрустыванием, вздох, каковой бывает, когда ступаешь на мох, и завивались без причины и ветра травы, и веяло вдруг сырым сквозняком или терпкой влажной воней. Но когда отец Логгин оглядывался, готовый встретиться с самым ужасным чудищем, то наступала тишина, вздох и треск прекращались, а травы замирали. По всему чуял батюшка, что близок он от гнезда дьявольского. Поэтому, когда тропа вывернула на поляну, отец Логгин сделал шаг в сторону и тихо встал под сосной, возле которой топорщились кусты.

Не было на поляне никакого движения, но что-то в ней было загадочное. Холмы — словно обветшавшие и выветренные временем, но зеленые от трав древние курганы. Кол и чурбак с явными следами того, что касался их человек, а не ветром выломало полено с древком. Тропа — как будто хоженая. Рогожина, закинутая на сук сосны... Неожиданно отец Логгин увидел, что из одного холма поднимается сизая струйка дыма. И вдруг прямо из-под земли появилась, будто вырастая из нее, крошечная старуха. Другой бы какой, менее отважный муж принял ее за ведьму, но отец Логгин не терял хладнокровия, а потому сразу понял, что это не ведьма. Ибо нос у нея был не крючком, а картошкой, и зубы не торчали веером, и бородавок не было, и космы не были зеленоватыми, и рожа не синяя, плесневелая. Зато были у старухи четыре белоснежные седые косы, чудного покроя кафтан из рыжей выношенной лосиной шкуры и юбка, плетенная из крапивных стеблей. Старуха прищурилась, как показалось батюшке, вглядываясь в него, отца Логгина, а когда отец Логгин прошептал «чур меня!», развернулась задом и вновь спустилась под землю.

— Неужели чудь подземельная?! — внезапно осенило батюшку. — Неужели правду пустословили люди?

Все три года паствования отец Логгин усердно и настойчиво выкорчевывал из умов горожан басни о чуди шахтной, что обитает где-то под землей. Не единожды в год слыхал он очередную страшную побасенку, как-де, мол, пошли рыбаки (солевары, пастухи) на Дедов остров (в Лешаков бор, в Говняное урочище), и вдруг выехал из скалы (показался из-под камня) белый, как туман, старик на коне али пешим. Постоял молча и так же исчез. Вариаций сих лживых россказней было множество. И отец Логгин неустанно пресекал их, посвящая опровержению пустословия целые проповеди. И вот оказалось, что чудь действительно живет рядом, под землей, поклоняется идолам, жертвует на капище и даже изглумилась над крестом!

Памятуя, что против чуди есть заклятье, батюшка побормотал, припоминая слова, и, вспомнив-таки, хоть и с оговорками, а местами импровизируя, произнес тихонько:

— Во имя Отца и Сына и Святого Духа, чудь некрещеная, схоронись в камень, размечись понизью не от меня, грешного, но от креста Христова. Не я крещу — Господь крестит, не я гоню — Господь гонит. Аминь!

Насколько помнил отец Логгин, сие заклинание следовало произнести дюжину раз, встав лицом на Сивер. Но от волненья батюшка не смог сориентироваться по сторонам света. И сказав сие дважды, ретировался.

Осторожно пробравшись под соснами и елями, хоронясь за кустами, батюшка по дуге обогнул поляну и помчался прочь. Покружив немного, он тем не менее не заплутал, а вышел на другую поляну, больше прежней, которая сразу навела его на подозрение, что и это — обиталище чудей. Такие же были холмы под соснами, и возле одного лежала выдолбленная колода навроде корыта, наполненная водой.

Стояла тишина. Светило солнце. Его тепло и свет вдохнули в батюшку отваги. И он решил подойти поближе к одному из холмиков. Каково же было его удивление, когда он узрел, что вниз ведет короткая тропка, а в стене кургана есть оконце, закрытое плетеной ставней, и дверка из связанных меж собой кольев. Произнося молитву, отец Логгин осторожно спустился вниз, отнял кол, каким была подперта дверца, и отворил ее. Вниз вели две или три ступени, сделанные из пней разной высоты. Когда глаза привыкли к потемкам, увидел он у противоположной стены землянки очаг с дырой над ним, слева — лежанку из земли, покрытую сеном и устланную рядном. Касаясь головой потолка, с которого пробивались корни, отец Логгин шагнул еще. В нише, выдолбленной в стене, стояли туески, лежали пучки трав. И вдруг отец Логгин увидал знакомую резную деревянную люльку. «Феодосия?!» — поразила его мысль.

— Да нет, не может сего быть, — вслух пробормотал отец Логгин и наклонился над люлькой. Приподняв тряпье, он увидал на дне некую вещь, каковой бесспорно не могло быть у чудей. Он взял вещицу в руки. Это была скляница, внутри которой перекатывался, постукивая, сушеный мандарин. Отец Логгин помнил сию чудную восточную игрушку — ею забавлялся покойный сын Феодосии. Как же его звали? Либо Агей? Либо Агапий? Кажется, Агей. Забава была редкой для Тотьмы, и, увидев ее в ручонке чада, отец Логгин отметил про себя, что не иначе семейство Строгановых зело богато, раз купило для сына и внука столь дивную заморскую игрушку.

— Значит, Феодосия предала Христа и низверглась в идолопоклонство? Блудит с чудями, живет в грехе? Глумясь над крестом, насадила его чертополошными цветами, какой-то кашкой, какими-то лютиками?

Отца Логгина захлестнула сырой холодной петлей обида. Ведь он плакал, охваченный восторгом, пред крестом, стоял пред ним на коленях, не в силах перенесть блаженства, ликовал от сего чуда, свидетелем которого стал за свои заслуги, возносился и летел душой в светозарные небесные чертоги, надеялся и верил в чудесное будущее! А это было не чудо Господа, а мерзкое дело поганых рук проклятой лжеюродивой! Более всего отче устыдился своих слез пред крестом. И этот стыд вызвал у него ненависть к Феодосии. Сколдовала! Наворожила! Таская в люльке трупы младенцев, изгнанные из утроб грешных тотемских баб, снискала помощь сатаны в возведении зелейного креста! Теперь отцу Логгину припомнилось, что среди цветов на кресте рос и табак...

Прихватив люльку в качестве еще одной улики, отец Логгин ринулся наружу, а затем по тропе. Кружа и петляя, сверяясь с солнцем, он быстро шел по лесу, пока не вышел на третью поляну.

Да, все в этой галиматье происходит трижды. А что еще не достигло сего магического числа, то, значит, не конец еще сих событий и будут они иметь продолжение. Не нами сие заведено, так не будем и нарушать.

Итак, отец Логгин выскочил на третью поляну. На другой ее стороне, обирая малину с веток, стояла худая клочкастая медведица, а может, медвежонок. Так показалось батюшке в первый миг. Но, сморгнув, понял он, что то присела у малинового куста Феодосия. За медведицу ее действительно можно было принять из-за рыже-бурого одеяния. Феодосия повернула главу и посмотрела на отца Логгина голубыми глазами.

Он отпрянул к дереву, вжавшись боком в ствол. Пахло теплой сосновой смолой, а возле глаза батюшки полз муравей. Переведя взгляд на Феодосию, батюшка понял, что она не видала его, ибо в глаза ей светило солнце, а он стоял в тени. Попятившись, отец Логгин скрылся в чаще и вновь побежал, сворачивая с одной тропы на другую. Наконец, когда он уже не чаял выбраться, открылся вид на Сухону и вознесшийся над ней крест. Звонарь, напуганный долгим отсутствием батюшки, выбрался-таки из лодки, презрев приказ, и бродил подле креста, срывая ягоды земляники.

— Слава тебе Господи! Живые! — с облегчением воскликнул он, когда из чащи вырвался отец Логгин с колыбелью под мышкой.

— Кто тебе велел покидать челн? — злобно воскликнул отец Логгин и, не слушая ответа, кинулся к тому месту, где оставил улики — череп и кол. Вместе с люлькой их стало три. — Едем назад!

— Господи, отче, где нашедши ты лосиный череп и почто тащишь дреколье с колодою? — топая следом за батюшкой, вопрошал звонарь.

— Прекрати голосити! — резко осадил его отец Логгин, вновь муля песком на мелководье. Тихон поспевал по теплой воде босиком, прижимая сапоги к животу. Он обиделся на грубость батюшки и не сказал ему, что молился перед крестом о том, чтобы любезная вдова проявила к нему благосклонность и любовь. И хорошо сделал, иначе батюшка разочаровал бы его известием, что крест сей дьявольского творения и посему мечты о женитьбе пустые.

Глава двадцать шестая

ОСТРОЖНАЯ

Феодосия, поев малины, вернулась в подземельную светелку и долго хлопотала по хозяйству — раздула из угольев огонь в очаге, подбросила хвороста, почистила и поставила кипеть белых грибов в горшке, наполоскала в колоде — своей несостоявшейся похоронной домовине — исподнюю рубаху, повесила ее на нижнюю толстую ветку сосны и переворачивала на заходящем солнце, дабы быстрее просохла, — не оставлять же ее на ночной росе. И только вечером, похлебав густой грибной похлебки, Феодосия присела на лежанку и вдруг почувствовала, что под ногой ее что-то перекатилось с мягким стуком. Феодосия наклонилась к земляному полу и нащупала хрустальную скляницу. Поелику скляница была одной из трех самых бесценных для нее вещей, кроме расшитой на шелке карты мироздания и люльки, то при обнаружении игрушки в столь странном небрежении сердце ее сжалось в худом предчувствии. Кто-то был в ее землянке. Может, ребятенок из чудей приходил украдом полюбопытствовать? Но почему не положил на место, в люльку? Феодосия наклонилась к проходу между лежанкой и кучей хвороста и, к ужасу своему, обнаружила, что люльки нет!

Еще не веря, она, едва не плача, обшарила землянку — пусто. Впрочем, спрятать колыбель в Феодосьиной обители было совершенно невозможно, ибо была она немногим больше чума самоеда — однажды проезжавшие с обозом поморы показали отцу Феодосии эдакий чум, который везли в Москву по просьбе некоего ученого монаха. Выскочив в сумерках на улицу, Феодосия обежала поляну, надеясь, что неизвестный вор бросил люльку поблизости.

— Господи, помоги! — взывала она. А после бормотала: — Черт, черт, поиграй да отдай!

В отчаянии жена добежала до подземной деревни на соседней поляне и, войдя к старику и старухе, приютивших ее когда-то, долго показывала руками, пытаясь изобразить качание чадца. Старик чудь, знавший немного по-русски, сходил по подземным ходам в соседние избушки, думая, что люльку из любопытства мог забрать кто-то из их детей, но ребятня была в недоумении и все отрицала.

Вернувшись домой, Феодосия вдруг отчетливо поняла, что в ближайшее время ее ждут какие-то значительные события. Она нагрела воды, бросив в колоду горячие каменья из очага. Стоя между колодой и домом, омылась теплой водой, поливая из деревянного ковша прямо на рубаху и рубахой же растирая тело. Потом переоблачилась в выстиранное и высушенное ввечеру исподнее, верхнее власяное одеяние, увязала в маленький мешочек шелковую вышивку, хрусталицу и эмалевый складень, помолившись, легла в полной темноте на лежанку и, промучавшись с час от тревожных бессвязных мыслей, задремала. На рассвете она услышала, что по поляне идут, переговариваясь, люди. Она села. Дверь резким тычком растворилась, и голос отца Логгина выкрикнул:

— Феодосия Ларионова, выходи! Ты заключаешься под стражу по обвинению в богоотступничестве, идолопоклонстве, колдовстве и глумлении.

Феодосия встала с лежанки, обвела прощальным взглядом свою подземную обитель и вышла на белый свет. Заря окрасила небо в нежное розовое золото. Свистала где-то в лесу птаха. Стучал дятел. А вкруг землянки на поляне стояли несколько мрачных стрельцов, бывших в распоряжении тотемского воеводы Орефы Васильевича.

Отец Логгин еще вечером прошлого дня съездил в дом воеводы с докладом о происшествии и просьбой дать помощь верными служивыми людьми, дабы схватить и привезти для дознания и суда лжеюродивую, что поселилась в чащобе с идолопоклонниками, перейдя в их поганую веру. Нужны были также храбрецы, готовые сровнять с землей капище и выкорчевать зелейный крест, выращенный из чертополоха, табака, лопухов и прочей бесовской травы.

— Так крест сотворила Феодосия Строганова? — не смог сдержать удивления воевода, обычно весьма хладнокровно принимавший любые известия о событиях во вверенном ему городе. — Так оно не руками Господа?

— Увы! — развел дланями отец Логгин. — Крест зелейный возведен лжеюродивой кощунницей для глумления над верой нашей.

Орефа Васильевич сурово насупил брови, ибо случившееся означало, что желание, которое он испросил с молитвою, сидя на белом могучем коне и глядя на крест на другом берегу Сухоны, не сбудется. А желал воевода получить дарственную грамоту (прошение вместе с подношениями уж было послано в Москву) на владение тремя новыми соляными скважинами и построить самую громадную ладью на всей Сухоне, дабы торговать солью через Архангельск-город в заморские страны. И вот задумка пошла прахом! Осерчав, воевода сей же час оповестил через помощника верных людей и смельчаков, которым море по колено и которые не пощадят родной матери, о предстоящем походе в стан язычников и нечисти...

— Батюшка, о чем ты речешь? — вопросила Феодосия отца Логгина, встав перед разношерстной дружиной. —

Разве могу я глумиться над крестом? С Божьей помощью...

— Как смеешь ты произносить погаными устами имя Его! — резко оборвал ее священнослужитель. И добавил как отрубил: — Советую тебе молчать до произведения допроса. — Приказ молчать отец Логгин отдал на тот случай, чтобы служивые не распустили раньше времени по Тотьме пустые разговоры, переиначивая словеса Феодосии по своему глупому усмотрению.

Кивнув головой старшему из охранников, отец Логгин взглядом показал на руки Феодосии. Стрелец связал их сзади припасенной лыковой веревкой.

— Иди, — довольно мирно приказал он, проверив крепость узла, и Феодосия послушно побрела в окружении стражников.

Когда проходили они мимо цветущего креста, отец Логгин злобно выдернул стебель качнувшегося с краю иван-чая, облитого росою, бросил его оземь и притопнул сверху. Феодосия скорбно при сем действии промолчала, только почувствовала, как в сердце вливается тоска и гнетет пудовым камнем плечи и все члены такая кручина, аж ноги не идут.

На мелководье зачалены были две большие рыбацкие лодки и стояла еще одна ватага служивых, изрядно вооруженных дубьем, копьями, секирами и даже огнеметным пищалем. Как только стражники и пленница разместились в одной из лодок и она отплыла, прибывшие на другой стали решительно подниматься по речному откосу вверх, на холм, украшенный крестом в оправе густого леса.

— Да хранит вас Господь, Пречистая Богородица и все святые в битве с чудью поганой! — несколько театрально выкрикнул вослед им отец Логгин, подскочив в лодке.

— Отче, не надо убивать их! — подавшись телом к берегу, взмолилась Феодосия. — Они незлые люди и готовы перейти в православную веру! Там чадца малые и старики!

— Ты смеешь защищать идолопоклонников, верующих в силу лжебогов? — замахнувшись крестом, вскрикнул батюшка. — Просишь даровать жизнь поганцам, которые чтили...

Батюшка запнулся, не зная, как более прилично поименовать каменную елду — вспомнившееся слово «педагоген» показалось ему чересчур лестным для языческого столба.

— ...чтили каменную дубину! — наконец нашелся он. — Приносили ей кровавые жертвы!

На сем он замолчал, дабы не раскрывать стрельцам заранее всех подробностей, — он хотел, чтобы известие об обнаружении и уничтожении идолища поразило тотьмичей своей внезапностью на дневной службе, кою батюшка хотел провести в храме в центре города — возле торжища.

Высадив Феодосию на берег, стражники повели ее в острог. Встретившиеся по дороге горожане с удивлением взирали на арестантскую процессию.

— Али украла Феодосия чего? Давно ее не было видно.

Отец Логгин на вопросительные взгляды паствы хранил молчание, лишь коротко приказывал явиться к обедне в Богоявленский собор.

Этим же утром отцом Логгином были посланы нарочные в Вологду с двумя грамотами — докладом о случившихся событиях и вопросом, как поступить с выведенной на чистую воду колдуньей и богоотступницей (отче сочинял рапорт всю ночь), и давеча заготовленным прошением об обещанном иерархом переводе в Москву. Неутомимый батюшка успел даже обновить свои знания об идолопоклонниках, для чего перелистал летопись киевского монаха Нестора. Из нее отец Логгин взял на вооружение зело яркие описания скотской жизни язычников, их многоженстве, оргаистических плясках на капищах и прочих диких прегрешениях.

...До приезда в Тотьму гонцов либо комиссии с указами Феодосию оставили в остроге в одиночестве, без допросов и каких-либо объяснений.

Весть о том, что она в темнице, долетела до двора Строгановых, едва успела захлопнуться за Феодосией тяжелая бревенчатая дверь с коваными заклепами.

Семейство только что село завтракать вчерашними пирогами с квасом, когда застучали в ворота, зашелся в лае дворовый пес и вбежала кривоглазая Парашка, с воплем доложив об аресте Феодосьюшки.

Строгановы с секунду сидели как громом пораженные и только глядели друг на друга.

— Что ты брешешь?! — наконец визгливо крикнула Мария. Она так была рада, что сродственница исчезла из города, сгинула от мороза или голода и более не позорит своим грязным дурковатым видом ее, благородную жену Марию, что теперь была напрочь сражена новостью о появлении поганой юродивой.

Следом опомнилась повитуха Матрена, которая безвылазно проживала в доме Строгановых под предлогом того, что Мария опять была очадевшей. Матрена с грохотом вскочила из-за стола и посулилась сей же час побежать и все разведать доподлинно.

Мать Феодосии Василиса вскочила следом и, просительно глянув на мужа, сказала:

— Пойду с Матреной! Не усидеть мне! Сердце выскакивает!

Муж и глава семейства, Извара Васильевич, хранил хладнокровный вид, хотя тоже был удивлен известием, к которому не знал пока, как и отнестись. Не поднимаясь из-за стола, кратко разрешил:

— Иди. Путила, езжай в Соляной Посад к Юдашке, извести его об жене.

К обедне зазвонили колокола одного лишь храма — Богоявленского собора, сзывая всех туда, где уж готовился мысленно к своей важной речи отец Логгин.

К сожалению, обедня была весьма крепко подпорчена неожиданным явлением служивых стрельцов, отправленных на битву с язычниками. Едва отец Логгин прочистил горло, как во дворе раздался шум — ворота храма были раскрыты настежь, ибо народа собралось изрядно, толпились не только внутри, но и на паперти, и до самых ворот, и потому слышно все было хорошо.

— Что такое? — недовольно вопросил батюшка.

Отец Нифонт пожал плечами и пошел узнать причину гвалта.

Вышедши во двор, он обнаружил, что туда ввалился военный отряд, призванный биться с чудью, в полном составе, со следами ужаса на лицах, в несколько расхристанных одеждах, а кое-кто без шапок, которые явно были утеряны.

Крестясь и перебивая друг друга, стрельцы поведали о дьявольских событиях. В протяжении всего их рассказа тотьмичи стояли с вытаращенными глазами, также обмерев от ужаса. С красноречием, что снизошло вдруг на служивых, они поведали, как долго искали по приметам, приведенным отцом Логгином, тропы к идолищу. И слышали беспрестанный вой, и женские вопли, и крики ночного врана, от которых стыла кровь, и чуяли ледяной сквозняк на лицах и хладный пот на теле, и прочая, и прочая, чем традиционно предваряются подобные рассказы. Наконец вышли они на поляну, и вдруг набежал на свет черный мрак, и все погрузилось во тьму. И увидали они на другом конце поляны еще более черную скалу, на которой засветились, и заскалились, и заклацали огромные черепа...

В сей кульминационный момент во двор вышел, потеряв терпение, отец Логгин.

— Очертили мы копьями над головами, поцеловали кресты святые и приготовились ринуться и разбить дьявольское гноище, как вдруг прямо из-под земли вырос огромный белый старик!..

Толпа вздрогнула, жены покрепче прижали детей.

— «Кто ты?» — гаркнул я, — баял один из стрельцов.

— Не ты сие крикнул, а Василий, — поправил его товарищ.

— Мы вместе крикнули, и он, и я одновременно: «Кто ты? Али нечисть?» Он стоит и молчит. И только борода и волосья развеялись ветром, и, когда тот ветер дошел до нас, охватил нас такой смрад, такое зловоние... И вдруг варгу тот старец раззявил и варганит что-то не по-русски, а как лает...

— Так что же, разворотили вы идолов, изничтожили чудей языческих? — нетерпеливо прервал служивых отец Логгин.

— Нет, отче, — покачали головами стрельцы. — Против нечистой силы дубовой дубиной не помашешь и пищалем ее на испуг не возьмешь!.. Тут нужны крепкие заговоры...

— Вот бестолочь, прости меня, Господи! — посетовал отец Логгин. — Коли святые кресты у вас при себе были и молитва на устах, так для чего поминать заговоры?!

— Чем дело-то кончилось, сын мой? — примиряюще спросил отец Нифонт, втайне согласный, что с иным дьяволом одной молитвой можно и не совладать.

— Развернулись мы и побежали не помня себя, ибо ежели бы остались на том месте еще на минуту, то не быть бы нам живыми! Вот те крест! Не сойти мне с этого места, если лжу баю!

Отчасти рассказ был правдив. На поляну к заповедной жертвенной скале вышел старичок чудь, которому по-стариковски не спалось. Все остальное же: мрак, смрад, ледяной сквозняк, гигантские размеры старца — было плодом известного в народе утверждения «у страха глаза велики» и попыткой оправдать трусливое бегство. Впрочем, стрельцы уж и сами верили во все, что говорили.

— И бежали мы, не оборачиваясь, до самой Сухоны, а потом гребли, еле выбрались... Слава тебе, Господи, уберег!

— Так что же, и крест зелейный вы не выкорчевали? — приблизившись вплотную к одному из спасшихся, тихо вопросил его отец Логгин.

— Нет, отче, гнался за нами вран ночной, выла нечисть...

— Тьфу! Прости меня, Господи!

На самом же деле на берегу стрельцы вспомнили про наказ воеводы выкорчевать крест, но никто из них, головорезов, все-таки не решился вытоптать святой знак из боязни неминуемой Божьей кары.

— Бог с ним, — влезая в лодку, порешили дружинники. — Пущай кому надо корчует, а нам не до того.

Когда рассказ подошел к концу, прихожане дружно загалдели — насилу отец Логгин, даже отчасти и легкими тычками, призвал паству к вниманию.

— Случилось в наших землях, осененных заботами государя Алексея Михайловича, воеводы Орефы Васильевича и всех прочих властей как казенных, так и духовных, — витиевато начал отец Логгин, — прискорбное и ужасное, в глубине его дьвольского падения событие. Известная всем лжеюродивая Феодосия Ларионова, изгнанная стараниями моими и отца Нифонта из нашего богобоязненного города, терзаемая грехами мщения, блуда, гордыни, корысти, лжи, небрежения...

Отец Логгин перечислил все мыслимые и немыслимые прегрешения, какие только были в его словаре, и, сделав паузу, выкрикнул:

— ...отринула святую православную веру, перейдя в дикое скотское верование языческое, сиречь сатанинское! Сия Феодосия поклонялась каменной... — Он решил не выбирать приличествующего эстетически благозвучного наименования. — ...елде, совокупляясь с ней по ночам!

Тотьмичи стояли как громом пораженные. Только проснулся от вопля батюшки и заплакал присонмившийся на руках у матери младенец.

Оценив произведенный своей речью эффект, батюшка приободрился и с талантом истинного трибуна, превысив, пожалуй, и красноречие Цицерона, развернул перед глазами и ушами присутствующих картину всех деяний Феодосии. Были им припомнены и колдование, и потворение, и кощунства, и зеление, и ворожение, и чародейство, и ведьмование, и порчение, и самые разнообразные виды волхования — мертвыми птицами, кровью вытравленных из утроб нерожденных младенцев и умерщвленных рожденных. Фигурировали в житии Феодосии зелейные травяные отравы, глумление над крестом святым, пляски с чудью некрещеной, противление властям, совершение сатанинских богослужений на языческом капище, моление на козла и столько прочих ужасов, что хватило бы на сотню грешников. Договорился отец Логгин до того, что предположил, правда в виде версии, что бегала Феодосия голой по лесам, участвуя в свадьбах русалок с утопленниками, но тут же сам опамятовался, что русалки и водяные есть беспочвенное суеверие, не к месту упомянутое в церкви.

— Впрочем, на сей факт у меня очевидцев либо вещественных уличений нет. Скорее всего об русалках Феодосия солгала лжу, ибо доказано, что их не существует в природе.

— И что теперь с ней будет? — выкрикнул кто-то из толпы, когда отец Логгин замолк.

— Решение о наказании, соответствующем числу преступлений, будет вынесено епархиальными властями в части духовного содержания и уважаемым нашим воеводой в части уголовной... — несколько многословно выразился батюшка. И закончил: — Подробное следствие уже производится, и оно с Божьей помощью будет окончательно завершено в ближайшее время. Собраны неопровержимые вещественные уличения, кои будут присовокуплены к прочим...

Тут отец Логгин запутался и закончил речь тем, что показалось самым ему подходящим, — восклицанием «Аминь!».

Тотьма гудела — потрясенные горожане днем и ночью обсуждали дикие события. Чада боялись засыпать, пугаясь, что утащит их чудь в подземелье, девки и бабы отказывались ходить в огороды и на пажить без сопровождения парней и мужиков. В лес по ягоды и грибы не отваживались идти даже целыми семействами.

Семейство Строгановых стыдилось выйти из дому. Василиса лежала пластом, ибо отнялись у нее ноги. Мария же, сперва не показывая носу со двора, после плюнула на все да сама пошла на торжище и рассказывала каждой встречной бабе (конечно, равной ей по высокому общественному положению), что Феодосия для них, Строгановых, отрезанный ломоть и давно они от нее отказались. Повитуха Матрена распускала другую версию: в остроге сидит не Феодосия, а похожая на нее обличьем чудь подземельная, нарядившаяся в Феодосьину власяницу, которую вместе с люлькой обнаружила она на умершей от мороза блаженной Божьей жене. Тело Феодосии, мол, зарыто в дальней деревне Ивановке, о чем гласит возведенный над могилой крест. Эта версия очень понравилась Василисе, так что она даже встала на ноги и наконец-то вышла на улицу, со слезами добавляя подробностей, которые коротко оглашал и глава семейства Извара Васильевич. Подробности состояли в том, что их настоящую дочь Феодосию сглазили заговорным заклятием ради того, чтоб завладеть мужем ее, Юдой Ларионовым. От того заклятия Феодосия повредилась здоровьем в голове и стала юродствовать, а после умерла, замерзнув в поле, о чем известили их, Строгановых, из деревни Ивановки.

Слух, что арестантка вовсе не Феодосия, несколько успокоил горожан, они стали сочувствовать Строгановым, крепче спали, начали ходить на работы и заготовки в окрестные леса и только долго еще пугали распроказившихся ребят чудью шахтной. Единственный, кого версия о двойнике Феодосии возмутила, был отец Логгин.

— Домыслы! — стучал он щепотью пальцев по своему лбу, намекая на глупость распускающих слухи. — Сие Феодосия! Я тому ручаюсь!

— Сын мой, — пытался увещевать коллегу отец Нифонт. — Ну пусть будет двойник! От того грехи сей чуди, присвоившей вещи крещеной умершей рабы Божьей Феодосии, не умаляются, а, наоборот, умножаются. Ну, сожжем чудь! Ведь всем от того только лучше. Строгановы — уважаемое семейство, не последние люди, как и Юда Ларионович. Почто тебе охота именно Феодосию казнити?

Отец Логгин и сам не мог бы изъяснить словами, почему так ополчился он на Феодосию. Разве расскажешь кому, как чуть не искусила его Феодосия на грех мысленной измены жене, как пленила его медовыми заушинами и земчужным смехом, как рыдал он, упав в крест цветочный благоуханный, какой испытал полет души и восторг от того, что стал очевидцем Божьего знамения, и как плакал от жестокого разочарования и крушения надежд, как... Да разве выскажешь все языком?! Да и с кем такими переживаниями можно поделиться? А еще не признавался отец Логгин даже себе самому, что не может удержаться от греха мщения Юде Ларионову за его дорогие сафьяновые сапоги и кафтан с бобровой опушкой и за то, что владел тот по праву Феодосией.

— Она это! — упорствовал отец Логгин. — Уверен!

— Да разве можно быть в чем-то уверенным, кроме того, что есть Бог Отец, Бог Сын и Святой Дух! А больше ни в чем нельзя быть уверенным, даже в жене своей и себе самом, тем более в наше безнравственное время, когда вера у молодежи не та, что была у наших отцов и дедов, — неожиданно многословно высказался отец Нифонт и больше уж не спорил на сию тему, видя бесплодность занятия. Только мысленно обзывал юного коллегу упрямым бараном.

Увы, обещание отца Логгина пастве о скором суде затянулось. Нарочного с указаниями из Вологды не было, как и гонца с прошением и рекомендациями на отбытие в Москву. Измучившись ожиданием и упреками воеводы о дармовом хлебе, которым он должен кормить преступницу в остроге второй уж месяц, отец Логгин снарядился в Вологду. Поехал он со звонарем и отроком, помогавшим при церкви. Добрались, слава Богу, без приключений, стали на тотемском подворье. И каково же было негодование батюшки, когда выяснилось, что его грамот в Вологде по назначению никто не передал. Утеряли!

Поминая черта и кляня остолопа гонца, он вновь засел за писанину, каковую и закончил к вечеру. Пришлось ждать следующего утра. А там опять задержки — то иерархи совещаются, то трапезничают, а хотелось грамоту передать лично в руки, а не бессмысленному какому дьяку, озабоченному, как бы со службы поскорее домой умчаться да выспаться али на рыбалку сходить. Так прошли полторы седмицы! Наконец грамоты были переданы лично в руки владыке Вологодскому и Великоустюгскому Ферапонту. Передача сопроводилась короткой беседой, оставившей взаимное приятное впечатление и скорбь по поводу неприятных событий, случившихся в Тотьме. Впрочем, отец Логгин сумел повернуть это себе в заслугу: дескать, именно его скромными, но подвижническими усилиями раскрыто и уничтожено (пришлось прилгнуть) языческое гнездилище и выведена на чистую воду колдунья и ведунья.

Выйдя со вздохом облегчения и приятным ликованием на крыльцо епархии, отец Логгин приободрился и сей же день выехал назад в Тотьму.

Однако и личный визит не ускорил решения. Завидев воеводу, батюшка сворачивал в проулки, ибо тот уже не шутейным голосом предупреждал, что спишет все расходы на харчевание и охрану колдуньи на счет его, отца Логгина.

— Одной капусты съела уж две бочки, а хлеба с солью и не смерить, — попрекал городской голова духовного отца.

Когда батюшка впал уже в грех отчаяния, наблюдая, как серебрит траву осенняя изморозь, прибыла повозка с приказным дьяком в сопровождении трех верховых, который и доставил вожделенные грамоты. Облегчению и счастью отца Логгина не было предела: Феодосию предписано было казнить сожжением в срубе при непременном сборе всей паствы, а батюшке собирать именье и на казенный счет первого ноября либо любым ближайшим обозом за свои куны отправляться в Москву. Ждать первого ноября батюшке не хотелось, поэтому казнь была назначена на послезавтра (надо было успеть возвести сруб), а отъезд — на другой же день.

И снова на Государевом лугу застучали топоры: рубили древодели Феодосии большую и светлую — без крыши — смертную избу. На вечерне, а также на торжище объявлено было об обязательной явке всех на казнь колдуньи. Впрочем, о сем можно было и не уведомлять — редкий тотьмич отказал бы себе в удовольствии увидеть столь впечатляющее зрелище.

Глава двадцать седьмая

ПРОЩАЛЬНАЯ

Жизнь до смерти протекала у Феодосии, как и у отца Логгина, в мучительном ожидании. Никто к Феодосии в острог не приходил, не допрашивал с пытками (чего она боялась), но и не сказывал, что происходит за стенами острога. Даже сторож никоим образом не общался с Феодосией. Поскольку Феодосия не знала о том, что волховала трупами вытравленных младенцев, пила кровь убиенных новорожденных и прочих ужасах, о чем сторож, наоборот, знал из речи отца Логгина, то причина его отчуждения была непонятна заключенной. В конце концов она перестала обращаться к охраннику с вопросами, молча принимая миску с едой. Впрочем, еду страж подавал не в руки Феодосии, а быстро открывал дверь, стремительно ставил варево на пол и, выскочив прочь, подпирал дверь снаружи плечом, пока управлялся с засовом. Феодосии оставалось только размышлять да изредка выглядывать в крошечное, шириной в один венец бревен, окошечко, выходившее на частокол. В то самое окошечко, в которое глядела она, но с другой стороны, на Истому. Как же давно это было! Да и было ли? Если бы не спрятанная на поясе хрустальная скляница, Феодосия и сама разуверилась бы, что это с ней нежился Истома, что она родила сына Агеюшку. То была молодая

370

счастливая девица. А на соломе в душном остроге лежала измученная, прожившая огромную жизнь, равнодушная ко всему жена. Потом на несколько дней мысли ее занялись Истомой. Касался он этих же стен, и лежал на этой же земле, и ел, должно быть, из той же треснувшей миски! Воспоминания о любимом подействовали на Феодосию благотворно. От бездействия и апатии она вновь вернулась к довольно деятельной жизни: принялась умываться, истово молиться, готовиться к смерти, дабы принять ее подобающим образом, и даже начала составлять книгу с рассказами о звездах, о цветах, о чудях и о своем житие.

— Одна в остроге, но мне не грустно, ибо творю я книгу, — с удивлением отметила Феодосия.

Как тысячи людей до нее и тысячи, что будут после, она открыла для себя наслаждение творчеством, которому не помеха любые стены, довольно куска черного хлеба и миски капусты, которое заставляет время пролетать незамеченным, истицати сияющими открытиями, обуреваться жаждой все новых творений, лететь воображением в самые недосягаемые места и обстоятельства, трепетать от найденного лепого слова, звука или мазка. Несомненно, что было сие вдохновение сниспослано Феодосии как утешение перед концом ее земных тягот.

Была в ее мысленной книге и глава о встрече со Смертью.

Что смерть ее на сей раз неминуема, Феодосии стало понятно из обвинения, брошенного отцом Логгином еще возле подземельной хижины, — за такие преступления наказывали отнюдь не сухоястом и поклонами.

Как только к ней вернулось желание размышлять, она тщательно обдумала все обстоятельства, связанные с грядущим отходом либо в рай, либо в ад, что было для нее первостепенной важности, ибо именно в раю ждал ее сыночек Агеюшка.

— Попаду ли я в сады небесные, если огласит отец Логгин обвинения в глумлении и богоотступничестве?

Вспоминая жития самых разных святых, Феодосия приходила к выводу, что обвинения при жизни не имеют никакого значения для Него. Сколько мучеников приняли смерть по ложным наветам! А Господь во всем разобрался, Его не обманешь цветистыми словесами, Он по делам судит, а не по воплям отца Логгина. Вот ведь и сам Христос распят был между вором и разбойником, и камни в него бросали, и насмехались, а Ему сверху видно было, как оно все на самом деле. При словах «сверху» или «на небесах» Феодосию сразу начинала занимать мысль о том, как необыкновенно было бы полететь к сферам и обозрить устройство звезд и луны. Думала она о крыльях из шкуры или перьев али об огромной птице, на которой можно было бы подняться ввысь...

— Страшно, должно быть, смотреть на землю с такой высоты! Уж как ветром сдунет, так только держись!

Феодосия даже пришла к выводу, что, несомненно, в неких неизведанных землях вроде Африкии есть такие огромные птицы. Обнаруживаются же то и дело на Белом море неохватно великие рыбы, называется — кит. Брат Путила раз видел, так сказывал, что размером сия рыба-кит в хоромы воеводы! В пасть полдюжины мужиков встало! Чтоб на хребет сему киту взлезть, перекидывали веревки и прислоняли стремянки. Отчего же не быть где-то и огромной птице?

Хуже было ночами. В темноте приходил к Феодосии страх, что не вытерпит она мучений казни, как терпели их святые мученики, и осерчает на ее безволие Господь и отправит в геенну огненную. Впрочем, была у Феодосии слабая надежда, что отзовется на ее мольбу бабушка Смерть, ведь обещала явиться по первому зову, как придет срок покинуть сей мир.

Когда Феодосия уже перестала считать дни и ночи и только по цвету кусочка неба, видневшегося над частоколом, да по морозному воздуху, проникавшему в оконце, чувствовала осень, дверь раскрылась не так, как всегда, наполовину и на мгновенье, а на всю ширь.

В камеру вошли двое стрельцов, приказной дьяк со свитком в руках и незнакомый батюшка, видимо, нарочно вызванный из ближайшего монастыря. (Так оно и было: отец Логгин предложил пригласить для последней беседы с преступницей постороннего пастыря — «для вящей объективности». Воевода согласился, он в делах духовных не разбирался, ему, главное, расходы на харчевание побыстрее умерить.)

Батюшка с нескрываемым любопытством оглядел Феодосию, поскольку впервые лицезрел колдунью, пившую кровь живых младенцев и плясавшую с чудью некрещеной, но, не найдя в ее облике ничего из ряда вон выходящего, быстро вопросил: раскаивается ли она в своем грехе богоотступничества? Феодосия ответила смиренно, что нет за ней такого греха. Батюшка с пониманием во взоре, словно другого ответа и не ждал, быстро отпустил все другие прегрешения, какие были в его силах. Он не стал вести душеспасительных бесед с отступницей (в отличие от отца Логгина, который уж не преминул бы воспользоваться таким случаем), ибо здраво рассудил, что перед смертью не надышишься, перед казнью не наетишься, а горбатого могила исправит. И Феодосию вывели во двор. Там ей водрузили на голову чародейский колпак (как он выглядит, отец Логгин представлял слабо, из книг, а отец Нифонт и вовсе не знал, посему колпак был скроен просвирницей Авдотьей по ее наитию). Он сразу свалился со лба на глаза Феодосии, так что ни она ничего толком не видела, кроме как под ногами, ни ее разглядеть было невозможно. Затем сорвали с колдуньи власяницу, так что осталась она в исподней серой рубахе. Долго ли, коротко ли, поведена была Феодосия своим ходом на двух цепях на Государев луг, где уж клубилась толпа горожан.

— Феодосию привели! — выкрикнула некая востроглазая бабка.

— Молчи, кикимора старая, — осадила ее Мария. — Где ты Феодосию углядела, если лежит она во сырой земле? А это похожая на нее воровка, укравшая Феодосьины одежды!

— Нет, не она это, не Феодосьюшка, — с надеждой сказала Василиса, когда исхудавшую Феодосию возвели на край сруба, и прослезилась.

— Конечно, не она! — громко подтвердила Мария. — Сроду она таких колпаков не нашивала!

На миг воцарилась относительная тишина, поскольку на помост взошел указчик — приказной дьяк — и развернул указ, а тотьмичам очень хотелось еще раз услышать о кровавых деяниях колдуньи, дабы вновь пережить сладкий ужас, охвативший их во время летней речи отца Логгина.

И вдруг произошло необыкновенное знамение! В серых низких тучах быстро разверзлось совершенно круглое, как колесо, отверстие, через которое на Феодосию упал столб света!

— Божье око! — вскрикнул кто-то.

Все стояли в оцепенении, не зная, разбегаться врассыпную, падать ли ниц или молиться?!

Божье око, через которое Господь с небес следит за паствой, известно всем православным, как известны архангелы или сады едемские. Но видеть его доводилось мало кому.

— Божье око! — волной поднялся шум.

И напрасно отец Логгин призывал ко вниманию, уважению к приказному дьяку да молитве и даже выкрикнул что-то про атмосферное явление, шум не стихал. Старухи пали на колени, истово молясь. Дети с любопытством глядели вверх, указуя ручонками на дыру в небе. Отец Логгин метался перед срубом, обложенным соломой для более быстрого и надежного возгорания.

А Феодосия ничего не понимала и молча стояла, глядя из-под колпака на земляков. Дабы ускорить казнь и опасаясь волнений, отец Логгин попросил дьяка оглашать указ, не дожидаясь тишины, а стражников — снимать цепи с рук казнимой.

Освободив запястья, Феодосия крикнула сорвавшимся от волнения голосом: «Прощайте, люди добрые! Прощай, белый свет!» — и, подтолкнутая в спину, сбежала по настилу, спущенному внутрь сруба. Отец Логгин сбросил вослед Феодосии люльку, кол и череп — инструменты колдовства — и крикнул стрельцам:

— Поджигай!

И в сей момент кто-то истошно закричал:

— Тотьма горит!

Все обернулись в сторону города. Небо над Тотьмой полыхало багровым пламенем! Огонь охватил уж городские стены и самую высокую точку — колокольню Богоявленского собора. Бурлящий поток, словно текло расплавленное железо из гигантской кузни, с невероятной скоростью приближался к Государеву лугу. Вот стена огня двигалась уже по дороге, захватывая лодки на Сухоне и окрашивая ее воды в кровавый цвет. Тотьмичи в ужасе помчались кто куда. Стрелец же, хоть и ошарашенный происходящим, тем не менее справно исполнил долг — бросил в сруб факел и ринулся с помоста вниз. Всё вдруг, даже небо, стало багровым. Деревья, сруб, земля и воздух вокруг него окрасились в пурпурный цвет, как если бы все вещи, в сумерках становящиеся серыми, перекрасить вдруг в красные.

Сруб запылал.

Феодосия сдернула колпак и, задыхаясь от дыма, клубами поднявшегося от соломы, закричала:

— Смертушка, дорогая, любезная, приди скорее к Феодосии-отшельнице, дай умереть без промедления!

А потом, как и предначертано было, в третий и последний раз в своей жизни упала без сознания.

Елена Колядина

Смерть, в черном, с косой, появилась, как только оборвался Феодосьин вопль. Она встала возле сруба и вопросила окаменевшего от страха, но продолжавшего несть караульную службу стрельца:

— Чего голосит твоя подопечная?

Стрелец молчал чурбаном.

— Али не слышишь? Передай, чтоб отстала от меня, нет ее в списках.

Стрелец медленно покивал дважды главою.

Сруб уж трещал, по стенам побежали языки пламени.

— А ты, бабушка, про какие списки речешь? — наконец вымолвил стрелец, решивший было, что старуха имеет в виду какую-нибудь путаницу с указом.

— Про те, по которым я смертников выкашиваю.

— Так ты — Смерть, что ли? — обозрив черное одеяние, заикаясь, произнес стрелец.

— Нет, Весна-красна! А то ты меня не узнаешь! — ворчливо сказала Смерть и стукнула оземь косой.

— А коли колдуньи в списках нет, так за кем ты пришла? Али за мной? — дрожащим голосом прошептал несчастный.

— Без тебя дел хватает! Благонравная жена ждет меня в Ярославле и праведный старец в Новгороде. И никакая она не колдунья!

И старуха исчезла.

Стена огня охватила весь сруб, так что чуть не перекинулся огонь на верного службе стрельца. Слава Богу, вовремя отскочил он в сторону...

Когда тотьмичи добежали до города по охваченной алым заревом дороге, дабы спасти кто добро, кто малых детей, в удивлении увидели они, что нет там и следов пожара! И оставшиеся в городе немощные больные и старики отрицали горение.

— Может, сие было сиверское сияние? — предполагали люди.

И только одна повитуха Матрена обладала, как всегда, достоверными сведениями, каковые и разнесены

376

были к вечеру по всем закоулкам. Разъяснила Матрена, что сие явление называется «тьма багровая» или же «багровый туман» и весьма сродни тьме египетской, но бывает исключительно редко, являясь, несомненно, предвестником худых событий.

Другого тотьмичи от предстоящей зимы и не ждали, потому, помолясь, сели ужинать, а с первыми сумерками улеглись спать, дабы не жечь понапрасну масла в лампах и воску в свечах.

И только звонарь Тихон и возлюбленная им вдова с речки Царевой не знали ни о Божьем оке, ни о миражном пожаре. Они затопили баню и разоблачили друг друга, и сладко целовал Тихон уста и щеки вдовы, и ласково дрочил ее белую шею, и нежил ее груди, и ласкал ее тело, и вдыхал ее волосы, и думал о том, что сбылась-таки его просьба перед цветочным крестом.

И это ли не главное доказательство, что крест Феодосьин был угоден Богу и наградит Он ее встречей с любимым сыном Агеюшкой.

ЭПИЛОГ

На другое утро отец Логгин присоединился со своим возком к проходящему с Сивера обозу, дабы отправиться в длинный путь — в Москву. При мысли о столице пробирала батюшку мелкая радостная дрожь — как там будет? Мыслились уж молодому отче научные дискуссии в образованном обществе, великолепные книги, коих так не хватало ему в Тотьме, хоромы с кабинетом для работы, участие в верховных Соборах и законодательной работе и даже заграничные командировки в места оплота православной мысли — Грецию и Константинополь.

Усадив супругу свою Олегию в возок, отче заботливо подоткнул вкруг нее толстый войлок, ибо матушку следовало беречь. Во-первых, она должна была разродиться первым чадцем, а во-вторых, поп, лишившийся жены, становится распоп, что могло помешать карьерному росту батюшки. Устроив пожитки, коих было немного, он тоже уселся, взяв в руки вожжи, и, сказавши «с Богом», покатил вдоль стен Тотьмы, забуселых от утреннего инея, по подмерзшей от ранних морозов дороге.

Обоз растянулся на версту и двигался довольно медленно. В воротах и под стенами города его провожали жены и родители, ибо с каждым обозом уходило в столицу изрядно молодежи, которой не сиделось на месте, но когда минула повозка отца Логгина последнюю кузню и склады на берегу Сухоны, наступила тишина, прерываемая лишь скрипом и постукиванием колес да фырканьем лошадей.

Отец Логгин оглянулся на оставляемый им город, где провел он в трудах три года. Теплое чувство к Тотьме, Волчановской улице, маленькой Крестовоздвиженской церкви и толика вины за то, что оставляет он тотемскую ниву, отца Нифонта в провинциальной их мелкой жизни, охватили было сердце батюшки, и даже защекотало у него в носу. Но он прогнал сии чувства, вспомнив, что за трехлетней суетой, за всеми этими лешими, багровыми туманами, волками и колодезниками он совершенно забросил теологическую науку, а ведь мыслил разработать такую методу обращения в православную веру, чтоб стали жители Руси самыми твердыми ее адептами! То зело укрепило бы государственную власть, ибо где сомнение в вере, там и сомнение в наместнике ее на земле русской — царе. А отсюда волнения и даже бунты.

От сих мыслей отца Логгина отвлек вид сгоревшего сруба, места казни колдуньи и лжеюродивой Феодосии.

Он вспомнил ее огромные голубые глаза и сказал себе:
— Не я наказал ее, а Бог.

Зато все ездоки дружно повернули головы в сторону потемневшего цветочного креста на другом берегу Сухоны, загадывая и моля желания. Перечислять их не будем, ибо просьбы сии известного рода, скучны и однообразны — здоровья, денег, удачной поездки, прочее в этом же духе.

Отец Логгин с удовлетворением отметил, что крест пожух.
— Сгниет под снегом, и никто уж через год и не вспомнит об нем.

Но радость его была преждевременной. Ибо уже просыпались из всех цветов в землю семена, и на следующее лето опять поднялся он самоцветным благоухающим ковром, и лишь через несколько лет края его несколько опали и расползлись. Но долго еще звали тот луг Феодосьиным.

Наконец обоз покинул окрестности Тотьмы. Но через несколько верст, возле деревеньки Власихи движение сопроводилось мелким, но неприятным событием. У одного из возов впереди, катившего аж с сиверной реки Колы, сломалось колесо. Все встали. Отец Логгин соскочил с возка и пошел за кусты позрить хотя бы издалека власихинскую древнюю церковь, срубленную без единого гвоздя. Перепрыгнув через канаву и продравшись через еще одну кущу кустов, усыпанных замерзшими алыми ягодами, батюшка вышел на невысокий укос, на котором стояла церковь. Под укосом бегали и игрались трое либо четверо цыганят. А среди них, переваливаясь, топал со звонким смехом наряженный на цыганский лад белолицый мальчонка. Чадо подбежало к отцу Логгину, и у того кровь застучала в висках — смотрели на батюшку огромные голубые Феодосьины глаза.

— Дядя, подай! — коверкая звуки, сказал мальчонка.

— Бог подаст! — испуганно ответил отче и ринулся назад, к обозу.

Пока возы не тронулись, батюшку колотила мысль, что сие дитя Феодосии, и ежели бы не знал он, что Агея утащили волки, то поверил бы в то, что красивое чадо украли цыгане. Дабы успокоить себя и избавиться от угрызений совести, отец Логгин здраво рассудил:

— Мало ли голубоглазых чадцев на Руси! Коли Бог даст, так вырастет дитя и в таборе, а не даст, так и семь нянек не уберегут, волку скормят.

Не будем строго судить батюшку за излишнюю его ретивость, ненужную в делах простых, за книжность, упорство и амбициозность. Ведь 9 октября 1673 года было ему всего двадцать четыре года и был он слишком молод, чтобы снисходительнее, мягче и с бо́льшим пониманием относиться к слабостям людским да более ценить чужую жизнь.

А потому отец Логгин расправил плечи и окинул взором устремленную вперед дорогу, по которой должен был въехать в новую прекрасную жизнь.

На сем завершается тотемская галиматья об огненной елде и золотых лядвиях. И начинается сказание об московском ученом монахе Федосее Ларионове.

2007—2010

Литературно-художественное издание

Колядина Елена Владимировна

ЦВЕТОЧНЫЙ КРЕСТ

Роман

Заведующая редакцией *Е.Д. Шубина*
Литературный редактор *Г.П. Беляева*
Выпускающий *Т.С. Королева*
Технический редактор *Т.П. Тимошина*
Корректоры *И.Н. Волохова, Н.П. Власенко, Т.П. Поленова*
Компьютерная верстка *Е.М. Илюшиной*

ООО «Издательство Астрель»
129085, г. Москва, проезд Ольминского, д. 3а

ООО «Издательство АСТ»
141100, Московская обл., г. Щелково, ул. Заречная, д. 96

Электронный адрес:
www.ast.ru
E-mail: astpub@aha.ru

Издано при участии ООО «Харвест».
ЛИ № 02330/0494377 от 16.03.2009.
Республика Беларусь, 220013, Минск, ул. Кульман,
д. 1, корп. 3, эт. 4, к. 42.
E-mail редакции: harvest@anitex.by

ОАО «Полиграфкомбинат им. Я. Коласа».
ЛП № 02330/0150496 от 11.03.2009.
Республика Беларусь, 220600, Минск, ул. Красная, 23.